Stretching
Das Expertenhandbuch

Grundlagen für Trainer und Sportler

Von Karin Albrecht, Stephan Meyer und
Lukas Zahner

Mit 315 Abbildungen

2., überarbeitete Auflage

HAUG

Karl F. Haug Verlag · Heidelberg

Die Deutsche Bibliothek - CIP-Einheitsaufnahme

Albrecht, Karin:
Stretching : das Expertenhandbuch ; Grundlagen für Trainer und Sportler / von Karin Albrecht, Stephan Meyer und Lukas Zahner. [Fotos: Daniel Käsermann. III.: Lucas Arnos und Peter Battanta. Ausw. der Übungen für Kinder und Jugendliche: Mariella Markmann. Ausw. der Übungen für Seniorinnen und Senioren: Päuli Hitz. In Zusammenarbeit mit der Eidgenössischen Sportschule Magglingen]. – 2., überarb. Aufl. – Heidelberg : Haug, 1999
(Manuelle Medizin)
ISBN 3-7760-1737-6

ISBN 3-7760-1737-6

Fotos: Daniel Käsermann
Illustrationen: Lucas Amos und Peter Battanta
Grafik in den Illustrationen: Lucas Zbinden
Auswahl der Übungen für Kinder und Jugendliche: Mariella Markmann
Auswahl der Übungen für Seniorinnen und Senioren: Päuli Hitz

Konvertierung und Satz: Strassner ComputerSatz, Leimen
Druck: Druckhaus Beltz, Hemsbach

Albrecht / Meyer / Zahner

Stretching
Das Expertenhandbuch

Inhalt

Mitarbeiterinnen und Mitarbeiter

Karin Albrecht hat eine Tanz- und Körpertherapieausbildung. Sie unterrichtet seit 18 Jahren Stretching und bildet seit 12 Jahren Trainer in diesem Bereich aus.

Sie entwickelte eine eigene Stretchingtechnik, die intensives Dehnen, hohe Konzentration, Körperbewußtsein und Entspannung umfaßt. Heute gilt sie als erfahrenste Stretchinglehrerin Europas mit dem neuesten wissenschaftlichen Informationsstand.

Karin Albrecht hat zahlreiche Bücher, Musikkassetten, CDs und ein Video zum Thema Stretching veröffentlicht.

Stephan Meyer, Diplomphysiotherapeut, arbeitet als Leiter der Abteilung Physiotherapie und Rehabilitation am sportwissenschaftlichen Institut der schweizerischen Sportschule Magglingen. Neben der langjährigen Erfahrung in der Rehabilitation von Spitzenathleten/innen aus der Leichtathletik und dem Fußball gehören die Durchführung leistungsdiagnostischer Tests im Bereich der Kraft sowie die Mitarbeit in der Behandlung sportwissenschaftlicher Fragestellungen zu seiner Arbeit. In den letzten Jahren gilt sein Interesse der Beweglichkeit und dem Beweglichkeitstraining sowie der Entwicklung neuer Reha-Programme nach chirurgischen Eingriffen am Kniegelenk.

Lukas Zahner ist eidgenössischer Turn-, Tennis- und Sportlehrer sowie Biologe (Schwerpunkte: Sportphysiologie/Muskelphysiologie). Zusätzlich hat er ein Wettkampftrainerdiplom und ist als Ausbilder für Tennislehrer im Bereich Jugend und Sport sowie als Trainer des Nationalen Komitees für Elitesport (NKES-Trainer-1) tätig. Als Dozent am Institut für Sport der Universität Basel arbeitet er in den Bereichen Sportbiologie, Trainings- und Bewegungslehre sowie Rückschlagspiele. Zudem ist er dort in der Abteilung Hochschulsport Trainingsleiter für Tennis. Zur Zeit arbeitet Lukas Zahner an seiner Dissertation zur medizinisch-biologischen Forschung. Besondere berufliche Interessen: Sport im Kindesalter, Trainingslehre, sportbiologische Fragestellungen.

Peter Wüthrich studierte Sport an der Universität Bern und war 12 Jahre Headcoach eines Schwimmteams. Er ist heute an der Eidgenössischen Sportschule Magglingen (ESSM) als Lehrmitteldidaktiker tätig und leitet das Ressort Spitzensport.

Päuli Hitz, Diplom-Jin-Shin-Do-Therapeutin, ist hauptsächlich im Seniorensport tätig. Zusätzlich unterrichtet sie Stretching und Walking und ist Trainerin im Schulungsteam von Karin Albrecht.

Mariella Markmann ist Sportlehrerin an der ESSM und Trainerin des NKES. Seit 1982 arbeitet sie als Fachleiterin für Gymnastik und Tanz im Jugendsport an der Sportschule Magglingen.

Vorwort

Mit dem vorliegenden Buch hat eine der bekanntesten Stretchingausbilderinnen Europas, Karin Albrecht, gemeinsam mit Stephan Meyer, am Sportwissenschaftlichen Institut der Schweizerischen Sportschule Magglingen tätig, und Lukas Zahner, Institut für Sport der Universität Basel, ein Werk erarbeitet, das verschiedenen Interessenten gerecht wird. Einerseits ist ein Lehrbuch entstanden, andererseits sind die Inhalte des Buches mit über 200 Übungen sofort praktisch umsetzbar.

Als sehr hilfreich erweist sich hierbei die Differenzierung der Übungen für verschiedene Anwendergruppen, wie Sportler, Kinder und Senioren. Von großer Bedeutung ist auch die Unterscheidung von Dehnungen zum Vor- und Nachbereiten sportlicher Leistung oder zum gezielten (Weiter-)Entwikkeln der Beweglichkeit.

Die Dehnübungen sind so angelegt, daß man sie, ausgehend von Alltagshaltungen und -belastungen, auch im beruflichen sowie privaten Leben ausgleichend einsetzen kann.

Seit vielen Jahren kenne ich die Hauptautorin als kompetente und erfahrene Strechinglehrerin. In Kenntnis ihrer guten Arbeit wünsche ich diesem Buch eine weite Verbreitung, damit die Inhalte zum Wohle der Sportler und der Nichtsportler umgesetzt werden können.

Priv. Doz. Dr. Phil. Jürgen Freiwald M.A.
Orthopädische Universitätsklinik Frankfurt
Stiftung Friedrichsheim

Einführung

Seit einigen Jahren ist das Stretching fester Bestandteil des sportlichen Trainings. Die Wirkungen, die dem Stretching nachgesagt werden, sind vielfältig und reichen von der Verbesserung der Beweglichkeit bis zur Vorbeugung von Sportverletzungen. Bis heute sind nur in wenigen Arbeiten die Ursachen von Beweglichkeitseinschränkungen sowie die Wirksamkeit der verschiedenen Dehntechniken unter wissenschaftlichen Kriterien untersucht worden. Nachfolgend soll anhand der bestehenden Literatur und aus eigenen Erfahrungen aufgezeigt werden, wie der heutige Wissensstand in bezug auf Beweglichkeit, Beweglichkeitstraining oder Stretching ist.

Trotz kritischer Auseinandersetzung und genauem Hinterfragen, was Stretching im Sport tatsächlich bewirken kann, ob es Sinn macht zu dehnen oder nicht, kommen wir zu dem Schluß, daß die Beweglichkeit erhalten und gepflegt werden soll und zum Teil, aus sportspezifischen Anforderungen, sogar verbessert werden muß.

Stretching ist in diesem Sinne ein *Vorbeugen*, um chronisch fortschreitende Beweglichkeitseinschränkungen zu verhindern, oder eine *Trainingseinheit*, um den Körper auf große Beweglichkeitsanforderungen vorzubereiten.

Nach dem Aufzeigen der anatomisch-physiologischen Grundsätze und der verschiedenen Dehntechniken unterscheiden wir die Anwendungsmöglichkeiten eines Beweglichkeitstrainings präzise, so daß deren Sinn, Aufgabe und Effizienz einfach nachzuvollziehen und zu kontrollieren sind.

Als Basis für die Praxis definieren wir zunächst die verschiedenen Körperbereiche mit den dazu gehörigen Muskeln und deren Eigenschaften und geben Ihnen anschließend im praktischen Teil des Buches eine große Auswahl an Dehnungsübungen mit ihren jeweiligen Vor- und Nachteilen.

In einem weiteren Kapitel wird das Thema „Beweglichkeitstraining für Kinder und Jugendliche“ besprochen und Übungsideen dazu vermittelt.

Danach erläutern wir Stretching für Seniorinnen und Senioren und zeigen Ihnen Übungsvariationen.

Nach der genauen Beschreibung des Vor- und Nachdehnens sowie eines Stretchtrainings zeigen wir Basistechniken auf, welche die Wirbelsäule schützen und eine Effizienzsteigerung der Dehnungsübungen bewirken.

Dieses Buch soll Trainerinnen und Trainern sowie Sportlerinnen und Sportlern als Grundlage dienen. Wir wünschen uns, daß es Sie zu einem freien, intensiveren und präziseren Umgang mit dem Thema Beweglichkeit inspiriert.

I Theoretischer Teil

1 Beweglichkeit – was ist das?

Beweglichkeit ist eine der fünf motorischen Hauptbeanspruchungsformen, welche die Grundeigenschaften der körperlichen Leistungsfähigkeit des Menschen bilden. Beurteilt wird sie meistens anhand des maximal möglichen Bewegungsausmaßes eines Gelenksystems. Aus anatomisch-physiologischer Sicht sind zwei Komponenten dafür verantwortlich, die Gelenkigkeit und die Dehnfähigkeit. Die Gelenkigkeit ergibt sich aus der Struktur und der Form der am Gelenkaufbau beteiligten Knochen. Sie kann im Gegensatz zur Dehnfähigkeit nur wenig beeinflußt werden. Trainingsbedingte Formänderungen der Gelenke sind v.a. im Kindes- und Jugendalter möglich, sollten aber nicht als normale biologische Anpassung gewertet werden, sondern als negative Begleiterscheinung der unphysiologischen Beanspruchung in der entsprechenden Sportart.

Die Dehnfähigkeit bezieht sich in der Hauptsache auf die gelenkumgebenden bindegewebigen Strukturen, wie Sehnen, Bänder, Gelenkkapseln und auf die Muskulatur. Sie kann leichter verbessert werden als die Gelenkigkeit.

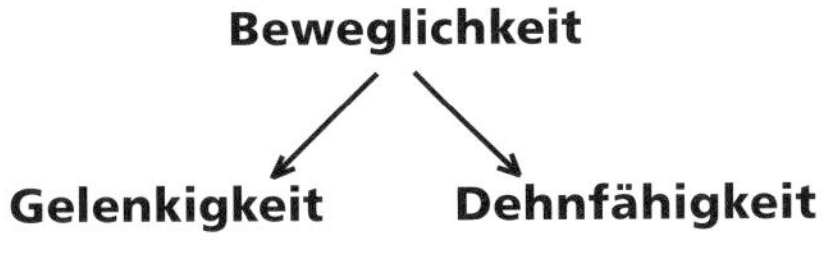

Abb. 1: Beweglichkeitsmodell.

Die Beweglichkeit wird von vielen äußeren Faktoren wie z.B. Tageszeit und Temperatur beeinflußt und ebensovielen inneren Faktoren wie Alter, Geschlecht, Psyche und Schmerz. Wollen wir die Beweglichkeit messen, müssen alle Einflüsse in die Beurteilung miteinbezogen werden.

Im Sport wird sie meistens durch das Bestimmen des maximalen Bewegungsumfanges in einem Gelenk beurteilt. Differenzierter wird im medizinisch-physiotherapeutischen Bereich vorgegangen, wobei mittels speziellen Techniken zuerst das sogenannte Gelenkspiel geprüft wird und auch „das Endgefühl" am Bewegungsende miteinbezogen wird.

1.1 Beweglichkeit – was ist normal?

Das Heranziehen von „Normwerten" in bezug auf die Beweglichkeit ist problematisch und beantwortet die Frage nach einem eingeschränkten oder übermäßigen Bewegungsausmaß nicht genau. Den Faktoren, die die Beweglichkeit, wie oben beschrieben, beeinflussen, wird in den meisten Fällen zuwenig Rechnung getragen. Es ist bekannt, daß Frauen beweglicher sind als Männer, auch daß sich beim älteren Menschen zunehmend Bindegewebe in die Muskulatur einlagert und es dadurch zu einer Verminderung der Beweglichkeit kommen kann. Durch Erkrankungen und Verletzungen kann sich die Beweglichkeit ebenso verändern wie durch verschiedene psychische und emotionale Zustände.

Sollen nun Vergleiche in Form von Beweglichkeitstests angestellt werden, müssen die Testpersonen in mindestens acht verschiedene Kategorien unterteilt werden. Dies sind:

Männer	–	Frauen
Alt	–	Jung
Gesund	–	Krank
Sportler	–	Nichtsportler

Im Bereich des Sports kommen zusätzlich sportartspezifische Veränderungen der Beweglichkeit hinzu. Somit wird klar, daß die Beurteilung der Beweglichkeit von vielen Faktoren abhängig ist, die bei jedem Beweglichkeitstest miteinbezogen werden sollten.

1.2 Beweglichkeit im Sport

Bei Sportlerinnen und Sportlern ergibt sich ein zusätzliches Beurteilungskriterium durch die jeweilige Sportart, die ausgeübt wird. Die unterschiedliche Beanspruchung der Muskulatur mit ihren sportartspezifischen Bewegungsmustern läßt nur einen Vergleich von Athleten aus derselben Disziplin zu. In der praktischen Arbeit mit Sportlern zeigt sich oft die Tatsache, daß nach den üblichen Kriterien der Beweglichkeitsmessung (Test nach Janda) viele der Athleten Muskelverkürzungen aufweisen. Zum Beispiel zeigt sich beim Eishockeyspieler häufig eine Beugehaltung im Bereich der Hüftmuskulatur. Bedingt durch die dauernde sportspezifische Körperhaltung in Beugung paßt sich der Muskel, mangels Gegenbewegung in die Streckung, mit einer „Verkürzung" an. Diese scheinbaren Abweichungen von der Norm können auch als funktionelle Anpassung der Muskulatur, im positiven Sinne, zur Verbesserung der Stabilität und der Leistungsfähigkeit gewertet werden.

In Sportarten wie z.B. Kunstturnen, die ein hohes Maß an Beweglichkeit erfordern, treten solche „Einschränkungen" nicht auf. Im Gegensatz zum Eishockeyspieler, der in seiner Sportart praktisch nie das volle Beweglichkeitsausmaß seiner Gelenke ausschöpfen muß, ist im Kunstturnen eine eingeschränkte Beweglichkeit in höchstem Maße leistungslimitierend. Aus diesem Beispiel ist ersichtlich, daß im Sport mit der Beweglichkeit sehr differenziert umgegangen werden muß und die Anwendung von allgemeingültigen Kriterien nicht zulässig ist.

2 Anatomische/physiologische Grundlagen

2.1 Der Bewegungsapparat

Wir unterscheiden zwischen dem aktiven und passiven Bewegungsapparat. Den aktiven Teil bildet die Skelettmuskulatur, die durch ihre Fähigkeit sich zu verkürzen in der Lage ist, durch Gelenke verbundene Knochen zu bewegen. Der passive Anteil setzt sich aus Knochen, Knorpel, Bändern und Sehnen zusammen. Im folgenden sollen Aufbau und Funktion der verschiedenen Gewebetypen, die für das Verständnis des Beweglichkeitstrainings wichtig sind, erläutert werden.

2.1.1 Die Skelettmuskulatur

Im menschlichen Organismus unterscheidet man drei Arten von Muskulatur. Die sogenannte glatte Muskulatur, die an der Funktion vieler innerer Organe (Magen, Darm, Blase usw.) beteiligt ist und an den Blutgefäßen wesentlich zur Kreislaufregulation beiträgt. Sie kann willentlich nicht in Aktion gesetzt werden, und ihre Kontraktion erfolgt langsam. Die Herzmuskulatur ist ebenfalls nicht bewußt steuerbar. Sie zeichnet sich im Gegensatz zur glatten Muskulatur aber durch eine deutlich schnellere Zuckungsgeschwindigkeit aus. Die Skelettmuskulatur, die für die Haltung und Bewegung verantwortlich ist, kann willentlich gesteuert werden und führt die schnellsten Zuckungen aus. Im folgenden Teil soll nur noch auf die Struktur und Funktion der Skelettmuskulatur eingegangen werden.

2.1.2 Aufbau und Organisation

Makroskopisch ist jeder Muskel aus einzelnen Muskelfasern (-zellen) aufgebaut. Etwa 15 bis 20 solcher Fasern sind zu Muskelfaserbündeln zusammengefaßt. Diese sogenannten Faszikel sind von einer bindegewebigen Membran umgeben und bilden den Gesamtmuskel, der schließlich von einer sehr straffen bindegewebigen Hülle, der Faszie, umhüllt ist. An den beiden Enden sind Sehnenfaserbündel fest mit den Membranen der Muskelfasern verwachsen und bilden so den Übergang vom Muskel zur Sehne.

Die bindegewebigen Anteile der Muskulatur haben nicht nur eine Schutzfunktion, sondern sie spielen durch ihre elastischen Eigenschaften eine wichtige Rolle in der Funktion des Muskels.

Mikroskopisch bilden die Sarkomere die kleinsten kontraktilen Einheiten des Muskels. Sie bestehen aus dicken und dünnen Eiweißfäden, dem Myosin und dem Aktin. Diese Myofilamente sind parallel zueinander angeordnet. Ein Sarkomer ist etwa 2µm lang und wird an beiden Enden von zugfesten Z-Scheiben begrenzt, an denen die Aktinfilamente fest verankert sind, von wo sie gegen die Sarkomermitte einstrahlen. Durch ihre räumliche Anordnung berühren sie sich gegenseitig nicht. In der Mitte liegen abwechslungsweise die Myosinfilamente, deren Enden sich an beiden Seiten mit den Aktinfilamenten überlappen.

Diese sich überschneidenden Areale werden als A-Bande bezeichnet, da sie doppelbrechende (anisotrope) Eigenschaften im polarisierten Licht aufweisen. Um die Z-Streifen befinden sich nur Aktinmoleküle (I-Bande), die das Licht schwächer brechen (isotrop). Aus dieser regelmäßigen Anordnung der A- und I-Bande ist im Lichtmikroskop die charakteristische Querstreifung der Skelettmuskulatur sichtbar.

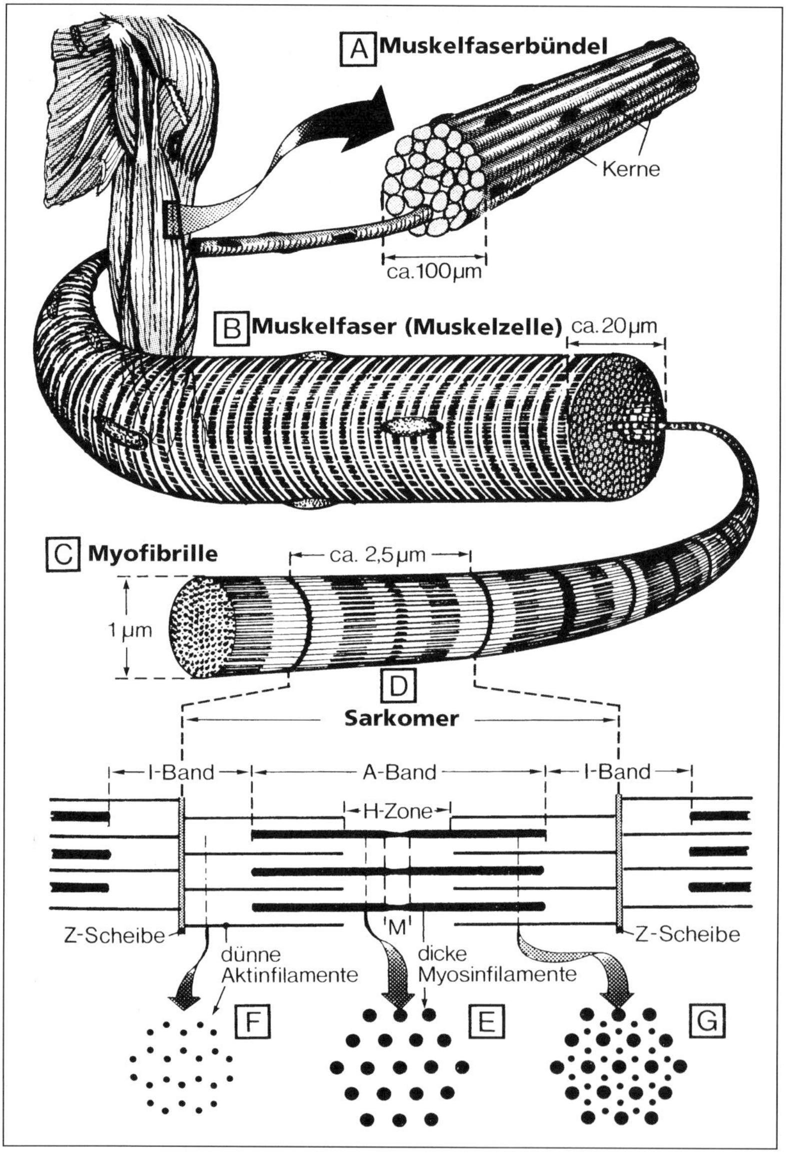

Abb. 2: Feinstruktur der Skelettmuskulatur (aus: Peter Markworth: Sportmedizin. Rowohlt Verlag, Reinbek 1983, S. 29, Abb. 1/4).

2.1.3 Die Muskelkontraktion

Die Verkürzung des ganzen Muskels ist die Folge des Ineinandergleitens der Aktin- und Myosinfäden in den unzähligen, hintereinandergeschalteten Sarkomeren. Dabei binden sich die Myosinköpfe an die Aktinfilamente und ziehen diese durch eine Kippbewegung gegen die Sarkomermitte. In der neuen Lage lösen sich die Köpfe wieder und heften sich weiter vorne erneut an. Durch diese „Ruderbewegung“, die mehr als 50mal pro Sekunde erfolgen kann, verkürzen sich die Sarkomere bis zu 40% ihrer Ausgangslänge. Um diesen Mechanismus in Gang zu setzen, ist ein elektrischer Impuls aus dem Zentralnervensystem notwendig.

2.1.4 Steuerung der Muskelkontraktion

Das Zentralnervensystem ist die übergeordnete Instanz, die eine muskuläre Kontraktion mittels eines nervalen Impulses auslösen kann. Von den Nervenzellen des Gehirns laufen die elektrischen Impulse über Nervenfasern zu den motorischen Vorderhornzellen (Alpha-Motoneurone) des Rückenmarks, die dann über periphere Nerven die dazugehörigen Muskelfasern innervieren. Die Vorderhornzelle und alle von ihr versorgten Muskelfasern bilden eine motorische Einheit. Jeder Muskel besteht aus vielen solchen motorischen Einheiten.

Je präziser die Arbeit des Muskels sein muß, desto kleiner sind diese Einheiten. Sie arbeiten nie alle gleichzeitig, sondern werden je nach Bedarf phasenverschoben aktiviert, wodurch es zu einer gleichmäßigen Kontraktion des Muskels kommt.

Der periphere Nerv verzweigt sich beim Muskel in eine Vielzahl von kleinen Nervenfasern, die mit den dazugehörenden motorischen Endplatten die Verbindung zwischen Nerv und Muskel darstellen. Diese Verbindungsstellen werden auch Synapsen genannt. Die Erregungsübertragung erfolgt nicht mehr elektrisch, sondern chemisch. Der Überträgerstoff, Azetylcholin, bewirkt durch die Summe chemischer Veränderungen für kurze Zeit an der Muskelzellmembran eine Verschiebung der elektrischen Spannungsdifferenz. Wird dabei ein bestimmter Schwellenwert überschritten, entsteht ein Muskelaktionspotential, das die mechanische Spannungsentwicklung der Muskelzelle auslöst.

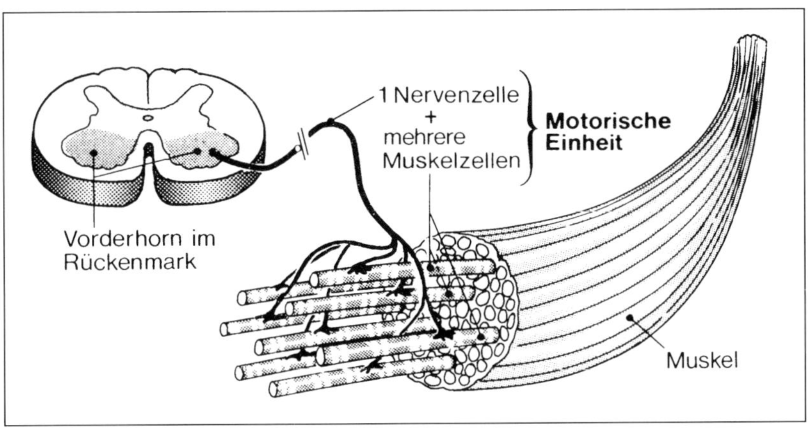

Abb. 3: Aufbau einer motorischen Einheit (aus: Peter Markworth: Sportmedizin. Rowohlt Verlag, Reinbek 1983, S. 43, Abb. 1/10).

2.1.5 Steuerung der Bewegung

Die Skelettmuskulatur hat grundsätzlich zwei Hauptfunktionen, eine Halte- und eine Bewegungsfunktion. Die Haltefunktion dient der aufrechten Körperhaltung und der Einnahme von verschiedenen Körperpositionen. Die Bewegungsfunktion beinhaltet das Ausführen von zielgerichteten Bewegungen. Die motorischen Bereiche des Zentralnervensystems sind für die Kontrolle von Haltung und

Bewegung zuständig. Man unterscheidet motorische Zentren auf Rückenmarksebene (Spinalmotorik) und solche vom Rückenmark bis zur Hirnrinde (supraspinale Motorik). Während für komplexe „höhere" Bewegungsaufgaben die Leistungen der supraspinalen Motorik benötigt werden, kommen für einfachere Haltungs- und Bewegungsprogramme die Zentren im Rückenmark (Spinalmotorik) zur Anwendung.

Um die höheren motorischen Zentren zu entlasten, können viele Bewegungs- und Haltungsprogramme unwillkürlich (unbewußt) abgerufen werden. Das dafür benötigte Zusammenspiel zwischen sensorischen und motorischen Systemen – auf Rückenmarksebene – wird als Reflex bezeichnet. Aus den Rezeptoren (Propriozeptoren) der Sinnesorgane werden sensorische Afferenzen mit motorischen efferenten Nervenzellen gekoppelt. Das heißt, auf eine Reizung des Rezeptors folgt immer eine gleichbleibende Reaktion des Körpers.

Die Rezeptoren der Muskulatur sind die Muskelspindeln und die Golgi-Sehnenorgane. Muskelspindeln sind Dehnungsrezeptoren. Sie liegen parallel zu den Muskelfasern und sind mit einer bindegewebigen Hülle umgeben. Sie können sich nur in ihren Endabschnitten kontrahieren. Im mittleren Abschnitt (Kernsackregion) werden sie von sensiblen spiralförmig angeordneten Ia-Nervenfasern umschlungen. Diese sensiblen Nervenfasern sind dehnungsempfindlich und melden jede Zustandsänderung an das Rückenmark. Wird der Muskel gedehnt, kommen die parallel liegenden Muskelspindeln unter Zug, vor allem im mittleren Bereich der Ia-Fasern. Die dabei entstehenden Aktionspotentiale werden an das Rückenmark weitergegeben, wobei es nach der Umschaltung auf ein Alpha-Motoneuron zur Kontraktion des Muskels kommt und so die Muskellänge „reflektorisch" normalisiert wird.

Zusätzlich sind die beiden kontraktilen Enden mit efferenten motorischen Nervenfasern versorgt. Diese motorischen Nerven bezeichnet man als Gamma-Motoneurone. Sie liegen wie die Alpha-Motoneurone im Rückenmark. Da die kontraktilen Fasern der Muskelspindeln über das gammamotorische System parallel zur Arbeitsmuskulatur miterregt werden, kann die Kernsackregion nicht erschlaffen, wodurch der Informationsfluß über die sensiblen Ia-Fasern gewährleistet ist. Somit bleibt auch während einer aktiven Muskelkontraktion das Gefühl für die Muskellänge erhalten.

Dieser Ablauf der Dehnung des Muskels, Aktivierung der Muskelspindeln und Kontraktion der entsprechenden Muskelfasern wird als Muskeldehnreflex bezeichnet.

Das Golgische Sehnenorgan besteht aus sensiblen Nervenendigungen, die die Sehne im Bereich des Übergangs in die Skelettmuskulatur netzartig überzieht. Sie sind nicht wie die Muskelspindeln parallel zur Muskulatur geschaltet, sondern in Serie. Das bedeutet, daß sie sowohl bei passiver Dehnung als auch aktiver Kontraktion des Muskels erregt werden. Nimmt die Spannung in der Sehne übermäßig zu, werden diese Rezeptoren gereizt und melden diese Information über sensible afferente Ib-Fasern dem Rückenmark. Diese Afferenzen werden auf hemmende Zwischenneurone umgeschaltet, von wo sie zum Alpha-Motoneuron gelangen und eine weitere Kontraktion des Muskels gebremst wird (autogene Hemmung).

Die Information der Propriozeptoren wird gleichzeitig auch an den jeweiligen Gegenspieler des Muskels (Antagonisten) über eine dazwischen geschaltete Nervenzelle weitergegeben. Dies führt zur Hemmung des Antagonisten, wodurch eine gezielte Bewegungsausführung erst möglich ist. Diesen Vorgang, daß bei Anspannung des Beugers die dazugehörige Streckmuskulatur entspannt wird, nennt man reziproke Hemmung.

Zur Haltungs- und Bewegungssteuerung sind diese Reflexantworten auf die Längen- und Spannungsveränderungen der Muskulatur sehr wichtig. Sie müssen jedoch von zentralen Ebenen (Gehirn) geordnet und je nach Bedarf mehr oder weniger kontrolliert werden.

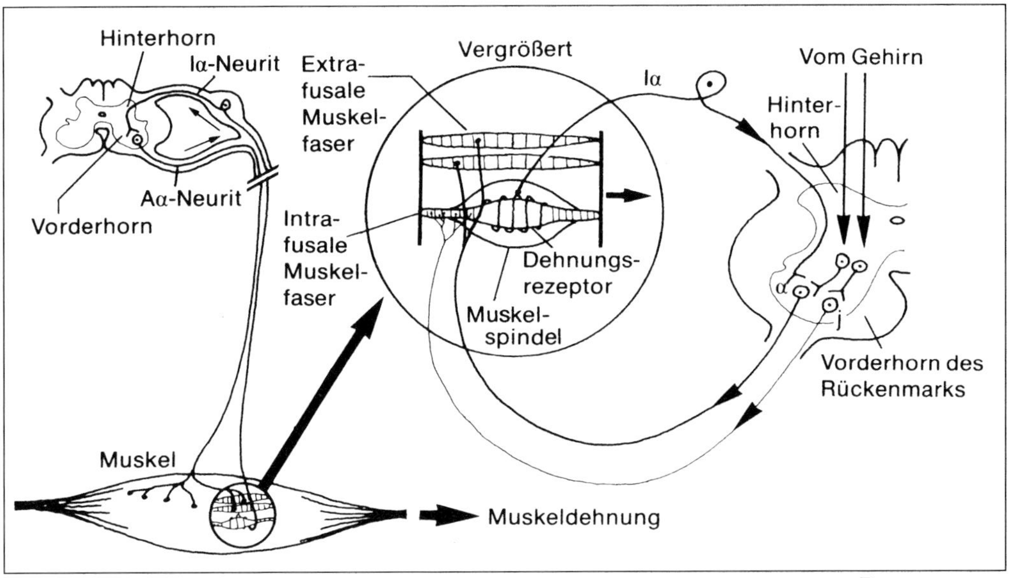

Abb. 4: Dehnungsreflex mit Muskelspindel als Rezeptor (aus: Jürgen Weineck: Sportbiologie. perimed Fachbuch-Verlagsgesellschaft, Erlangen 1986, S. 55, Abb. 26).

2.1.6 Muskelfaserarten

Die Muskelfasern lassen sich in zwei Arten einteilen, in Typ-1- und Typ-2-Fasern.

Die langsam kontrahierenden *Typ-1- Fasern* zeichnen sich durch einen hohen Anteil an rotem, sauerstoffspeicherndem Muskelfarbstoff (Myoglobin) aus. Sie enthalten zudem viele Mitochondrien, die u.a. verantwortlich sind für die Kohlenhydrat- und Fettverbrennung. Ihre Energiebereitstellung läuft auf aerobem Weg, dadurch sind sie ausdauernder als die Typ-2-Fasern. Die Innervation der Typ-1-Fasern erfolgt über kleine Alpha-Motoneuronen aus dem Rückenmark. Von dort wird dann über langsam leitende Nervenfasern eine kontinuierliche Impulsfrequenz aufrechterhalten. Dadurch ist eine dauernde Aktivität der Stützmotorik gewährleistet.

Die weißen, schnell kontrahierenden *Typ-2-Fasern* sind weniger gut mit Sauerstoff versorgt. Sie verfügen über größere Glykogendepots und sind eher für die anaerobe Energiegewinnung geeignet. Ihrer hohen Kraftentwicklung steht die rasche Ermüdung gegenüber. Die Innervation erfolgt über große Alpha-Motoneurone mit schnell leitenden Fasern und einem unregelmäßigen Impulsmuster, was für zielmotorische Aktivitäten charakteristisch ist.

Beim Muskelfasertyp-2 unterscheidet man nochmals den *Typ-2a* vom *Typ-2b*. Der Typ-2a weist sowohl ein hohes oxidatives wie auch glykolytisches Potential auf, während der

Typ-2b der „typischen" schnellen Faser mit hohen glykolytischen und wenigen aeroben Eigenschaften entspricht. Beide Faserarten kommen nebeneinander, in unterschiedlicher Häufigkeit im einzelnen Muskel vor. Ihre Verteilung ist teilweise genetisch vorgegeben, zu einem anderen Teil abhängig von der Art der Muskulaturbelastung.

2.1.7 Das Bindegewebe des Muskels

Der bindegewebige Anteil eines Muskels beträgt zwischen 10 und 15%. Jede einzelne Muskelzelle ist in eine elastische Hülle aus Bindegewebe (Endomysium) eingepackt. Bis zu 50 Muskelfasern sind über eine stärkere elastische Bindegewebshaut zu sogenannten Muskelfaserbündeln (Perimysium) zusammengefaßt. Der ganze Muskel besteht aus einer Vielzahl dieser Bündel, die wiederum mit einer straffen, sehr zugfesten Bindegewebshaut (Faszie) zusammmengehalten werden.

Das Bindegewebe kann sich selbst nicht zusammenziehen (nicht kontraktil), überträgt aber elastisch die Muskelkraft nach außen und bestimmt die Zerreißfestigkeit des Muskels. Neben der Schutzfunktion spielen auch die elastischen Eigenschaften des Bindegewebes eine wichtige Rolle in der Gesamtfunktion des Muskels.

2.1.8 Mechanische Eigenschaften der Muskulatur

Die mechanischen Eigenschaften des Muskels sind abhängig von den Materialeigenschaften seiner Hauptbestandteile, den Muskelzellen und dem Bindegewebe. Die Muskelzellen besitzen *plastische* Eigenschaften, das heißt, sie setzen einer Dehnung keinen großen Widerstand entgegen und lassen sich verformen. Nach der Dehnung kehren sie auch nicht von allein in ihre Ausgangslage zurück. Der bindegewebige Anteil dagegen besitzt *elastische* Eigenschaften. Er läßt sich zwar auch dehnen und verformen, nimmt aber am Ende einer äußeren Krafteinwirkung seine Ausgangslänge sofort wieder ein. Die elastischen Elemente des Muskels sind zu den plastischen sowohl parallel wie auch in Serie geschaltet, was ein wichtiger Faktor seines mechanischen Verhaltens ist.

Eine passive Dehnung oder eine aktive Kontraktion des Muskels wirkt auf folgende Strukturen:

- auf die parallel geschalteten bindegewebigen Anteile (PEC) (Faserhülle, Faserbündelhülle),
- auf die in Serie geschalteten bindegewebigen Anteile (SEC) (Sehnenfibrillen),
- auf die kontraktilen Elemente der Muskelzelle.

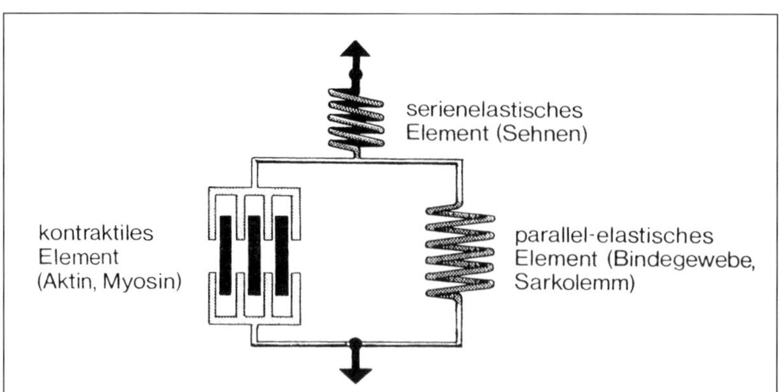

Abb. 5: Muskelmodell (aus: Peter Markworth: Sportmedizin. Rowohlt Verlag, Reinbek 1983, S.52, Abb. 1/16).

Die in den vorausgegangenen Kapiteln besprochenen anatomischen und physiologischen Verhältnisse dienen nun als Grundlage zum weiteren Verstehen der Wirkungsweise, von Dehnübungen zur Verbesserung der Beweglichkeit.

2.2 Wirkung von Dehnungen

2.2.1 Was wird gedehnt?

Bei der Betrachtung der Wirkung von Dehnungen auf die Muskulatur zeigt sich in neueren Untersuchungen, daß sie in erster Linie auf die bindegewebigen Muskelstrukturen einwirken. Werden diese gedehnt, so ist die Spannung anfangs sehr hoch, mit zunehmender Zeitdauer läßt sie etwas nach, um dann konstant zu bleiben [20, 80]. Erfolgt die Dehnung über einen längeren Zeitraum, passen sich die Bindegewebsfasern an, das heißt, ihre effektive Länge nimmt mit der Zeit zu. Diese Vorgänge verdeutlichen die Anpassungsfähigkeit des Bindegewebes an langandauernde spezifische Belastungen.

Der in diesem Zusammenhang oft genannte Begriff der *„muskulären Verkürzung"* ist in diesem Kontext nicht korrekt [2, 3, 4, 21], da es in erster Linie die parallel-elastischen (PEC) und die seriell-elastischen (SEC) bindegewebigen Strukturen sind, die sich verkürzen.

Echte Muskelverkürzungen im Sinne einer Sarkomerverminderung treten erst nach wochenlanger Ruhigstellung in einer verkürzten Position auf. „Muskelverlängerungen" im Sinne einer Sarkomervermehrung konnten bislang nur im Tierversuch, nach langandauernder Ruhigstellung in extremen Dehnpositionen, nachgewiesen werden [81, 2, 3, 4, 21].

Spüren wir beim Dehnen ein Spannen der Muskulatur, befinden wir uns an der physiologischen Beweglichkeitsgrenze. In diesem Moment reagieren die Mechanorezeptoren (und Schmerzrezeptoren!) in Sehne und Muskel und zeigen uns den momentanen Endgrad der Gelenksbewegung an. Durch wiederholtes Dehnen steigt die subjektive Toleranz der Rezeptoren gegenüber den Dehnreizen an, das bedeutet, die physiologische Beweglichkeitsgrenze kann erweitert werden [2, 3, 4, 6, 21, 22, 23].

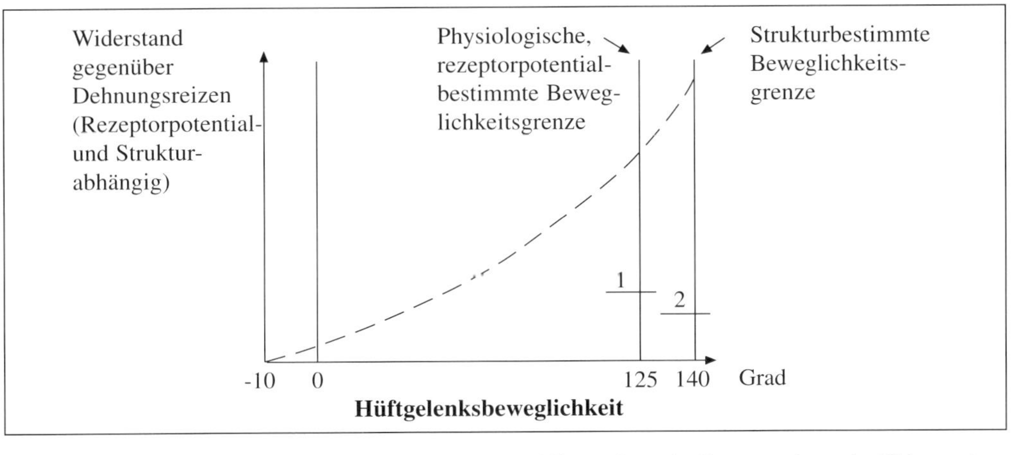

Abb. 6: Beweglichkeit am Beispiel der Hüftgelenksbeugung. Mit zunehmender Beugung nimmt der Widerstand zu, die Ruhespannungskurve steigt an (idealtypische Darstellung). Die physiologische, von Rezeptorenpotentialen (mit-) bestimmte Beweglichkeit liegt bei 125 Grad Hüftgelenksbeugung, die strukturelle Grenze bei 140 Grad Beugung. (Aus: Jürgen Freiwald und Martin Engelhardt: Zur Einschränkung der Beweglichkeit, deren Ursachen und möglicher Interventionen. In: Dehnen und Mobilisieren. Sport-, Gymnastik- und Krankengymnastikschule Waldenburg (Hrsg.), S. 96, Abb. 4.)

Die Mechano- und Schmerzrezeptorenpotentiale haben einen entscheidenden Einfluß auf die Verarbeitung von Dehnreizen auf spinaler und zentraler Ebene. Werden nämlich die Bewegungsbereiche nicht immer wieder ausgeschöpft, sinkt die Toleranz gegenüber Dehnreizen, und es kommt zu einer Verminderung der Beweglichkeit im Sinne einer Einschränkung, zuerst der physiologischen und später der strukturellen Beweglichkeitsgrenzen. Demnach geht es beim Dehnen in erster Linie darum, die Mechanorezeptoren, die das Ende der Bewegung signalisieren, durch Bewegungen im maximalen Bewegungsradius zu stimulieren, um somit die Beweglichkeit zu erhalten.

Die oben beschriebenen Theorien werden von der Wissenschaft nach wie vor kontrovers diskutiert, das bedeutet, die Wirkung von Dehnungen ist bisher nicht genau bekannt.

2.2.2 Muskulärer Tonus

Die Beeinflussung des muskulären Tonus (Spannung) durch Dehnungen wird von Freiwald [2, 3, 4, 21] bestritten. Seiner Meinung nach besteht die Schwierigkeit darin, muskuläre Spannungen überhaupt zu messen. Die oft angewandte Methode des manuellen Tastens ist genauso schwierig zu objektivieren und unzulässig wie die Myomechanographie nach Viol [15, 16]. Freiwald ersetzt die Begriffe hyper- bzw. hypotone Muskulatur durch die Bezeichnung hypo- bzw. hyperaktive Muskulatur.

Verschiedene Untersuchungen mittels Nadelelektromyographie (EMG) haben gezeigt, daß ein gesunder Muskel in Ruhelage keine Spannung (elektrische Aktivität) aufweist. Bei Muskelarbeit gegen die Schwerkraft steigt die Aktivität des Muskels stark an und ist je nach Bedarf höher oder tiefer. Grundsätzlich ist die Muskulatur und deren Spannung von informativen Prozessen abhängig, das heißt, sie reagiert auf Einflüsse, die über ihr sensibles System aufgenommen und weiterverarbeitet werden. Auf eine Gelenksproblematik beispielsweise wird die umgebende Muskulatur mit einer höheren Spannung reagieren, um das Gelenk zu schützen. Wahrscheinlich spielt dabei der Schmerz eine entscheidende Rolle. Das vegetative Nervensystem hat einen ebenso großen Anteil an der Spannungsregulierung. Im Sport äußert sich Streß, Nervosität oder Angst in Form einer gesteigerten Aktivität des Muskels. Solche Aktivitätserhöhungen dürfen nicht mit Verkürzungen der bindegewebigen Anteile der Muskulatur verwechselt werden.

Der Muskeltonus ist nur schwer erfaßbar und unterliegt vielen Einflüssen, was eine Überprüfung der Wirkung von Dehntechniken auf muskuläre Spannungszustände sehr schwierig macht. [21, 22]

2.3 Dehnen – Verletzungsprophylaxe

Die Aussage, daß eine gesteigerte Dehnfähigkeit Verletzungen vorbeugen kann, ist bisher nur in wenigen Arbeiten unter streng wissenschaftlichen Kriterien geprüft worden [54, 56, 58, 60, 61, 65, 70, 71, 73]. Dabei konnte jedoch eine Verhinderung oder Reduzierung von Verletzungen im Muskel-Sehnenbereich durch Dehnungsübungen nicht nachgewiesen werden.

Forschungsergebnisse bezüglich der Anwendung von Dehnungen und der damit verbundenen Beeinflussung von Muskelkater sind etwas konkreter. Sie zeigen in der Mehrheit, daß das Auftreten des Muskelkaters durch Dehnübungen nicht beeinflußt werden kann [52, 53, 59, 68, 69].

Die zum Teil doch sehr unterschiedlichen Resultate der Untersuchungen machen deutlich: Es gibt auf dem Gebiet der Wirksamkeit von Dehnübungen als Verletzungsprävention noch einiges an Forschungsarbeit zu leisten.

2.4 Dehnen – spezielle Probleme

2.4.1 Dehnen und muskuläre Dysbalance

Der in der Literatur oft beschriebene Zustand der muskulären Dysbalance (Spring et al., 1976) mit seiner Einteilung, wonach tonische Muskeln einen überwiegenden Anteil an langsam zuckenden Muskelfasern aufweisen und zur Verkürzung neigen, demgegenüber die phasische, zur Abschwächung tendierende Muskulatur überwiegend schnellfasrige Anteile besitzen soll, muß kritisch betrachtet werden.

Muskelbiopsiestudien ergaben bei den tonischen Muskeln einen zum Teil sehr hohen Anteil an schnellen Fasern. Die phasischen Muskeln hingegen konnten zu einem hohen Prozentsatz langsamfasrig sein [8].

Aus der Praxis ist bekannt, daß der vordere Oberschenkelmuskel (Rectus femoris) die Tendenz hat zu verkürzen, gleichzeitig ist er aber ein sehr schnellkräftiger Muskel mit einem hohen schnellfasrigen Anteil. Er müßte also abgeschwächt sein!

Genauso verhält es sich mit der Rumpfmuskulatur. Je nach Haltungstyp hat die Bauchmuskulatur eher eine Haltearbeit zu leisten und ist somit recht kräftig, auf der anderen Seite kann sie aber auch völlig abgeschwächt sein.

Diese Beispiele zeigen, daß die Arbeitsweise und die Zusammensetzung der Muskulatur, neben genetischen Faktoren, in der Hauptsache haltungs- und funktionsabhängig ist [1].
Das Aufstellen von allgemeingültigen Schemata ist unzulässig, bei der Diagnosestellung einer muskulären Dysbalance müssen alle individuellen Faktoren mit einbezogen werden.

2.4.2 Dehnen – Stabilität und Instabilität

Eine weitere Schwierigkeit stellt das Dehnen von schon überbeweglichen (hypermobilen) Gelenken dar. Die Ursachen hypermobiler Gelenke können genetischer, traumatischer oder trainingsbedingter Natur sein. Häufig wird mit Dehnübungen völlig kritiklos umgegangen. Man dehnt, weil es der Trainer so gesagt hat oder weil es einfach jeder tut. Sportler, die schon überbeweglich sind und im Training ihre Beweglichkeit weiterentwikkeln, müssen sich im klaren sein, daß dies auf Kosten der stabilen Führung des Gelenks gehen kann.

Sportler, die aus Sportarten kommen, welche ein hohes Maß an Beweglichkeit erfordern, praktizieren während ihrer Wettkampfvorbereitung Dehnübungen mit enormer Gelenksbeweglichkeit. Dabei wird deutlich, daß es dabei nicht mehr in erster Linie um muskuläre Dehnungen geht, sondern vor allem der gelenkumgebende Kapsel-Band-Apparat gedehnt wird. Sie müssen in diese extremen Gelenkpositionen gehen, um im Wettkampf ihren vollen Bewegungsumfang ausschöpfen zu können – als körperliche Voraussetzung einer guten Leistung. Die Wahrscheinlichkeit, sich dadurch eine sekundäre Gelenksinstabilität zu erwerben, ist groß.
Sind Gelenke bereits instabil, sollten folglich keine forcierten Dehnübungen zu ihrer Beweglichkeitsverbesserung mehr durchgeführt werden.

2.5 Dehntechniken

Die Vielfalt der angebotenen Dehntechniken ist verwirrend und trägt in keiner Weise zum besseren Verständnis des Beweglichkeitstrainings bei. Im Gegenteil, man versucht die eine Technik gegen die andere auszuspielen, und das mit zum Teil fragwürdigen Versprechungen und Erklärungsansätzen. In den vorangegangenen Kapiteln wurde versucht, die verschiedenen Aussagen zum Thema Dehnen zu relativieren und ins rechte Licht zu rücken. Ein großer Teil, der beim Dehnen ablaufenden physiologischen und neuromuskulären Vorgänge sind bisher nicht geklärt. Es bedarf deshalb weiterer intensiver Forschungsarbeit.

Nachfolgend wird ein Überblick über die bekannten Dehnarten gegeben.

Die verschiedenen Dehnarten werden grundsätzlich in aktive und passive Formen eingeteilt. Beim aktiven Dehnen wird mit der Kraft der Antagonisten des zu dehnenden Muskels gearbeitet. Die passiven Techniken werden mit Hilfe von äußeren Kräften, der Schwerkraft, von Hilfsgeräten, Partnern oder durch Muskelgruppen, die nicht antagonistisch wirken, durchgeführt. Aus der Abbildung „Dehnungsarten" wird ersichtlich, daß es für beide Gruppen statische und dynamische Anwendungsformen gibt.

Dehnungsarten

aktive Dehnung	passive Dehnung
Kraft der Antagonisten des zu dehnenden Muskels	Schwerkraft, Schwungunterstützung Partner, Gerät, nicht antagonistisch wirkende Muskeln

statisch	dynamisch	statisch	dynamisch
haltende D. permanente D.	intermittierende D. rhythmische D. ballistische D.	**Stretching** a) Dauerdehnung (permanente D.) b) D. nach Anspannung (postisometrische D.; AED o. CHRS-D.)	s. aktiv-dyn. Dehnung

Abb. 7: Dehnungsarten (aus: Manfred Hoster: Stretching zwischen Ritual und therapeutischer Notwendigkeit. In: Dehnen und Mobilisieren. Sport-, Gymnastik- und Krankengymnastikschule Waldenburg (Hrsg.), S. 103, Abb. 1 „Modell nach Hoster").

2.5.1 Passiv-statisches Dehnen

Diese auch gehaltene, permanente Dehnung oder Dauerdehnung genannte Form ist – vor allem durch die Publikationen von Andersson (1982) – besser bekannt unter dem Begriff „Stretching". Es handelt sich hierbei um eine langsame, kontrollierte, ohne Nachfedern ausgeführte Dehnung. Der Muskel wird bis zu einer Position gebracht, in der ein leichtes Ziehen spürbar ist, und dann in dieser Stellung eine Zeitlang gehalten. In der Literatur findet man sehr unterschiedliche Aussagen über die Zeitdauer der Dehnung. Es werden Bereiche von 5 Sek. über 15 Sek. bis zu 2 Min. empfohlen [19, 20, 22, 23, 24, 29, 30, 35, 38, 39, 44]!

Dehnungen von 15 Sek. Dauer scheinen bereits einen Effekt zu erbringen. Verlängert man die Dauer auf 45 Sek., wird er noch etwas größer, bei über 90 Sek. scheint kein zusätzlicher Effekt mehr aufzutreten. Über die Wiederholungszahl der Dehnung herrscht vollends Uneinigkeit. Wissenschaftliche Arbeiten über Dehnen und dessen Auswirkung auf die Muskulatur wurden mit sehr unterschiedlichen Wiederholungszahlen (von 3- bis zu 10mal) durchgeführt.

Viele Wissenschaftler behaupten, daß der Vorteil des Stretchings gegenüber anderen Dehnformen in der geringeren Verletzungsgefahr liege, was aber bis jetzt noch nicht untersucht wurde. Im weiteren könne die Gefahr, daß durch ruckartige Dehnungen ein Muskelreflex ausgelöst wird, verringert werden. Auch diese Aussage muß kritisch betrachtet werden, da bei „korrekter Ausführung" die Geschwindigkeit und die auf den Muskel wirkenden Kräfte höchstwahrscheinlich zu gering sind. Zudem herrschen noch viele Unklarheiten in bezug auf Entstehung und Verarbeitung von Muskeleigenreflexen.

Weitere dem Stretching nachgesagte Wirkungen sind in den vorangegangenen Kapiteln erläutert worden.

2.5.2 Postisometrisches Dehnen

Das postisometrische Dehnen ist eine Unterform des passiv-statischen Dehnens. Diese Technik setzt eine isometrische Anspannung der Muskulatur vor die Dehnphase und stammt aus der Physiotherapie. Sie hat viele verschiedene Namen; die geläufigsten sind Anspannungs-Entspannungs-Dehnen (AED) und Contract-Hold-Relax-Stretching (CHRS). Ein bekannter Verfechter dieser Form ist Sölveborn (1983), der diese von ihm „erfundene" Methode als das eigentliche Stretching bezeichnet.

Über die Intensität und die Zeitdauer der isometrischen Anspannung herrscht Uneinigkeit. Das Spektrum reicht von einer maximalen über eine mäßige bis zur leichten isometrischen Kontraktion [18, 19, 20, 29, 31]. Die darauf folgende Entspannungsphase sollte nach Sölveborn nicht länger als 3 Sek. dauern, andere Autoren empfehlen 5 bis 10 Sek. [18, 19, 20, 29, 31]. Auf die Zeitdauer danach, in der der Muskel in einer passiv-statischen Dehnposition gehalten werden sollte und die damit verbundene Problematik, wurde im letzten Kapitel eingegangen.

Die meisten Vorteile dieser Form des Dehnens sollen darin liegen, daß unmittelbar nach der isometrischen Kontraktion die Muskelaktivität vermindert ist und somit der Dehnung weniger Gegenspannung entgegengesetzt wird. Durch die Spannungserhöhung in der Sehne kommt es zu einer autogenen Hemmung, verbunden mit einer Entspannung des Muskels.

Aufgrund verschiedener Arbeiten [85, 86, 87] läßt sich vermuten, daß die motorische Erregbarkeit nach einer maximalen Kontraktion tatsächlich geringer ist. Von entscheidender Bedeutung ist dabei, wie lange diese Hemmung bestehen bleibt. Einige Wissenschaftler sprechen von 100 bis 200 mSek., andere legen die Zeitdauer der maximalen Hemmung zwischen 0,1 bis 1 Sek. fest [85, 86, 87], wobei sie rasch abnimmt und nach 10 Sek. beendet ist. Diese Tatsache zeigt, daß die Zeitdauer der Muskulaturhemmung sehr kurz ist. Inwieweit in der Praxis des Dehnens diese autogene Hemmung nach maximaler Kontraktion nutzbar ist und einen zusätzlichen Gewinn darstellt, ist unklar.

Bisher ist auch nicht bekannt, bei welcher Intensität der Spannung die autogenen Hemmmechanismen einsetzen. Zudem sind die neurophysiologischen Vorgänge nicht vollständig geklärt.

2.5.3 Passiv-dynamisches Dehnen

Diese Dehnform ist durch die Einwirkung von häufig schwierig zu kontrollierenden äußeren Kräften (Partner, Hilfsgerät) nicht unproblematisch. Der Sportler erreicht dabei die Dehnposition meist mit Hilfe eines Partners. Da dieser Partner den Dehnzustand der Muskulatur des Athleten, den er dehnt, nicht empfindet, weiß er nicht, wann die Dehngrenze erreicht ist. Das zusätzliche dynamische Arbeiten am Bewegungsende kann dem Sportler, der gedehnt wird, Schmerzen bereiten, und er reagiert mit einer Spannungserhöhung in der Muskulatur. Der Effekt der Dehnung ist somit gering. Das dynamische Dehnen mit Partnerhilfe ist nur in ganz speziellen Situationen (sportliche Vorbereitung, Therapie) nötig und erfordert Vertrauen und Kompetenz der daran beteiligten Personen. *Gänzlich abzulehnen sind solche Techniken in der Arbeit mit Kindern und Jugendlichen.*

2.5.4 Aktiv-dynamisches Dehnen

Die auch unter den Bezeichnungen intermittierendes, rhythmisches, ballistisches Dehnen bekannte Technik ist mit dem Aufkommen der „Stretchingwelle" immer mehr ins Abseits gedrängt worden. Besonders das Wort „Zerrgymnastik" wurde immer wieder im Zusammenhang mit aktiv-dynamischen Dehnformen genannt. Gemeint war damit, daß diese Ausführungsform Verletzungen provoziert und durch das Auslösen eines Muskeldehnreflexes, mit der damit verbundenen Spannungserhöhung im Muskel, die Dehnung keinen Effekt hat.

Wie bereits erwähnt, ist das Auslösen eines Dehnreflexes von vielen Faktoren abhängig, u.a. von der Kraft und der Geschwindigkeit, die auf den Muskel wirken. Bei stark einwirkenden Kräften, können die oben beschriebenen neurophysiologischen Reflexe ablaufen. Bei den im Sport korrekt durchgeführten dynamischen Dehnformen kommen keine ruckartigen, schmerzhaften oder sogar schädigenden Bewegungen zustande. Im Gegenteil, durch das dauernde sanfte Reizen der Rezeptoren an der physiologischen Beweglichkeitsgrenze sind aktiv-dynamische Dehnungen zur sportlichen Vorbereitung eher geeignet als aktiv-statische Dehnformen.

Sportliche Betätigung ist ein aktiver Prozeß des gesamten neuromuskulären Systems. Eine dynamische Dehnform ist somit sinnvoller in der Aufwärmphase als eine statische.

Inwieweit dynamisches Dehnen dem passiven über- oder unterlegen ist, konnte in den zahlreichen wissenschaftlichen Arbeiten nicht endgültig beantwortet werden [19, 20, 22, 23, 24, 29, 30, 35, 38, 39, 44].

2.5.5 Aktiv-statisches Dehnen

Die Dehnung erfolgt beim aktiv-statischen Dehnen hauptsächlich durch Kontraktion der Antagonisten, die durch ihre Kraft auch die Intensität des Dehnvorganges bestimmen.

Ansonsten gelten für diese Technik dieselben Grundsätze, wie sie im Kapitel „aktiv-dynamisches Dehnen" beschrieben wurden.

2.5.6 Bewegt-statisches Dehnen

Die Dehnposition wird eingenommen, nach ca. 5-9 Sek. wird mit einer kleinen Bewegung der Dehnbereich und die Dehnintensität leicht verändert. Diese Position wird erneut eine angenehme Zeit von ca. 5-9 Sek. gehalten, um anschließend erneut mit einer kleinen Bewegung Veränderungen vorzunehmen. Dieser Vorgang kann ganz nach Körpergefühl 3-4mal oder sogar öfters wiederholt werden.

Das bewegt-statische Dehnen unterscheidet sich vom dynamischen Dehnen durch die Langsamkeit der ausgeführten Bewegungen.

2.6 Dehnen – Sinn oder Unsinn

Vorangehend wurde versucht, das Thema der Beweglichkeit aus verschiedenen Blickwinkeln zu betrachten. Viele Aussagen scheinen vielleicht etwas verwirrend und werfen die Frage auf, ob nun überhaupt gedehnt werden soll oder nicht. Im Sport machen wir mit Dehnübungen sehr gute Erfahrungen, die Erklärungsansätze über ihre Wirkung entbehren aber häufig jeder Grundlage. Die führenden Autoren auf diesem Gebiet und auch wir selbst sind der Meinung, daß auf jeden Fall gedehnt werden sollte.

Damit die Beweglichkeit nicht abnimmt, müssen wiederholt Bewegungen im maximalen Bewegungsradius ausgeführt werden. Dadurch erhält der Körper über die Rezeptoren die nötigen Signale, um das vorhandene Bewegungsausmaß zu erhalten.

Zur Vorbereitung der sportlichen Tätigkeit sind dynamische Dehnformen zu empfehlen, da sportliche Bewegungsabläufe in erster Linie dynamisch sind. Die statische Dehnform erlaubt eine bessere Bewegungskontrolle, und auch die auftretenden Kräfte auf das Gelenk sind geringer. Bei schmerzhaften Zuständen oder Verletzungen bringt das eher Vorteile.

In erster Linie entscheidet aber der Sportler selbst, welche Dehnform er anwenden möchte. Um dabei etwas Hilfestellung zu leisten, möchten wir nachfolgend ein Konzept für das Dehnen im Sport vorstellen.

3 Welche Muskeln müssen gedehnt werden?

Bisher wurde die Muskulatur in sogenannte tonische und phasische unterteilt. Dies ist heute nicht mehr haltbar, weil sich die Muskulatur nicht nach ihrer Zusammensetzung verhält, sondern vor allem nach der Art, wie sie beansprucht wird. Die Beanspruchung hat im Alltag wie im Sport mit der Körperhaltung zu tun. Das Ziel des Beweglichkeitstrainings ist, neben den sportspezifischen Anforderungen, mehr Beweglichkeit im Kontext der aufrechten Haltung.

3.1 Die aktive Beugehaltung

Abb. 8: Aktive Beugehaltung beim Skifahren.

Wenn wir in verschiedenen Sportarten beobachten, in welchen Haltungen die Leistungen erbracht werden, sehen wir, daß bei allen Laufsport- und Hockeyarten, beim Fußball, Rudern, Fahrradfahren, Skifahren usw. die Leistungen in einer Beugehaltung ausgeführt werden. Daraus ergibt sich eine Adaptation der Muskulatur an eine Beugehaltung. Bei Sportarten wie Leichtathletik und Bodenturnen braucht der Sportler auch die Fähigkeit zur Streckung und Überstreckung, was das Funktionsüberwiegen der Beugemuskulatur relativiert. Ausnahmen sind Sportarten, bei denen die Streckung einseitig durchgeführt wird, wie Tennis oder Golf, dort finden wir, abgesehen von Beuge- und Streck-, auch Links/rechts-Dysbalancen.

3.2 Die passive Beugehaltung

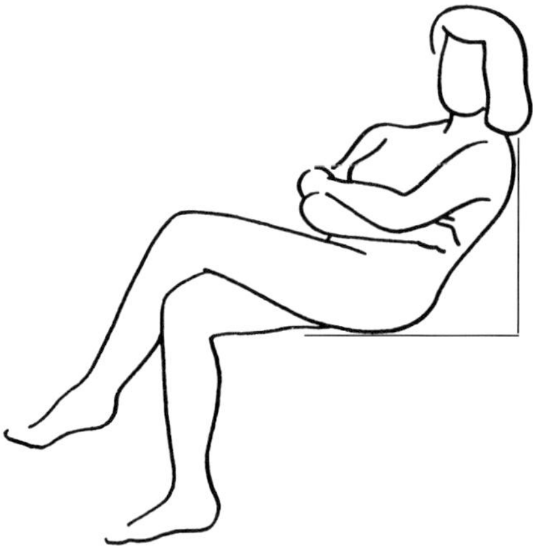

Abb. 9: Passive Beugehaltung beim Sitzen.

Betrachten wir Personen, die nicht regelmäßig Sport treiben, finden wir in ihrer Muskulatur die gleichen Adaptationen. Die Tatsache, daß sich auch diese Menschen fast den ganzen Tag in Beugehaltungen aufhalten (sitzen), ergibt das gleiche muskuläre Verhalten. Die Muskulatur reagiert wie bei der aktiven Beugehaltung, jedoch mit weniger Kraft.

3.3 Haltungen und ihre muskuläre Reaktion

In den folgenden Kapiteln sind die vier üblichen Fehlhaltungen typisiert, eine optimale aktive Haltung und die dazugehörige neuromuskuläre Reaktion beschrieben. Alle vier Fehlhaltungstypen befinden sich, aktiv oder passiv, hauptsächlich in Beugepositionen, das heißt, wir finden bei allen vier Typen immer wieder ähnliche neuromuskuläre Verhalten. Jede Haltung ist so individuell wie die Person, die sie einnimmt. So kommen in der Praxis zu jeder Fehlhaltung zusätzliche individuelle Abweichungen.

3.3.1 Der Hohlrundrücken

Das Becken ist stark gekippt, die Knie sind leicht gebeugt. Die Lordose ist verstärkt, die Kyphose ist gebeugt, die Schulterblätter sind nach oben, das Brustbein ist nach unten gezogen. Der Kopf ist nach vorne geschoben, die HWS (Halswirbelsäule) am Ursprung vom Kopf bis ca. zum 4. Halswirbel verkürzt, anschließend verlängert.

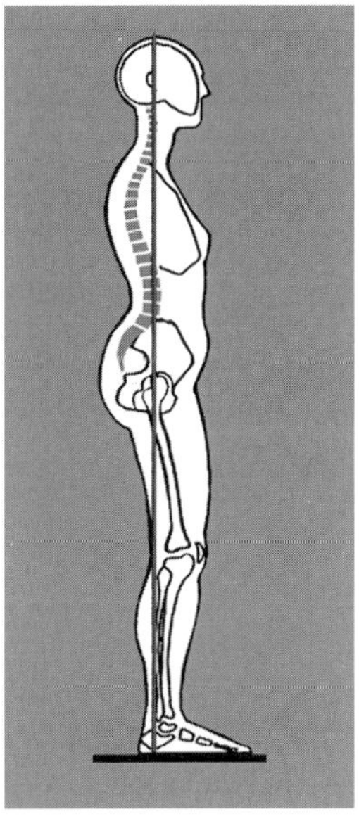

Abb. 10: Typischer Hohlrundrücken.

Verlängerte und abgeschwächte Muskulatur:

Rückenstrecker vom 4. Halswirbel entlang der BWS (Brustwirbelsäule) bis zum Übergang LWS (Lendenwirbelsäule), aufsteigender Teil des Kapuzenmuskels, Bauchmuskulatur vom Schambein bis zum Bauchnabel.

Überaktive, harte Muskulatur:

Rückenstrecker vom Hinterkopf bis zum 4. Halswirbel, der Schulterblattheber, der mittlere und obere Anteil des Trapezius, der große und kleine Brustmuskel, der oberste Anteil des geraden Bauchmuskels, die Hüftbeuger, die Adduktoren, die Beinbeuger.

Sportarten, die vor allem in einer aktiven Beugehaltung ausgeführt werden, verstärken diese Fehlhaltung und deren daraus erfolgenden Belastungen.

Personen, welche diesem Haltungstyp entsprechen, fällt Kraft- und Schnellkrafttraining meistens leicht. Sportarten wie Fußball, Eishockey, Laufen, Skifahren usw. verstärken diese Fehlhaltungen und deren Belastungen. Für diesen Haltungstypus ist Beweglichkeitstraining sehr wichtig.

Trainingsempfehlung:

Die Pflichtdehnbereiche 1, 2, 3, 4, 5 müssen besonders intensiv gedehnt werden.

3.3.2 Der Flachrücken

Die Knie sind überstreckt, das Becken ist stark aufgerichtet. Die BWS ist im obersten Teil stark gebogen, dann flach, keine Lordose (natürlicher Bogen der Lendenwirbelsäule). Das Brustbein ist nach unten, die Schulterblätter sind nach oben und nach vorne gezogen, der Kopf ist nach vorne geschoben.

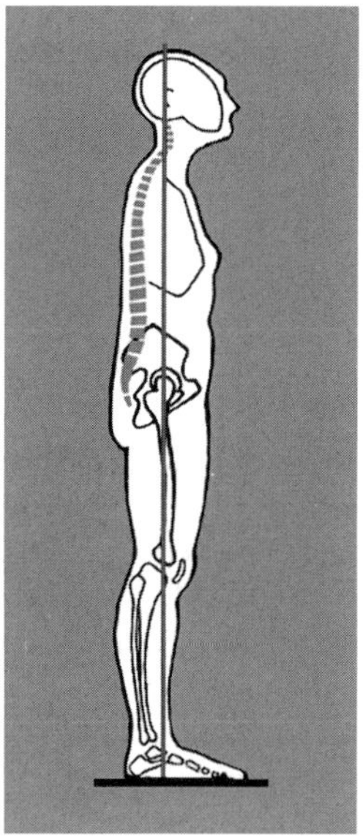

Abb. 11: Typischer Flachrücken.

Verlängerte und abgeschwächte Muskulatur:

Der Rückenstrecker im BWS- und LWS-Bereich, Trapezius (unterer Anteil), Bauchmuskulatur vom Schambein bis zum Magenbereich, die Gesäßmuskeln, die Hüftbeuger und Kniestrecker.

Überaktive und harte Muskeln:

Rückenstrecker entlang der Halsmuskulatur bis ca. 4. Halswirbel, Trapezius (mittlerer und oberer Anteil), großer und kleiner Brustmuskel, Bauchmuskel im Zwerchfellbereich, am Gesäß der birnenförmige Muskel, die Beinbeuger.

Personen, welche diesem Haltungstypus entsprechen, neigen zur Abschwächung der Muskulatur. Häufige passive Beugehaltungen, wie z.B. Sitzen, verstärken diese Fehlhaltung und deren daraus erfolgenden Abschwächungen und Belastungen.

Diesem Haltungstypus fällt Beweglichkeitstraining, tänzerische und musische Bewegungsformen meist leicht. Für ihn ist wichtig, die Kraft der Muskulatur nicht zu vernachlässigen.

Trainingsempfehlung:

Kräftigen der gesamten Haltemuskulatur. Beim Dehnen müssen die Pflichtdehnbereiche 1, 4, 5, 6 besonders intensiv gedehnt werden.

3.3.3 Der Hohlrundrücken mit Überhang

Die Haltung entspricht der des Hohlrundrückens (s. S. 31), zusätzlich wird der Oberkörper hinter das Lot gezogen und das Becken nach vorne geschoben.

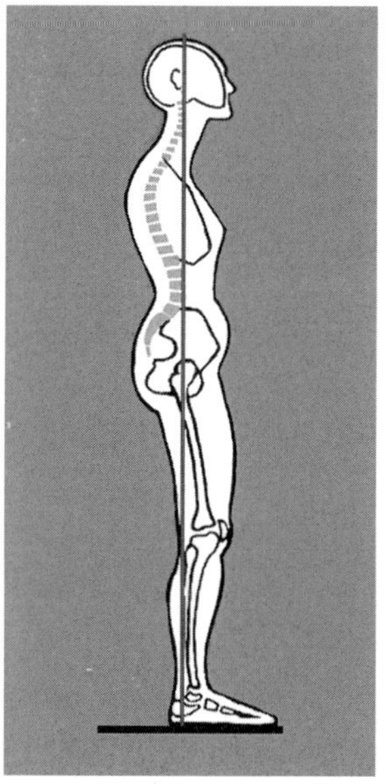

Abb. 12: Typischer Hohlrundrücken mit Überhang.

Muskuläre Reaktion:

Die muskuläre Reaktion von Typus a (Hohlrundrücken) wird verstärkt, die Belastungen auf die Lendenwirbelsäule werden durch die schlechte Statik noch vergrößert.

Oft geht mit dieser Haltung eine einseitige Hüftbelastung einher, da dieser Haltungstyp sein Körpergewicht beim Stehen gerne auf eine Seite verlagert.

Trainingsempfehlung:

Beweglichkeitstraining, die Pflichtdehnbereiche 1, 2, 3, 4, 5 müssen besonders intensiv gedehnt werden.

3.3.4 Der Flachrücken mit Überhang

Die Haltung entspricht der Abbildung „Flachrücken", zusätzlich wird der Oberkörper hinter das Lot gezogen und das Becken nach vorne geschoben.

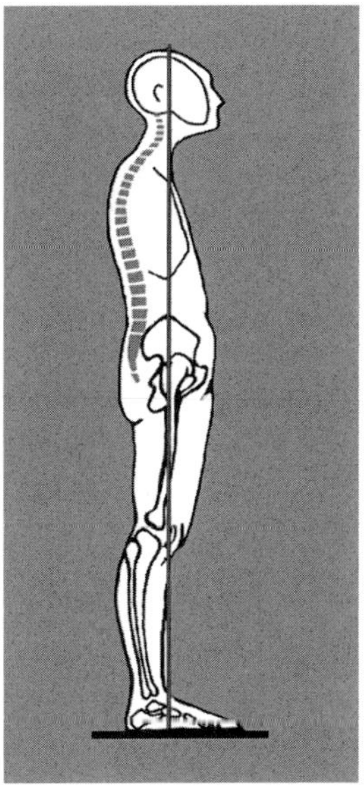

Abb. 13: Typischer Flachrücken mit Überhang.

Muskuläre Reaktion:

Die muskuläre Reaktion von Typ b (Flachrükken) wird verstärkt. Durch das Nach-hinten-Ziehen des Oberkörpers ergibt sich jetzt eine zu große Kyphose (natürlicher Bogen der Brustwirbelsäule) in der BWS, was die Belastung auf die ganze Wirbelsäule verstärkt.

Oft gehen mit dieser Haltung große Gelenksbelastungen einher, da die gesamte Haltemuskulatur abgeschwächt ist und das Körpergewicht von Hüft- und Kniegelenken getragen wird.

Trainingsempfehlung:

Kräftigung der gesamten Haltemuskulatur. Beim Dehnen müssen die Pflichtdehnbereiche 1, 4, 5, 6 besonders beachtet werden.

3.3.5 Eine optimale aktive Haltung

Eine physiologische Lendenlordose mit einem gehobenen Brustbein. Die Haltung ist aufrecht, das Brustbein gehoben, die HWS lang, BWS und LWS sind langgezogene Bogen, die Wirbelsäule ist stabilisiert und somit geschützt, das Brustbein ist gehoben, die Schulterblätter sind gesenkt, das Becken ist gekippt und die Knie sind in einer mittleren Stellung.

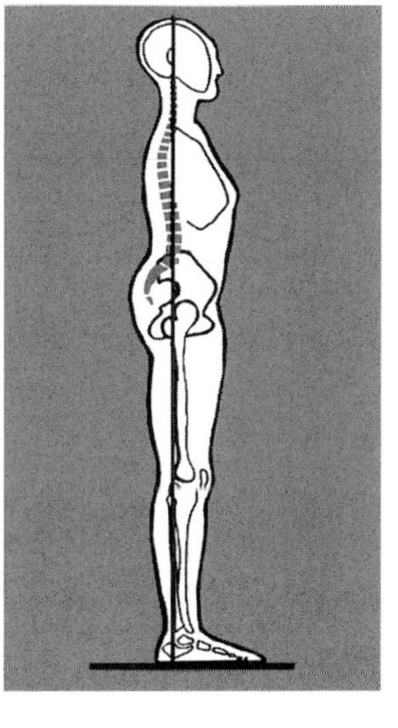

Abb. 14: Optimale aktive Haltung.

Muskuläre Reaktion:

Die Beuge- und Streckmuskulatur sind gleichmäßig belastet und arbeiten in einem funktionellen Synergismus.

3.4 Grundsätzliches über einzelne Körpersegmente und deren Beweglichkeit

3.4.1 Muskulatur zur Stabilisierung des Fußgelenks

Das Fußgelenk kann beugen, strecken, nach innen und nach außen kippen.

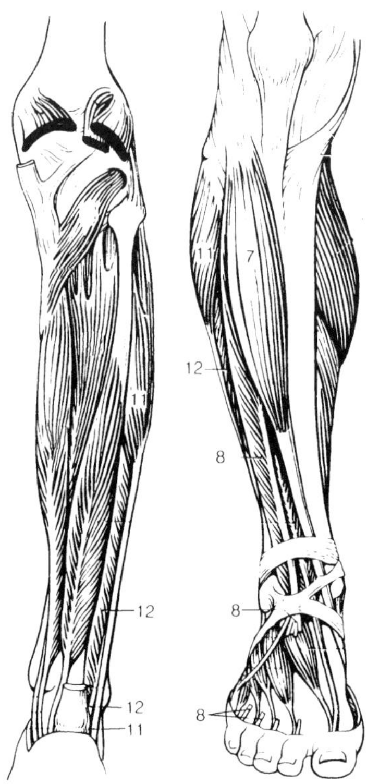

Abb. 15: Muskulatur des Unterschenkels (aus: Heinz Feneis: Anatomisches Bildwörterbuch. Thieme Verlag, Stuttgart 1993).

Die Muskeln M. peronaeus longus (11), M. peronaeus brevis (12), M. tibialis anterior (7) und M. ext. digitorum longus (8) kippen den Fuß nach innen oder nach außen. Sie sind u.a. für die Stabilität des Fußgelenkes verantwortlich.

Dehnungsübungen, die die Kippung nach innen und nach außen verstärken, werden nicht empfohlen.

M. flex. digitorum, M. flexor longus, M. soleus, M. gastrocnemius, M. ext. digitorum longus, M. tibialis anterior und M. ext. hallucis longus sind u.a. für das Beugen und das Strecken des Fußes verantwortlich. Diese Bewegungen werden bei Sportarten wie Leichtathletik, Tanz, Synchronschwimmen usw. intensiv ausgeführt.

Dehnungen, welche die Beuge- und Streckfähigkeit verbessern, werden empfohlen.

3.4.2 Muskulatur zur Stabilisierung des Kniegelenks

Das Kniegelenk ist ein kompliziertes und sehr stark beanspruchtes Gelenk. Es kann als Scharniergelenk beugen und strecken und in der Beugung rotieren. Es muß einerseits große Beweglichkeit in der Fortbewegung erlauben, andererseits wird es mit dem ganzen Körpergewicht und dessen Sprungkräften belastet.

Die Kniestrecker, M. vastus lateralis (18), M. vastus intermedius (19), M. vastus medialis (20), neigen grundsätzlich nicht zum Verkürzen, sind jedoch häufig durch die neuromuskuläre Dysbalance der hinteren und der vorderen Oberschenkelmuskulatur überaktiv.

Dehnungen der Kniestrecker werden empfohlen, müssen jedoch knieschonend ausgeführt werden. Das Knie nicht maximal beugen!

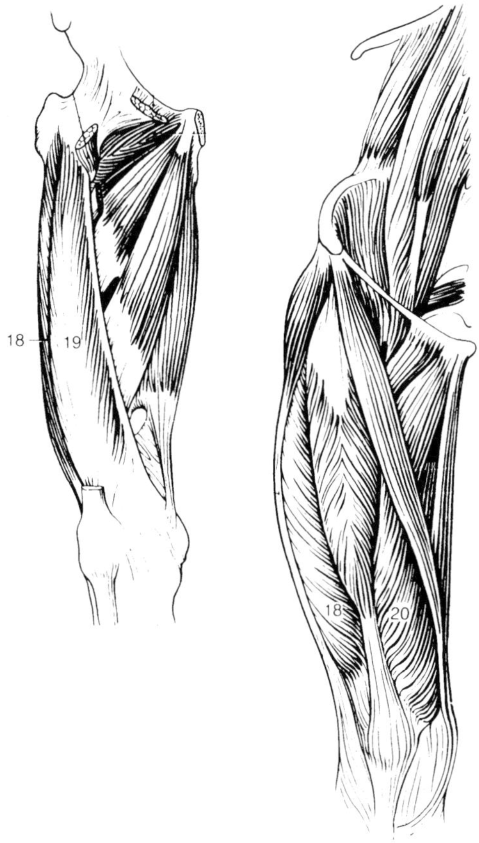

Abb. 16: Kniestrecker (aus: Heinz Feneis: Anatomisches Bildwörterbuch. Thieme Verlag, Stuttgart 1993).

3.4.3 Muskulatur zur Stabilisierung des Hüftgelenks

Das Hüftgelenk kann als Kugelgelenk beugen, strecken, anziehen (der Körpermitte annähern), abziehen (von der Körpermitte entfernen) und kreisen.

Die Muskelaktivität der hüftgelenksführenden Muskeln hat den größten Einfluß auf die Beckenstabilität und Beckenstellung. Umgekehrt formt die Körperhaltung und die Art der Beanspruchung die Muskulatur. Somit hat die Dehnung der dazugehörigen Muskulatur erste Priorität.

3.4.3.1 Rückwärtige Oberschenkelmuskulatur

M. biceps femoris (2), Caput longum (3), Caput breve (4), M. semitendinosus (5), M. semimembranosus (6).

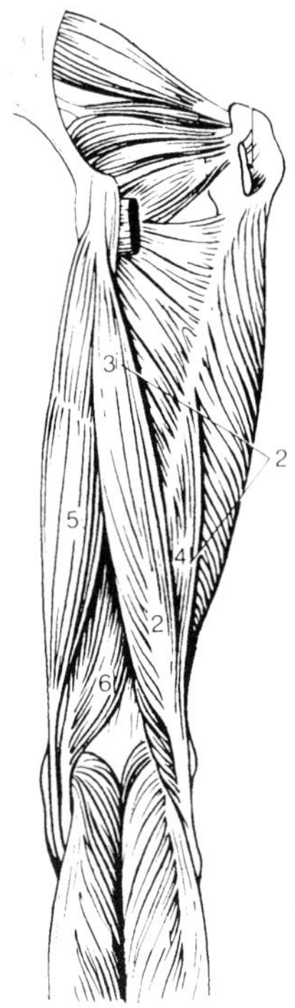

Abb. 17: Rückwärtige Oberschenkelmuskulatur (aus: Heinz Feneis: Anatomisches Bildwörterbuch. Thieme Verlag, Stuttgart 1993).

Die Beinbeuger neigen stark zur Überaktivität oder zur Verkürzung. Sie sind dafür verantwortlich, wenn die Knie nicht ganz gestreckt oder das Becken im Sitzen auf dem Boden nicht gekippt werden kann.

> Das Dehnen dieser Muskeln hat erste Priorität.

3.4.3.2 Gesäßmuskeln und Außenrotatoren

M. glutaeus maximus (6), M. glutaeus medius (7), M. glutaeus minimus (8), M. piriformis (10) und weitere Außenrotatoren (11, 12, 13, 14).

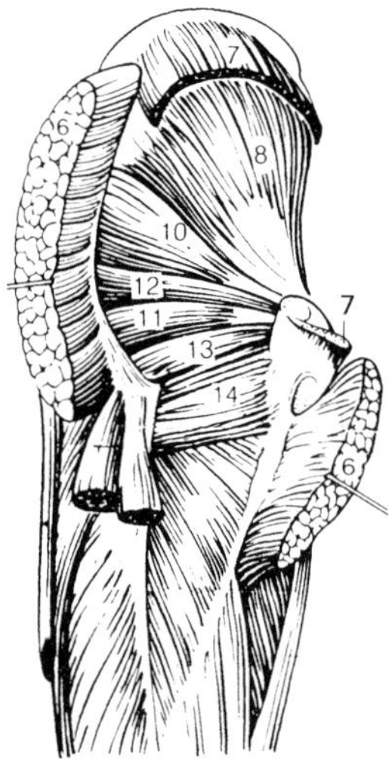

Abb. 18: Gesäßmuskeln und Außenrotatoren des Beines (aus: Heinz Feneis: Anatomisches Bildwörterbuch. Thieme Verlag, Stuttgart 1993).

Die Glutäen neigen grundsätzlich nicht zu Überaktivität, sondern zum Abschwächen. Bei einer Flachrückenhaltung verkürzt sich jedoch der M. glutaeus maximus im untersten Drittel. Der M. piriformis hat nach Erfahrungswerten die Tendenz zur Überaktivität und zum Verspannen. Da sich direkt neben dem M. piriformis der Ischiasnerv befindet, ist es wichtig, daß dieser Muskel weich und geschmeidig bleibt, so daß der Nerv nicht gereizt wird.

Dehnungen der Gesäßmuskeln werden empfohlen. Die Außenrotatoren gehören zu den Pflichtdehnbereichen.

3.4.3.3 Vordere Oberschenkelmuskulatur

M. rectus femoris (17), M. vastus lateralis (18), medialis (20) und intermedius (19), M. pectineus (22), M. iliopsoas (2), M. tensor fasciae latae (9), M. sartorius (15).

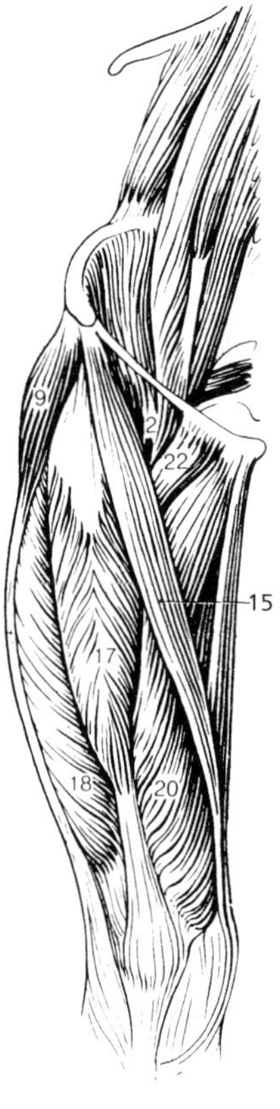

Abb. 19: Muskulatur des Oberschenkels (aus: Heinz Feneis: Anatomisches Bildwörterbuch. Thieme Verlag, Stuttgart 1993).

Ist die rückwärtige Oberschenkelmuskulatur abgeschwächt oder kontrakt, hat die Erfahrung gezeigt, daß der vordere Oberschenkel (M. quadrizeps femoris) entweder hyper- (Haltungstypus a, c) oder hypoton (Haltungstypus b, d) reagiert. Je nach dem muß er mehr oder weniger intensiv gedehnt werden.

Der M. iliopsoas ist ein äußerst komplizierter Muskel, sein Verhalten schwer zu definieren. Die Aussage, bei häufiger Beugehaltung neige er zum Verkürzen, müssen wir in Frage stellen. Je nach Haltungstypus kann das sein, muß aber nicht. Sollte der Oberschenkel vorne wirklich überaktiv sein, finden wir hauptsächlich den M. rectus femoris verkürzt und nicht den M. iliopsoas. Der M. iliopsoas kann nicht isoliert, sondern nur als Funktionseinheit gedehnt werden, außer mit therapeutischer Hilfe.

Der M. pectineus und der M. tensor fasciae latae helfen bei der Hüftbeugung und der Beckenstabilisierung. Neigt der Hüftbeugebereich zu Überaktivität, kann sich das auf diese Helfermuskeln übertragen.

Dehnungen des vorderen Oberschenkels gehören zu den Pflichtdehnbereichen.

3.4.3.4 Innere Oberschenkelmuskulatur

M. pectineus (22), M. adductor magnus (25), longus (23), brevis (24), gracilis (26).

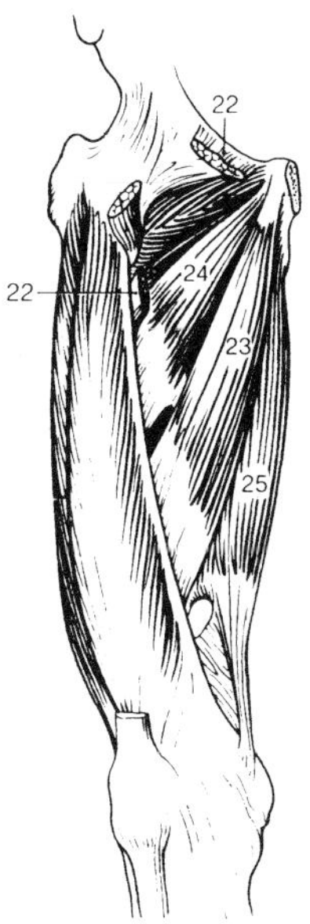

Abb. 20: Innere Oberschenkelmuskulatur (aus: Heinz Feneis: Anatomisches Bildwörterbuch. Thieme Verlag, Stuttgart 1993).

Die innere Oberschenkelmuskulatur hat eine große stabilisierende Aufgabe für das Becken und ist deshalb oft überaktiv. Eine Überbelastung kann die Folge sein und sich häufig als Schmerz in der Leistengegend äußern.

Die Adduktoren gehören zu den Pflichtdehnbereichen.

3.4.3.5 Äußere Oberschenkelmuskulatur

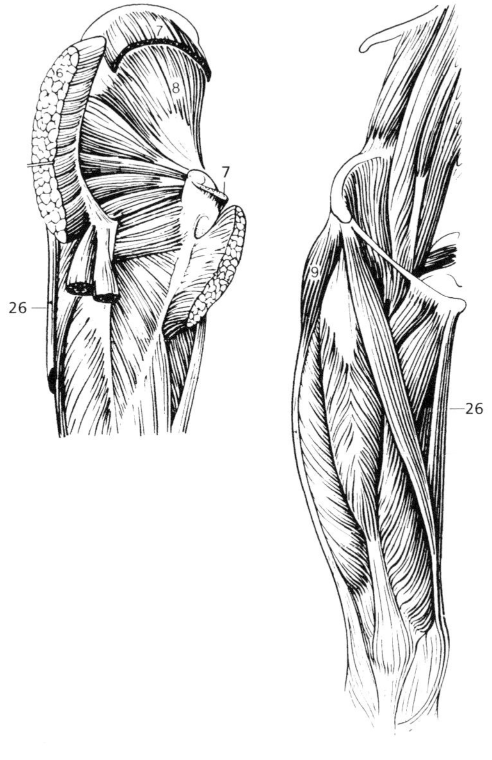

Abb. 21: Abduktoren des Hüftgelenks (aus: Heinz Feneis: Anatomisches Bildwörterbuch. Thieme Verlag, Stuttgart 1993).

Mit Ausnahme des M. tensor fasciae latae (9) neigen die Abduktoren des Hüftgelenks, M. glutaeus medius (7) und M. glutaeus minimus (8), nicht zum Verspannen. Der M. tensor fasciae wird zwar zu den Muskeln des äußeren Oberschenkels gezählt, seine Hauptfunktion ist jedoch, das Knie über die Kniebinde zu stabilisieren. Als weitere Funktion hilft er bei der Hüftbeugung. Sollte er durch Sportarten wie z.B. Kampfsport, Laufen oder Langlaufskating zu Überfunktion neigen, muß er gedehnt werden.

Die Dehnung der äußeren Oberschenkelmuskulatur wird empfohlen, ist jedoch nicht Pflicht.

3.4.3.6 Iliosakralgelenk

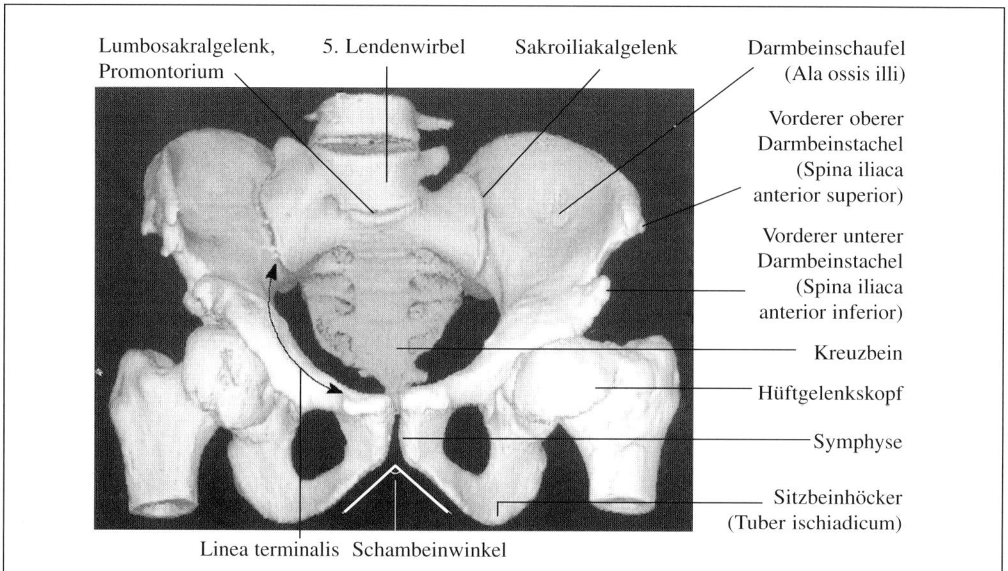

Abb. 22: Beckenansicht von vorne (aus: Schäffler, A., Schmidt, S. (Hrsg.): Mensch, Körper, Krankheit. Jungjohann Verlag, Neckarsulm 1994).

Das Iliosakralgelenk verbindet das Kreuzbein mit dem Becken. Es ist ein sogenanntes festes Gelenk und hat eine Beweglichkeit von ca. 1,5 mm. Beim Dehnen ist es praktisch unmöglich, eine so große Belastung auf das Gelenk auszuüben, daß es blockiert. Ist das Gelenk bereits blockiert oder aber entzündet, dann ist das während dem Dehnen oft als leichter Schmerz spürbar. Dehnungen sind jedoch nicht gefährlich.

3.4.4 Die Muskulatur entlang der Wirbelsäule

Wir unterteilen die Wirbelsäule und deren Muskulatur in die drei Bereiche Lendenwirbelsäule (LWS), Brustwirbelsäule (BWS) und Halswirbelsäule (HWS).

3.4.5 Die Lendenwirbelsäule

Die Lendenwirbelsäule kann beugen, strekken und eine leichte Seitneigung ausführen. Die hauptverantwortlichen Muskelgruppen für die LWS und die Beckenstellung sind der M. erector spinae, M. quadratus lumborum, M. rectus femoris sowie die Adduktoren, die rückwärtigen Oberschenkelmuskeln und als Gegenspieler M. rectus abdominis.

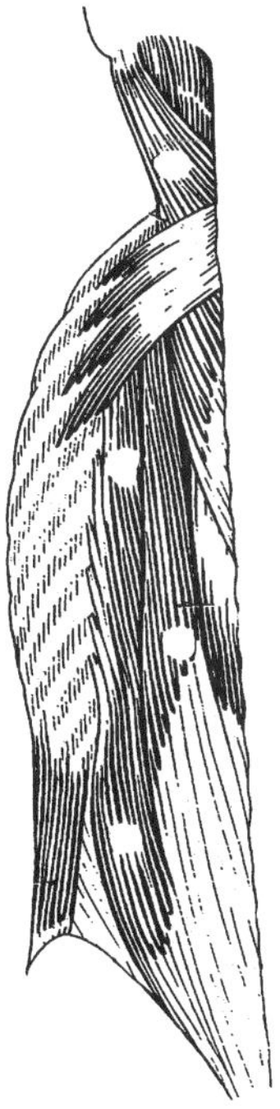

Abb. 23: Tiefere Rückenmuskulatur (aus: Heinz Feneis: Anatomisches Bildwörterbuch. Thieme Verlag, Stuttgart 1993).

3.4.5.1 Beugen und Strecken der LWS

Während des Sitzens befindet sich die LWS praktisch immer in einer Beugung (Dehnungsposition); sie wird so vor allem exzentrisch beansprucht. Die Muskulatur der LWS neigt zur Abschwächung. Ein Hartspann in diesem Bereich kann eine Folge dieser Abschwächung oder eine Schutzkontraktur bei Überhang sein, darf aber nicht als Verkürzung des M. erector spinae verstanden werden. Die Annahme, daß bei Personen mit einer Tendenz zur Hohlkreuzhaltung diese Muskulatur verkürzt ist, hat sich nicht als haltbar erwiesen.

Die Muskulatur der Lendenwirbelsäule darf gedehnt werden. Bei Abschwächung hat die Kräftigung immer Vorrang.

Spürt der Sportler im LWS-Bereich Verspannungen, ist es angenehm und erlaubt, die Lendenwirbelsäule zu dehnen, es ist jedoch keine Pflicht.

Bei starken Beschwerden muß der LWS-Bereich geschützt und darf nur nach einer Kräftigung gedehnt werden.

Die seitliche Neigung wird zusammen mit der BWS ausgeführt und stellt keine Belastung dar.

3.4.6 Die Brustwirbelsäule

Die BWS kann beugen, strecken, zur Seite neigen und rotieren.

Die hauptverantwortlichen Muskeln der BWS sind der M. erector spinae, die M. rotatores und als Gegenspieler der M. rectus abdominis, M. obliquus internus und externus sowie der M. transversus abdominis.

3.4.6.1 Beugen und Strecken der BWS

Während des Sitzens und in jeder Beugung befindet sich der M. erector spinae in einer Dehnungsposition und die Gegenspieler in einer konzentrischen Kontraktion. Der M. erector spinae im BWS-Bereich neigt zur Abschwächung. Die Muskulatur der BWS braucht bei diesen Haltungen vor allem Kraft.

Die Muskulatur der Brustwirbelsäule ist der einzige Bereich, der nicht gedehnt wird.
Es werden keine speziellen Dehnübungen empfohlen, welche die Beugefähigkeit der BWS vergrößern.

Um die einseitigen Beugebelastungen auszugleichen, unterrichten wir die „Gegenbewegung zur Beugehaltung".

Mobilisationsbewegungen im Sinne von Beugen und vor allem Strecken wird weiterhin angeraten. Von speziellen Dehnübungen, die die Beugefähigkeit der BWS verstärken, raten wir jedoch ab.

Bei allen Beugebewegungen muß der Oberkörper abgestützt werden.

3.4.6.2 Rotation der BWS

Die BWS kann eine Rotationsbewegung ausführen. Diese Rotationsfähigkeit sollte unbedingt erhalten und trainiert werden.

Dehnungen, welche die Rotationsfähigkeit erhalten oder verbessern, werden empfohlen.

3.4.6.3 Seitliche Neigung der BWS

Eine weitere Möglichkeit der BWS sind Seitneigungen. Diese finden nie isoliert statt, sondern sind kombinierte Bewegungen von Hüftgelenk, LWS und BWS. Ausgeführt werden sie von Rücken- und Bauchmuskeln. Diese Neigung ist keine Belastung für die Wirbelkörper.

Dehnungen, welche die Neigungsfähigkeit erhalten oder verbessern, werden empfohlen.

Werden die Seitneigungen mit Beugebewegungen kombiniert, muß der Oberkörper wegen der Belastung auf die Wirbelsäule abgestützt werden.

3.4.7 Die Halswirbelsäule

Die Halswirbelsäule kann beugen, strecken, neigen und rotieren.

Die hauptverantwortlichen Muskelgruppen für die HWS und die Kopfstellung sind M. erector spinae (capitis, cervicis), M. trapezius, M. levator scapulae, M. sternocleidomastoideus und als Gegenspieler Mm. scaleni.

3.4.7.1 Beugen und Strecken der HWS

Als Reaktion auf die Beugehaltung im BWS-Bereich kommt es im HWS-Bereich zu starken Verkürzungen. Vor allem die Muskulatur des obersten Teils der HWS, vom Occiput bis zum 4. Halswirbel, neigt zu Überaktivität und zieht den Kopf nach vorne. Dieser Zug wird vom M. sternocleidomastoideus und weiteren Muskeln verstärkt.

Die Halswirbelsäule muß gedehnt werden. Sie gehört zu den Pflichtdehnbereichen.

3.4.7.2 Rotation der HWS

Die HWS kann eine Rotationsbewegung ausführen.

Dehnungen, um die Rotationsfähigkeit zu erhalten und zu verbessern, werden empfohlen.

3.4.7.3 Seitliche Neigung der HWS

Die HWS kann als eine weitere Funktion eine Seitneigung ausführen.

Dehnungen in der Seitenneigung sind angenehm und zu empfehlen.

3.4.7.4 Kreisen des Kopfes

Als Übung ist das Kreisen des Kopfes im vorderen Halbkreis empfohlen.

Vom Ausführen des hinteren Halbkreises wird abgeraten, da die Atlas/Axis (1./2. Halswirbel)-Belastung zu groß ist.

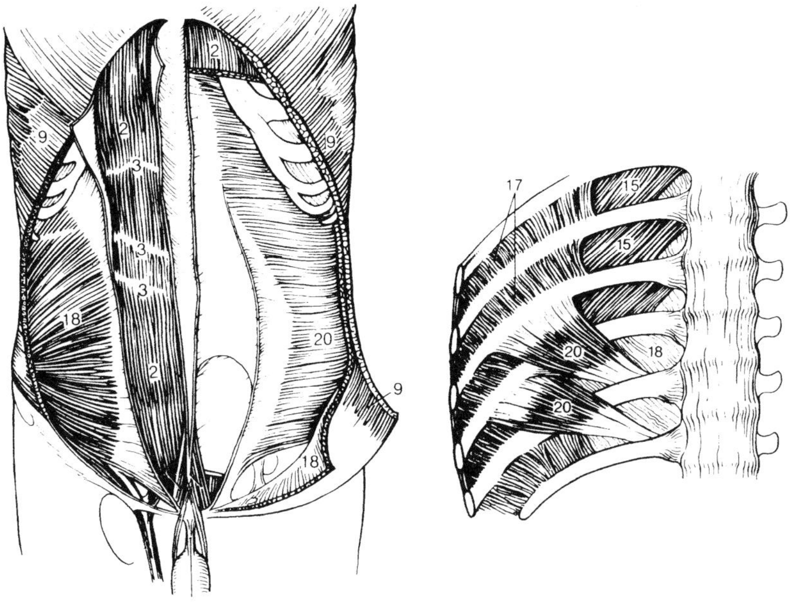

Abb. 24: Bauch- und Rippenmuskulatur (aus: Heinz Feneis: Anatomisches Bildwörterbuch. Thieme Verlag, Stuttgart 1993).

3.4.8 Bauch und Rippen

M. rectus abdominis (2), M. transversus abdominis (20), M. obliquus internus (18), M. obliquus externus (9), Intersectiones tendineae (3), Mm. intercostales interni (17), Mm. intercostales externi (15).

Der gerade Bauchmuskel, M. rectus abdominis (2), neigt zum „Verkürzen" *und* zum Abschwächen. Im ersten Drittel, vom Brustbein und den Rippen bis einschließlich des Magenbereichs, neigt er zu konzentrischer Kontraktion. Dies ist bei Flachrückenhaltungen sehr gut zu beobachten. Im unteren Teil neigt er zur exzentrischer Kontraktion.

Die Bauchmuskeln gehören zu den Pflichtdehnbereichen.

Die tiefen Bauchmuskeln und die Zwischenrippenmuskeln sollten immer gleichmäßig gekräftigt und gedehnt werden. Bei schlechter Körperhaltung sind die Zwischenrippenmuskeln verspannt und verkleinern das Atemvolumen.

Dehnungen der Zwischenrippenmuskeln werden empfohlen.

Die schrägen Bauchmuskeln bewirken Rotationen, beim Beugen und Strecken des Rumpfes sind sie im Verbund, in der Muskelschlinge aktiv. Sie sind für den Innendruck des Rumpfes verantwortlich und führen Preßbewegungen aus.

Die schrägen Bauchmuskeln dürfen gedehnt werden, die Kräftigung hat immer Vorrang.

3.4.9 Das Schultergelenk

Das Schultergelenk ist als Kugelgelenk sehr beweglich. Durch die Kombination Schultergelenk-Schulterblatt kann sich der Arm in fast alle Richtungen frei bewegen.

Alle Bewegungen des Armes nach vorne sind einfach auszuführen, weil der M. trapezius und der M. latissimus zur Abschwächung neigen. Der hintere Halbkreis ist schwieriger auszuführen, da der M. pectoralis major, der M. pectoralis minor, der M. teres major und M. biceps brachii zu hoher konzentrischer Aktivität neigen und die Beweglichkeit einschränken.

Um das Schultergelenk beweglich zu erhalten, müssen die Muskeln des Brustkorbs vorne gedehnt werden. Sie gehören zu den Pflichtdehnbereichen.

Die Schultermuskeln dürfen gedehnt werden, sind aber keine Pflicht.

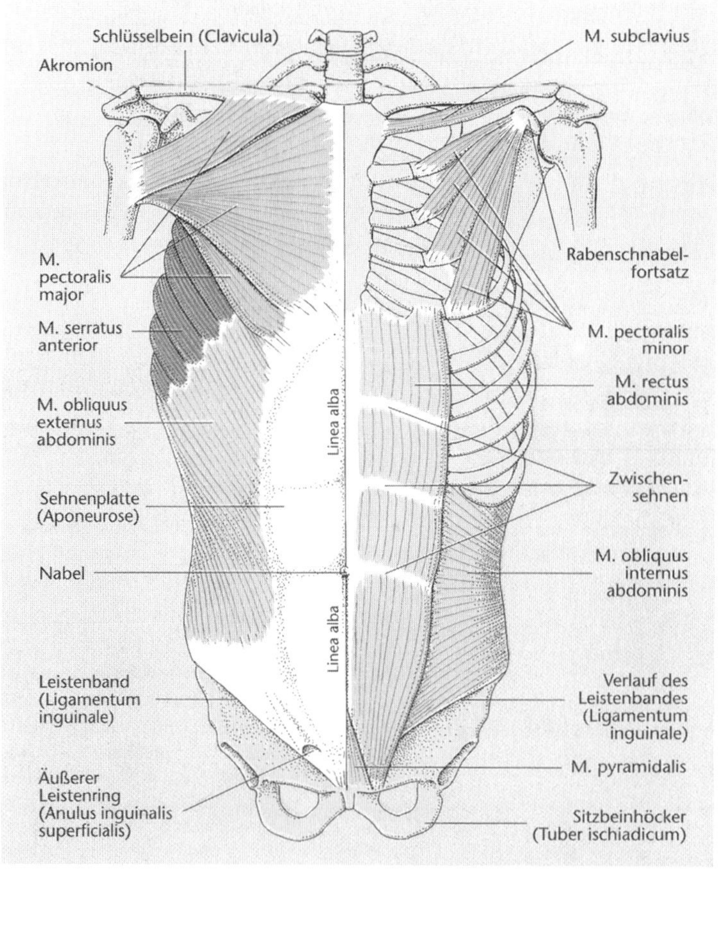

Abb. 25: Schultergelenk und Muskeln des Brustkorbes vorne (aus: Schäffler, A., Schmidt, S. (Hrsg.): Mensch, Körper, Krankheit. Jungjohann Verlag, Neckarsulm 1994).

3.4.10 Der Ellbogen

Der Ellbogen kann als Scharniergelenk beugen und strecken, der Unterarm eine Außen- und Innenrotation ausführen.

Grundsätzlich neigen die Beuger und die Innenrotatoren, M. biceps brachii, M. brachioradialis, M. brachialis, M. supinator, zu hoher Aktivität und brauchen Dehnung.

Im Unterarm finden wir jedoch durch lange monotone Handstellungen wie beim Schreibmaschinenschreiben, Surfen, Tennisspielen usw. sehr hohe Aktivität in den Streckern (M. ext. digitorum, M. ext. indicis). Deshalb dehnen wir im Unterarm die Beuger und die Strecker gleichwertig.

Dehnungen für die Beuge- und Streckmuskulatur des Unterarmes werden empfohlen.

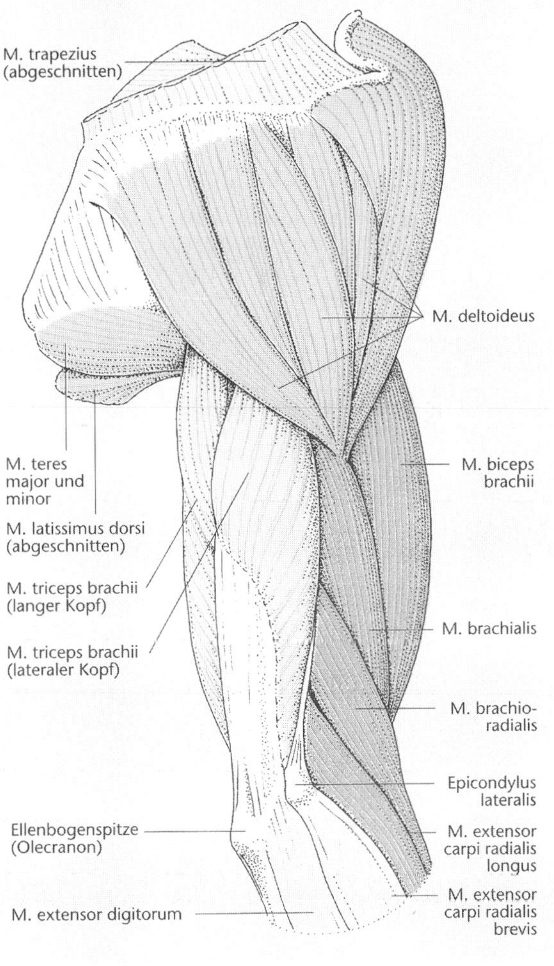

Abb. 26: Muskulatur, die den Ellbogen bewegt (aus: Schäffler, A., Schmidt, S. (Hrsg.): Mensch, Körper, Krankheit. Jungjohann Verlag, Neckarsulm 1994).

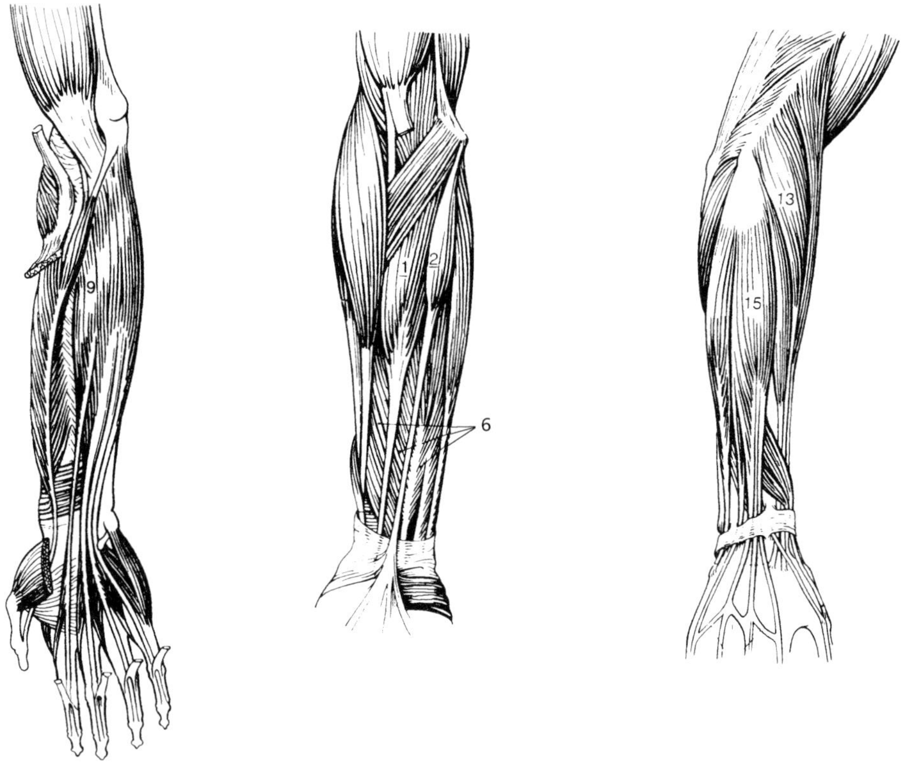

Abb. 27: Muskulatur, die die Hand und Finger bewegt (aus: Heinz Feneis: Anatomisches Bildwörterbuch. Thieme Verlag, Stuttgart 1993).

3.4.11 Das Handgelenk und die Finger

Das Handgelenk kann außer Rotationen alle Bewegungen ausführen.

Die Hand- und Fingerbeuger, M. palmaris longus (2), M. flex. carpi (1), M. flex. digitorum superficialis (6), M. flex. digitorum profundus (9) sowie die Handstrecker, M. ext. digitorum (15), M. ext. longus (13) u.a., neigen zu hoher Aktivität. Diese Aussage trifft vor allem bei Personen zu, welche monotone Bewegungen in der Flexion des Handgelenkes ausführen, wie z.B. beim Schreibmaschinenschreiben und bei bestimmten Sportarten wie Tennis, Squash, Klettern, Surfen usw. Deshalb ist es wichtig, diese Muskeln zu dehnen. Die Dehnungen werden jedoch vorsichtig, das heißt nicht am Gelenksanschlag, ausgeführt, da die Erfahrung gezeigt hat, daß vor allem Frauen zur Abschwächung im Handgelenk neigen.

Dehnungen für die Hand- und Fingermuskulatur werden empfohlen.

II Praktischer Teil

1 Die Basistechniken

1.1 Neuromuskuläre Reaktion auf die Beugehaltung

Wir gehen davon aus, daß die Rückenmuskulatur stärker als die Bauchmuskulatur sein muß, um eine aufrechte Haltung zu gewährleisten und Rückenbeschwerden zu verhindern. Bei Beugehaltungen, Haltungen im Überhang und bei einseitiger Kräftigung der Bauchmuskulatur ist diese aktiver und kräftiger als die Rückenmuskulatur, und somit ist die WS belastet.

Wir dürfen beim Dehnen die Beugehaltung auf keinen Fall verstärken.

Um die WS beim Dehnen zu schützen, wurden die Basistechniken definiert.

Wir arbeiten mit einer stabilisierten Brustwirbelsäule, einer stabilisierten Lendenwirbelsäule und mit dem Latissimus-Zug, um Präzision und Intensität beim Dehnen zu verbessern und die Belastung zu vermindern.

1.2 Stabilisierung der Brustwirbelsäule

Die Muskulatur der Brustwirbelsäule ist der Teil der Wirbelsäule, welcher am meisten abgeschwächt und am einfachsten zu dehnen ist, jedoch keine Dehnung braucht (Abb. 28).

Eine Dehnung der Muskulatur der BWS verstärkt die bereits vorhandene Abschwächung sowie die Beugehaltung.

Die Brustwirbelsäule soll weiterhin, vor allem durch Streckung und Rotation mobilisiert werden, z.B. beim Aufwärmen oder bei den Übergängen. Gedehnt wird sie höchstens nach einer intensiven Kräftigung.

Die BWS wird geschützt und gestützt, indem wir sie zuerst leicht strecken und anschließend stabilisieren.

Das heißt nicht, daß wir nur noch mit gestrecktem Rücken dehnen, sondern daß wir nicht mehr in der maximalen Beugung dehnen (Abb. 29).

Abb. 28: Die Wirbelsäule ist belastet.

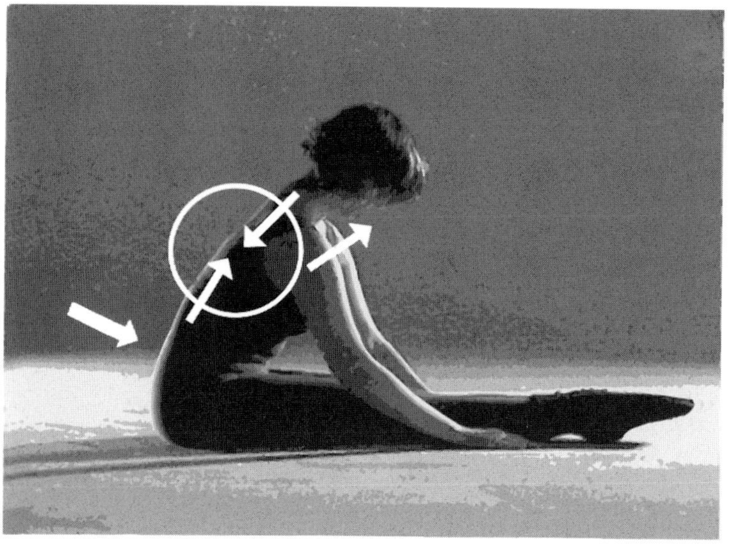

Abb. 29: Die Brustwirbelsäule ist entlastet.

1.3 Stabilisierung der Lendenwirbelsäule

Die Muskulatur der Lendenwirbelsäule ist ein weiterer Bereich des Rückens, der zur Abschwächung neigt. Die Tatsache, daß in diesem Teil oft Rückenschmerzen empfunden werden, ist nicht auf eine Verkürzung der Rückenstrecker entlang der LWS zurückzuführen. Diese Beschwerden können mannigfache Gründe haben.

Die Lendenwirbelsäule wird geschützt, indem wir den Oberkörper ein wenig aufrichten und anschließend das Becken leicht kippen.

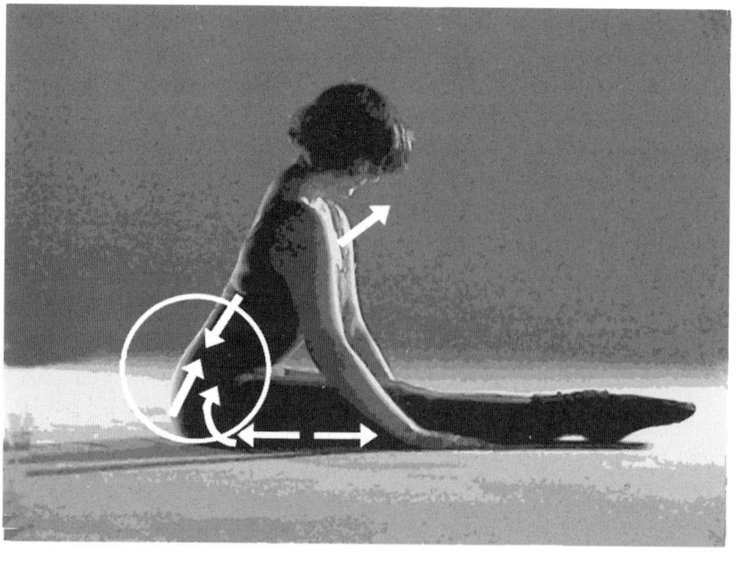

Abb. 30: Lenden- und Brustwirbelsäule sind entlastet.

1.4 Der Latissimus-Zug

Wenn wir mit einer stabilisierten BWS und mit einer stabilisierten LWS arbeiten, kann sich die Dehnungsintensität und das Dehnungsgefühl verringern, da uns ein schlechterer Hebel zur Verfügung steht.

Jetzt braucht es eine weitere Technik, um die optimale Dehnungsintensität wieder herzustellen.

Der Oberkörper und das Becken wird vom M. latissimus und weiteren Rückenmuskeln nach vorne gezogen.

Der Oberkörper wird *nicht* nach unten gezogen, da dadurch die Belastung der WS zu groß wäre.

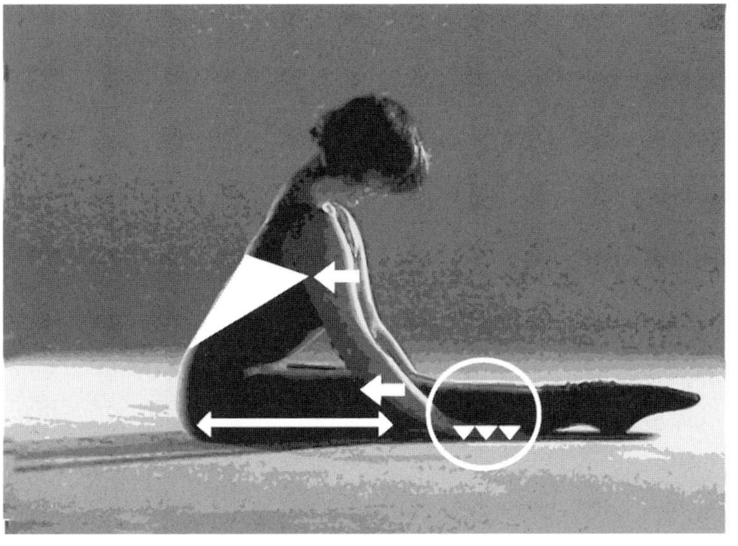

Abb. 31: Der Latissimuszug: Die Hände auf den Boden pressen und dazu den Körper nach vorne ziehen.

Abb. 32: Beckenkippung mit Hilfe der Hände.

Die Beckenkippung darf auch durch Abstützung mit den Händen im Rücken unterstützt werden.

Diese Technik kann mit oder ohne Hilfsmittel ausgeführt werden.

Abb. 33: Beckenkippung mit Hilfe des Handtuchs.

1.5 Übergänge im maximalen Bewegungsradius

In den Dehnungspositionen wird die WS stabilisiert, während der Übergänge jedoch der maximale Bewegungsradius ausgeschöpft, so daß er erhalten bleibt. Bezieht man in diese Bewegung viele Muskelschlingen mit ein, können sogar neurale Strukturen gleitfähig bleiben.

Die maximale Position wird nicht länger als 8 Sek. gehalten (außer bei Kribbeln). Die Beugung ist immer abgestützt.

1.6 Der dynamische Adaptationsreiz

Einen dynamischen Adaptationsreiz setzen heißt, mit vier bis acht kleinen kontrollierten Bewegungen an der Dehngrenze zu arbeiten. Die Bewegung wird über ein Gelenk, welches direkt an der Dehnung beteiligt ist, ausgeführt.

Ein dynamischer Adaptationsreiz unterscheidet sich von einer Wippbewegung durch die Präzision der Ausführung (Abb. 34 und 35).

Diese Techniken sind anspruchsvoll und äußerst effizient.

1.7 Hilfsmittel

Um die Präzision und die Intensität beim Dehnen zu gewährleisten, ist es wichtig, mit Hilfsmitteln zu arbeiten (Abb. 33).

Ein unverzichtbares Hilfsmittel ist das Handtuch. Die Arbeit mit ihm erlaubt uns, intensiv zu dehnen, ohne gleichzeitig die Hals-, Schulter- und Bauchmuskulatur zu verspannen. Das entlastet die Wirbelsäule und erleichtert die Entspannung.

In der Halle und im Freien stehen Gegenstände zum Abstützen zur Verfügung.

Das Sitzen auf einem Keilkissen oder einer zusammengerollten Matte erhöht das Becken und entlastet den M. quadrizeps. Dies wiederum erleichtert die Beckenkippung und ermöglicht das Aufrichten des Oberkörpers.

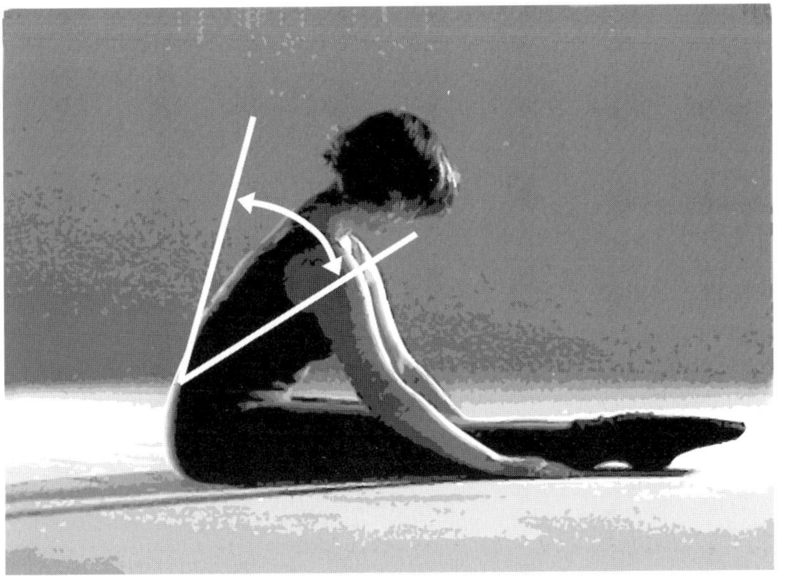

Abb. 34: Bei der konventionellen Wippbewegung wird vom Rükken aus gearbeitet. Diese Technik ist wirbelsäulenbelastend.

Abb. 35: Beim dynamischen Adaptationsreiz wird vom Becken her gearbeitet, das ist präziser. Die Bewegung ist sehr klein.

2 Technik und Grundsätzliches im Beweglichkeitstraining

2.1 Die Pflichtdehnbereiche

Der Stretchingübungsablauf wird in sogenannte Dehnbereiche aufgeteilt und nicht in einzelne Muskeln, weil einerseits sehr selten (wenn überhaupt) ein einzelner Muskel gedehnt werden kann, andererseits – um eine optimale Dehnung zu erreichen – immer Funktionsgruppen sowie Muskelschlingen einbezogen werden müssen.

Die Reihenfolge, in der die Bereiche gedehnt werden, ist beliebig. Um einen gleichmäßigen ruhigen Ablauf zu gewährleisten, muß der Übungsablauf gut durchdacht sein.

Die Übungen müssen für den jeweiligen Sportler optimal ausgewählt und angepaßt werden.

Abgesehen von den Pflichtdehnbereichen sollte zusätzlich mit sport- oder themenspezifischen Dehnbereichen gearbeitet werden.

2.2 Schmerzempfinden

Jede Dehnposition muß ein intensives Dehnungsgefühl bis hin zu einem angenehmen Schmerz auslösen, sonst kommt es zu keinem Trainingsreiz und somit zu keiner Anpassung.

Natürlich geht es dabei nicht darum, unter Schmerzen zu dehnen oder sogar über die Schmerzgrenze hinauszugehen. Blockiert das Schmerzempfinden die Atmung, ist der trainingswirksame Bereich überschritten.

Ein intensiver, sich angenehm anfühlender Dehnungsschmerz ist trainingswirksam und kein Zeichen einer Verletzung, es sei denn, daß sich bereits eine Verletzung in der Muskulatur oder einem beteiligten Gelenk befindet.

2.3 Sicherheitsregeln

Stretching wird statisch oder kontrolliert dynamisch ausgeführt. So gibt es weder Schwung- noch Schlag-, sondern ausschließlich Zug- und Beugebelastungen.

Zu vermeiden ist ...!

- die Dehnung der Brustwirbelsäule
- Beugungen ohne Abstützung
- hochgezogene Schultern
- eine verkürzte Halswirbelsäule
- angehaltene Atmung
- über die Schmerzgrenze hinaus zu dehnen
- Partner-Stretchingübungen mit Kindern und Jugendlichen
- gelenkbelastende Partner-Stretchingübungen

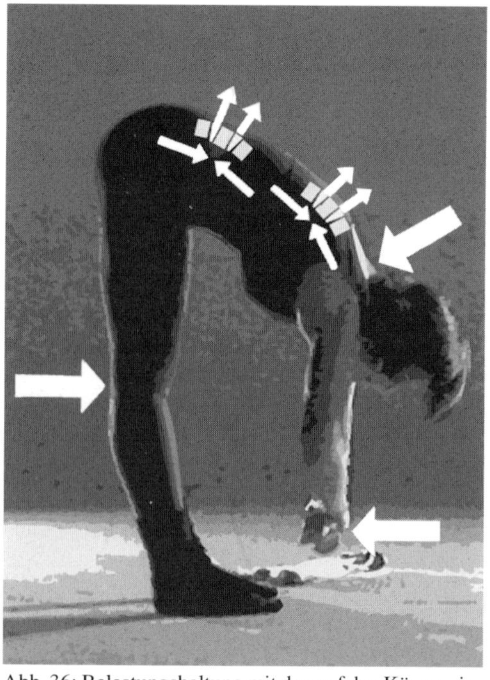

Abb. 36: Belastungshaltung mit den auf den Körper einwirkenden Kräften.

Abb. 37: Entlastungshaltung.

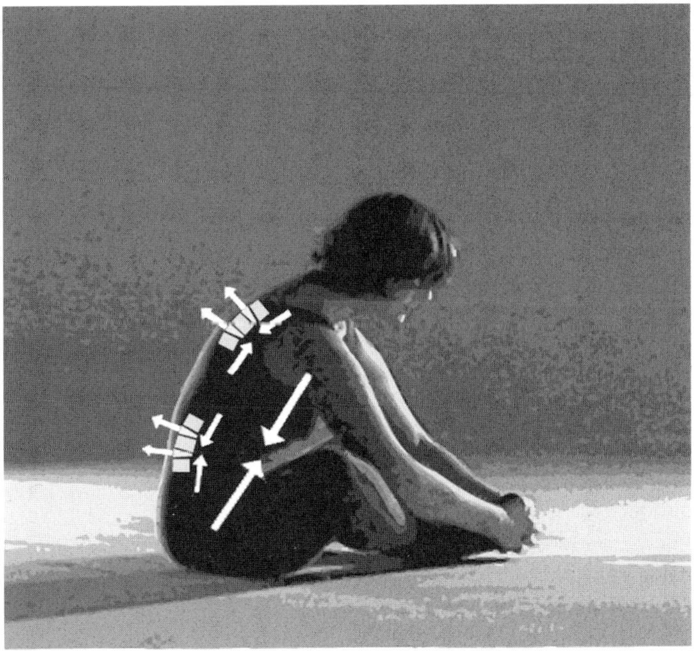

Abb. 38: Belastungshaltung im Sitzen.

Abb. 39: Entlastungshaltung im Sitzen.

2.4 Arbeitsweise

Jede Dehnungsübung wird immer nach dem gleichen Prinzip ausgeführt:

1. Korrekte Position einnehmen:
   - ▶ BWS, LWS stabilisieren
   - ▶ Latissimus-Zug (Option)
   - ▶ dynamischer Adaptationsreiz (Option)
2. Aufmerksamkeit und Konzentration in die Dehnungsbereiche bringen
3. Tiefe Einatmung – langsame, bewußte Ausatmung
4. Nachsinken und die Konzentration vertiefen
   - ▶ dynamischer Adaptationsreiz (Option)
5. Kontrollierter, geführter Übergang zur nächsten Übung

2.5 Übergänge

Die Stretchingübungen selbst werden sehr ruhig und konzentriert ausgeführt. Der Übergang von einer Position zur nächsten ist jedoch dynamisch und geführt.

Die Übergänge sollen kraftvoll, geführt und kontrolliert sein.

Unpräzise oder zu langsam ausgeführte Übergänge lassen einen Stretchingablauf in Einzelteile zerfallen oder eine „schwere" Stimmung aufkommen. Zwischen zwei Dehnungspositionen werden Zwischenpositionen eingenommen.

2.6 Wärme, Atmung, Zeit, Ruhe und Entspannung

Jedem Nachdehnen und jedem Stretchtraining liegen fünf wesentliche Faktoren zu Grunde:

1. Wärme

Ein aufgewärmter Körper ist Voraussetzung für jede Dehnung.

Der Körper muß gut aufgewärmt sein, und das Training sollte in warmer Umgebung stattfinden. Ist der Körper zu wenig erwärmt, der Stoffwechsel nicht genügend aktiviert, ist die Verletzungsgefahr größer.

Je tiefer die Körpertemperatur, desto höher die Muskelaktivität, eine Entspannung ist dann schwieriger.

2. Atmung

In jeder Dehnposition wird eine tiefe Einatmungs- und eine langsame sowie tiefe Ausatmungsbewegung ausgeführt. Dazwischen atmet der Körper – in seinem eigenen Rhythmus – ruhig weiter.

Die Atmung ist wahrscheinlich das wirksamste Mittel, um Entspannung zu ermöglichen und die Dehnungsspannung zu beeinflussen. Jede Einatmungsbewegung erhöht die Körperspannung, jedes Ausatmen senkt sie. So haben wir immer Einfluß auf unser Spannungsgefühl und können somit auch die Dehnungsintensität beeinflussen.

Die großen, tiefen Atembewegungen kräftigen die Atemmuskulatur und können das Atemvolumen vergrößern.

Während des Trainings können ständig weitere Atmungsanweisungen – Techniken, Ideen und Vorstellungen – gegeben werden.

Ideen für die Arbeit mit der Atmung:

- Die Ausatmung vor der tiefen Einatmung verstärken.
- Die Atmung am stärksten Punkt der Einatmung anhalten, die Spannung fühlen und anschließend langsam und bewußt ausatmen.
- Die Atmung mit der Vorstellungskraft in den Dehnungsbereich fließen lassen.
- Bei der Ausatmung die Dehnungsspannung durch den Körper strömen lassen.
- Die Atmung in bestimmte Körperbereiche bringen.
- Die Einatmung verstärken.
- Die Ausatmung verstärken.
- Lachen, kichern, seufzen.

3. Zeit

Beim Vordehnen sollte man die Übungen nicht länger als 10 Sek. ausführen.
Beim Nachdehnen und beim Stretchtraining kann die Dehnungsposition zwischen 10 und 90 Sek. gehalten werden.
Die genaue Zeit, wie lange eine Dehnung dauern sollte, ist individuell zu entscheiden.

Werden beim Vordehnen die Positionen länger als 10 Sek. gehalten, vermindert sich die Muskelaktivität. Das wirkt sich auf die Kontraktionsbereitschaft des Muskels aus.

Auf genaue Sekundenangaben beim Nachdehnen und dem Stretchtraining wird bewußt verzichtet. In den 90 Sek. finden Verformungen im Bindegewebe statt. Wie lange eine Dehnposition gehalten wird, hängt von der Intensität des Dehnungsgefühls und dem Wohlbefinden des Dehnenden ab.

4. Ruhe

Die Bewegungsabläufe sollen auswendig ausgeführt werden können, damit die ganze Konzentration und Energie für die Körperwahrnehmung, das Loslassen und Dehnen zur Verfügung steht.

Ruhe während eines Trainings ist nötig, um introvertiert arbeiten zu können, das bedeutet, sich nur nach der Körperwahrnehmung zu richten. Deshalb müssen die Dehnpositionen verstanden und die Übungsabläufe bekannt sein.

5. Entspannung

Die Spannungsveränderungen im Körper während des Atmens werden bewußt wahrgenommen und mit Konzentration und dem Vorstellungsvermögen beeinflußt.

Die Fähigkeit, sich willentlich entspannen zu können, ist für das Dehnen und die Regeneration sehr wichtig. Je einfacher und schneller sich jemand entspannen kann, desto besser kann er Dehnungsschmerz vermindern und den Bewegungsradius vergrößern (ausgenommen bei pathologisch bedingten Schmerzen).

3 Die Effektivität des Stretchings

3.1 Effizienz der Stretchingmethoden

Betreffend der Effektivität konnte zwischen den verschiedenen Dehnmethoden kein signifikanter Unterschied festgestellt werden. Die Wirksamkeit der Dehnungsübungen hängt nicht von der angewandten Dehnmethode, sondern vor allem von der *Qualität* ihrer Ausführung ab, nämlich von:

- der Wahl der Körperbereiche, die gedehnt werden,
- der Präzision,
- der Intensität und
- der regelmäßigen Ausführung.

3.2 Effizienz der Dehnungsübungen

Lange Zeit galt es als wervoll, einen Dehnreiz in größtmöglicher Entspannung zu setzen. Bei großer Entspannung und viel Zeit werden bestimmt die größten Bewegungsgradien erreicht. Der Sportler muß jedoch seine Bewegungsgradien in großer Muskelspannung erbringen, deshalb betrachten wir auch Dehnreize in hoher Muskelaktivität als wertvoll. In dieser Situation kann sich eine Dehnung sehr intensiv anfühlen, obwohl der größtmögliche Bewegungsradius noch gar nicht erreicht ist. Diese Dehnreize verbessern die neurale Toleranz.

3.3 Kein Trainingseffekt ohne Trainingsreiz

Schonung ergibt keine Wirkung!

Eine Dehnung ist nur dann sinnvoll, wenn ein Reiz auf die neuralen und bindegewebigen Strukturen ausgeübt wird. Das Empfinden eines intensiven Dehnungsgefühls bis hin zu einem angenehmen Dehnungsschmerz ist wichtig, um eine Wirkung zu provozieren.

Sportler mit einer antrainierten Beweglichkeit haben ihr Nervensystem an diesen Dehnungsreiz gewöhnt und empfinden Dehnungen als angenehm. Denjenigen, welche selten dehnen, ist ein Dehnungsschmerz oft zu intensiv und unangenehm, weil ihr Nervensystem viel empfindlicher auf den Dehnungsreiz reagiert.

4 Anwendungsmöglichkeiten

Es gibt drei Möglichkeiten, Stretching anzuwenden:

1. das *Vordehnen* zur Vorbereitung auf eine Leistung,

2. das *Nachdehnen* als wichtiger Bestandteil eines Trainings, um eine gewisse Beweglichkeit zu erhalten und aktiv zu regenerieren, und

3. das *Stretchtraining*. Um die Beweglichkeit zu verbessern, ist es nötig, zusätzlich ein spezielles Stretchtraining auszuführen.

4.1 Das Vordehnen

Im Sport und Fitnessbereich wurde in den letzten Jahren dem Vordehnen eine große Bedeutung beigemessen. Die Trainer/innen gingen davon aus, daß das Vordehnen hilft, Verletzungen zu vermeiden und die sportliche Leistung zu steigern. Es gibt bis jetzt jedoch keine Studien, die nachweisen, daß Vordehnen der Verletzungsprävention dient.

Vordehnen muß die Leistung nicht zwangsläufig verbessern, im Gegenteil, statische Dehnformen können die Schnellkraftfähigkeit herabsetzen. Die Kontraktionsbereitschaft des Muskels wird reduziert und somit die Leistung sogar vermindert.

Für Sportler/innen und Tänzer/innen, welche Bewegungen mit maximalem Gelenksradius ausführen, ist Vordehnen eine wichtige Voraussetzung, um anschließend während der Leistung den benötigten Bewegungsradius zu erreichen.

Ansonsten ermöglicht ein Vordehnen, die Konzentration in den Körper zu bringen und sich körperlich und mental auf die Leistung einzustimmen. In diesem Fall ist es nicht falsch vorzudehnen, es ist aber keine Pflicht. Das Vordehnen wird dynamisch ausgeführt.

4.1.1 Die Ausführungsempfehlung des Vordehnens

Beim Vordehnen ist auf folgende Punkte zu achten:

- Leistungsbezug:
  Es werden die Muskeln gedehnt, die anschließend maximale Bewegungsradien zulassen müssen.
- Keine Entspannung:
  Jede Position wird max. 10 Sek. ausgeführt.
- Intensität:
  Ein intensives Dehngefühl wird ausgelöst.
- Arbeitsweise:
  Die Übungen werden dynamisch ausgeführt.

Sportler/innen und Tänzer/innen, deren nachfolgende Leistung sehr große Beweglichkeit erfordert, können die Dehnpositionen auch länger als 10 Sek. ausführen, müssen jedoch danach schnellkraftverbessernde Übungen ausführen, wie z.B. Hüpfen, Joggen usw.

4.1.2 Nie auf Kosten der Körperwärme

Allen Dehnungsübungen geht ein intensives Aufwärmen voraus. Bei kalten Temperaturen darf nur gedehnt werden, wenn durch genügend Kleidung die Körpertemperatur erhalten werden kann. Das Aufwärmen der Muskulatur und der Gelenke hat immer Priorität und ist eine unverzichtbare Vorbereitung des Körpers auf eine Beanspruchung.

Das Aufwärmen gilt als Verletzungsprävention.

4.2 Das Nachdehnen

Dem Dehnen nach einer Belastung ist eine große Bedeutung beizumessen. Für Trainerin und Trainer stellt das eine große pädagogische Aufgabe dar. Nachdehnen ist ein unverzichtbarer Trainingsteil, um die Beweglichkeit und aktive Regeneration zu erhalten, und sollte unbedingt ritualisiert werden.

Cool-down (Auslaufen) und Nachdehnen ist eine wichtige regenerative Maßnahme: Laktat und Abbauprodukte werden dabei vermehrt abtransportiert. Körper und Psyche werden aus der „Leistungsbereitschaft" in die „Erholungsbereitschaft" gebracht. Mentale Prozesse können dadurch besser stattfinden.
Nachdehnen ist anspruchsvoll, weil es sehr individuell angewendet werden muß:

4.2.1 Die Ausführungsempfehlung des Nachdehnens

Beim Nachdehnen ist auf folgende Punkte zu achten:

- Leistungsbezug:
  Beim Nachdehnen ist die Wahl, was gedehnt wird, sehr wichtig. Es sind 5 Pflichtdehnbereiche und sportspezifische Ergänzungen.
- Mit Entspannung:
  Jede Übung kann zwischen 10 bis max. 90 Sek. ausgeführt werden.
- Intensität:
  Immer im Verhältnis zur vorherigen Leistung.
  Je höher die vorausgegangene Leistung, desto vorsichtiger muß nachgedehnt werden. Ein müder Körper ist verletzungsgefährdet.
- Arbeitsweise:
  Die Übungen werden bewegt-statisch ausgeführt.

Der Stretchingübungsablauf findet wenn möglich am Boden sitzend oder liegend statt. Falls die sportliche Leistung im Freien ausgeführt wird, ist es von Vorteil, das Nachdehnen in einen Raum zu verlegen, so daß die Übungen am Boden ausgeführt werden können.

Nach Leistungskraftsport (Bodybuilding) muß das Nachdehnen wegen dem erhöhten intramuskulären Volumen zeitlich (20 - 90 Min.) verschoben werden.

Was umfaßt ein Nachdehnen?

- Die 5 Pflichtdehnbereiche und Ergänzungen,
- den richtigen Umgang mit Atmung und Zeit,
- bewegt-statisches Ausführen der Bewegungen,
- ruhiges, introvertiertes Arbeiten,
- Einbeziehen der muskulären Dysbalance der Beugehaltung.

Trainingshäufigkeit: Nachdehnen gehört als beweglichkeitserhaltender und regenerierender Teil zu jedem Training.

4.2.2 Die 5 Pflichtdehnbereiche des Nachdehnens

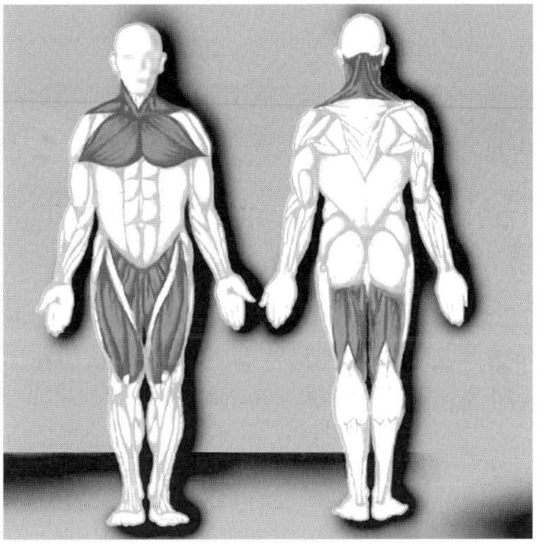

Abb. 40: Pflichtdehnbereiche des Nachdehnens:
1. Oberschenkelmuskulatur hinten
2. Oberschenkelmuskulatur vorne
3. Oberschenkelmuskulatur innen
4. Brustkorbmuskulatur vorne
5. Halsmuskulatur hinten und seitlich

4.3 Das Stretchtraining

Ein Stretchtraining verbessert die Bewegungsreichweite (ROM = Range of Motion).

Voraussetzung für eine optimale Leistung ist ein Muskel, der konzentrisch und exzentrisch kontrahierbar ist. So kann bei einseitig trainiertem Muskel (konzentrische Kontraktion) die Leistungsfähigkeit durch Dehnungen verbessert werden.

Stretchtraining ist wie das Nachdehnen eine aktive Regeneration, ein Ausgleich zu Streß und Leistungsdruck, sei dies körperlicher, psychischer oder emotionaler Art.

Zudem verbessert es das Körper- und Bewegungsbewußtsein, weil alle Bewegungen klein sind und somit bewußt ausgeführt werden.

Stretchtraining kann das Atemvolumen vergrößern und die Konzentrationsfähigkeit steigern.

Wenn das Stretchtraining den unterschiedlichen Eigenschaften von Beuge- und Streckmuskulatur gerecht wird, wirkt es den neuromuskulären Dysbalancen der Beugehaltung entgegen.

4.3.1 Die Ausführungsempfehlung des Stretchtrainings

Beim Stretchtraining ist auf folgende Punkte zu achten:

- ▶ Mehr Beweglichkeit im Kontext der aufrechten Haltung oder der Sportart.
- ▶ Mit Entspannung:
  Jede Position wird zwischen 10-90 Sek. gehalten.
- ▶ Intensität:
  Das Dehnungsgefühl ist intensiv.
- ▶ Arbeitsweise:
  Aktiv, passiv, dynamisch, statisch, bewegt-statisch.
  Es dürfen alle Dehnmethoden angewendet werden.

Was umfaßt ein Stretchtraining?

- 8 Pflichtdehnbereiche und Ergänzungen,
- den richtigen Umgang mit Atmung und Zeit,
- intensives Ausführen (dynamisch und statisch),
- introvertiertes Arbeiten,
- eine ruhige und konzentrierte Atmosphäre,
- Einbeziehen der neuromuskulären Dysbalance der Beugehaltung.

Trainingshäufigkeit: Ein Stretchtraining kann, je nach Trainingszustand, 3 - 5mal pro Woche ausgeführt werden.

4.3.2 Die 8 Pflichtdehnbereiche des Stretchtrainings

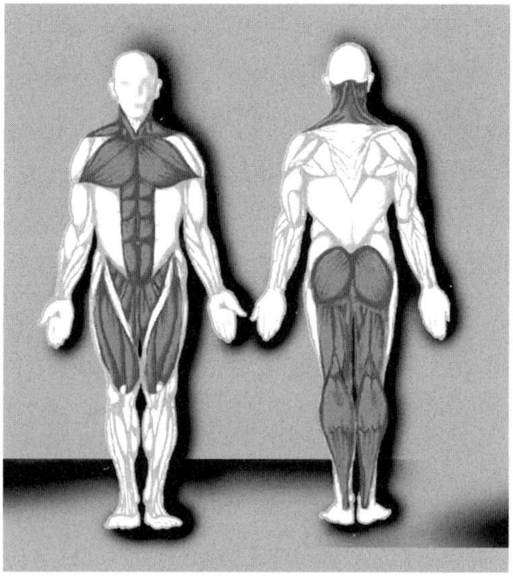

Abb. 41: Pflichtdehnbereiche des Stretchtrainings:
1. Oberschenkelmuskulatur hinten
2. Oberschenkelmuskulatur vorne
3. Oberschenkelmuskulatur innen
4. Brustkorbmuskulatur vorne
5. Halsmuskulatur hinten und seitlich
6. Bauchmuskulatur
7. Gesäßmuskulatur und darunterliegende Außenrotatoren
8. Wadenmuskulatur

4.3.3 Aufbau eines Stretchtrainings

Das Ziel einer Stretchinglektion ist die Verbesserung der Beweglichkeit. Die einzelnen Pflichtdehnbereiche müssen dabei langsam und intensiv gedehnt werden.

Vorgehensweise

- **Vorinstruktionen (Theorie):**

Als Vorinstruktionen gelten alle Informationen zur Arbeitsweise, den Basistechniken, zur Atmung usw.

- **Aufwärmen:**

Der Körper muß vor dem Dehnen *immer* ca. 15 Min. gut aufgewärmt werden, so daß der Stoffwechsel aktiviert ist. Während des Aufwärmens sollten keine Schlag-, Schwungbewegungen am Gelenksanschlag oder Beugebelastungen ohne Abstützung auf die WS ausgeübt werden.

- **Spezialthema (Praxis):**

Basistechniken, Haltungen oder Übungen können in diesem Teil unterrichtet und geübt werden.

- **Stretchingablauf:**

Es wird immer wieder der glciche Stretchingablauf ausgeführt, so daß die Sportler/innen die Übungen auswendig kennen und introvertiert, präzise und intensiv arbeiten können.

- **Körperwahrnehmungsübung:**

Die sogenannte Körperwahrnehmungsübung gehört nicht zwingend zu einem Beweglichkeitstraining, ist jedoch sehr wertvoll. In diesem Trainingsteil werden unterschiedliche Techniken unterrichtet (z.B. Entspannungsübungen, Autogenes Training, energieharmonisierende Trancen, Meditationen, Body-and-Mind-Übungen usw.).

- **Aufrichten – Aufrollen:**

Speziell wenn eine Körperwahrnehmungsübung oder eine Entspannungsübung ausgeführt wurde, muß sich die Sportlerin oder der Sportler aufrichten und wieder auf den eigenen Füßen stehen.

- **Gegenbewegung zur Beugehaltung:**

Jeder Stretchingablauf wird mit einer Gegenbewegung zur Beugehaltung, einer Streckung, angefangen und abgeschlossen.

Der Stretchingablauf ist ritualisiert. Abgesehen von kleinen Änderungen wiederholt er sich fortlaufend. Durch diese Wiederholungen erreichen wir ein differenzierteres Körperbewußtsein, eine feinere Körperwahrnehmung und ein intensiveres Spüren des Körpers.

Die Sportler/innen müssen mit vielen Informationen und sprachlicher Unterstützung durch das Stretchtraining geführt werden.

5 Dehnungsübungen zu den verschiedenen Körperbereichen

5.1 Pflichtbereich 1 – rückwärtige Oberschenkelmuskulatur

M. biceps femoris – zweiköpfiger Schenkelbeuger
M. semitendinosus – Halbsehnenmuskel
M. semimembranosus – halbhäutiger Muskel
M. adductor magnus – großer Oberschenkelanzieher

Da wir bei der Dehnung der rückwärtigen Oberschenkel ein- (Caput brevis des M. biceps femoris) und zweigelenkige Muskeln (Caput longus des M. biceps femoris, M. semitendinosus, M. semimembranosus) dehnen, werden immer Übungen mit gestreckten und Übungen mit leicht gebeugten Knien ausgeführt. Das Anziehen des Fußes bei gestrecktem Knie verstärkt die Dehnung, da wir die hintere Muskelschlinge des Beines mit einbeziehen. Die Knie werden nicht überstreckt.

Übung 1

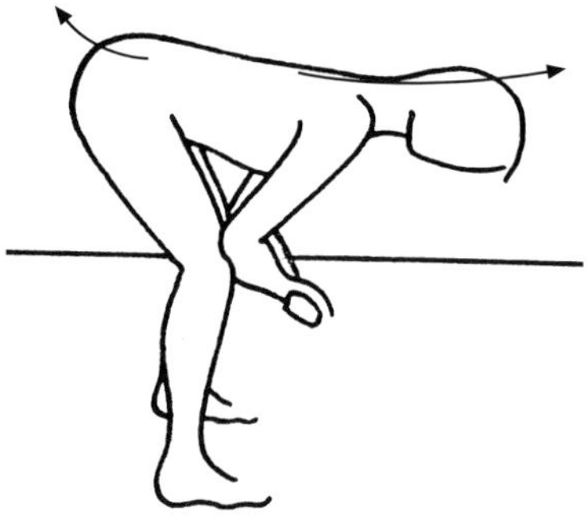

Schwierigkeitsgrad: ♦
Dehnungswirkung: ***
Dynamischer Adaptationsreiz: Becken kippen, Knie stärker strecken.
Position: Sumo: Rücken lang, Kopf in der Verlängerung.
Vermeide: Beugung in der WS.
Spezielles: Die Beckenkippung und die Lordosierung der LWS ist am Anfang ungewohnt und muß erlernt werden. Der Oberkörper wird immer mit den Unterarmen auf den Oberschenkeln abgestützt.

Übung 2

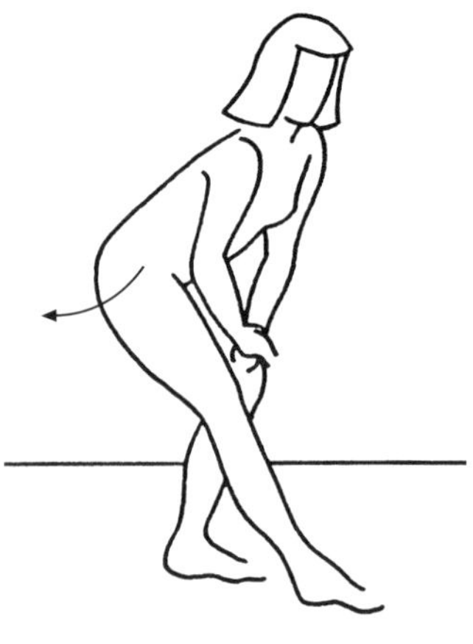

Schwierigkeitsgrad: ♦
Dehnungswirkung: *
Dynamischer Adaptationsreiz: Becken mehr kippen.
Position: Oberkörper abgestützt.
Vermeide: Flachrücken, Rundrücken.
Spezielles: Die Position sollte nicht zu lange statisch gehalten werden. Die Übung eignet sich zum dynamischen Vordehnen, jedoch nicht zum Nachdehnen.

Schwierigkeitsgrad ♦ leicht, ♦♦ mittel, ♦♦♦ schwierig
Dehnungswirkung * niedrig, ** gut, *** sehr gut

Übung 3a

Schwierigkeitsgrad: ♦ ♦
Dehnungswirkung: ***
Dynamischer Adaptationsreiz: Becken mehr kippen.
Position: Der Oberkörper muß immer abgestützt sein, der Kopf ist in der Verlängerung der WS.
Vermeide: Rundrücken.
Spezielles: Diese Übung ist für Personen mit Bluthochdruck sowie Seniorinnen und Senioren nicht geeignet, wenn der Kopf beim Nach-vorne-Neigen tiefer als das Herz ist. Fortgeschrittene dürfen das hintere Bein strecken.

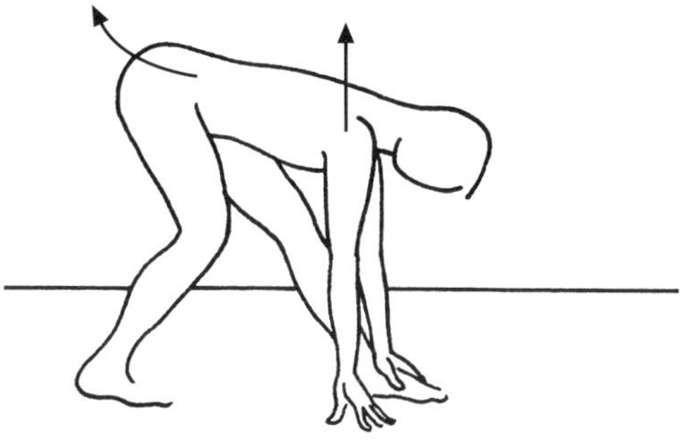

Übung 3b

Position: Das vordere Knie strecken, Becken mehr kippen.

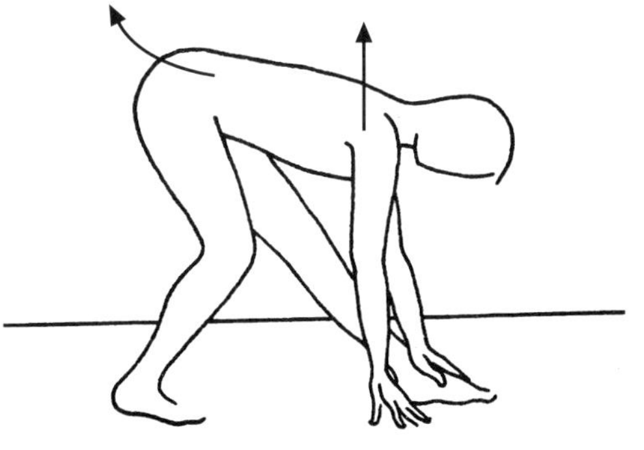

Übung 3c

Position: Den Fuß anziehen.

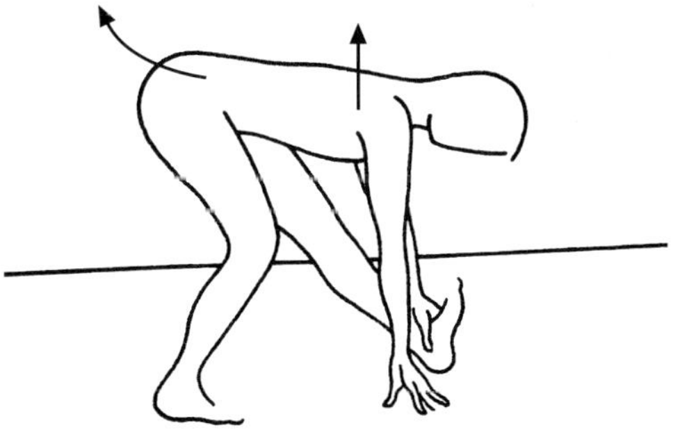

Schwierigkeitsgrad ♦ leicht, ♦♦ mittel, ♦♦♦ schwierig
Dehnungswirkung * niedrig, ** gut, *** sehr gut

Übung 4a

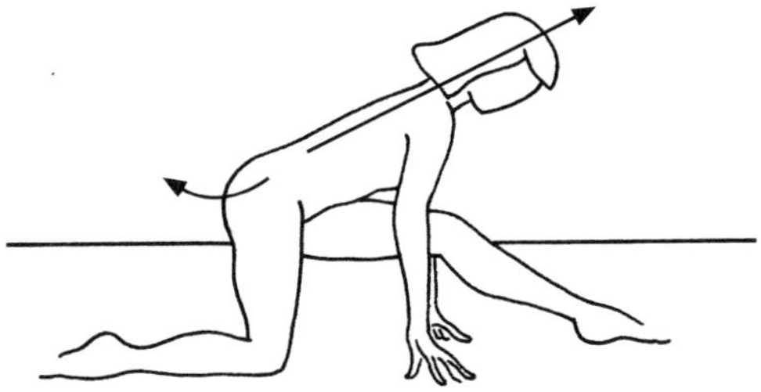

Schwierigkeitsgrad: ♦
Dehnungswirkung: ***
Dynamischer Adaptationsreiz: Becken kippen.
Position: Oberkörper abgestützt, Rücken lang, Knie auf weicher Unterlage. Der hintere Oberschenkel sollte in einem 90° Winkel zum Boden sein.
Vermeide: Rundrücken, die ganze Übung, wenn das hintere Knie schmerzt.
Spezielles: Diese Übung ist für Anfänger gut geeignet, auch ist es eine ideale Ausgangslage, um den Spagat aufzubauen.

Übung 4b

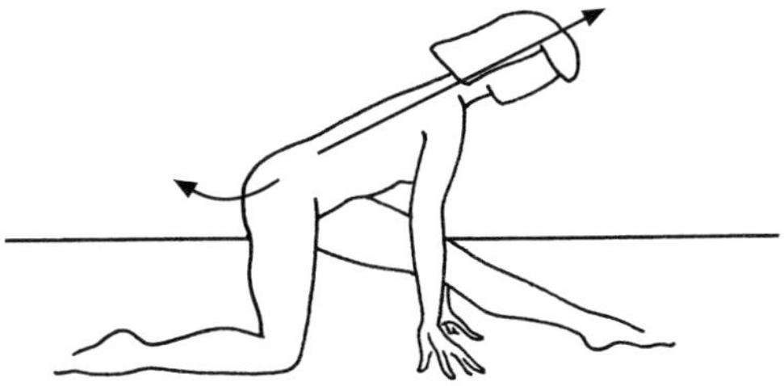

Position: Das vordere Bein so gut wie möglich strecken.

Übung 4c

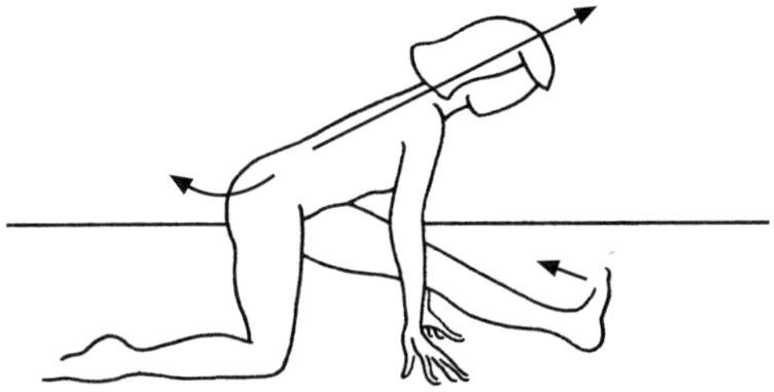

Position: Den Fuß anziehen.

Schwierigkeitsgrad ♦ leicht, ♦♦ mittel, ♦♦♦ schwierig
Dehnungswirkung * niedrig, ** gut, *** sehr gut

Übung 5a

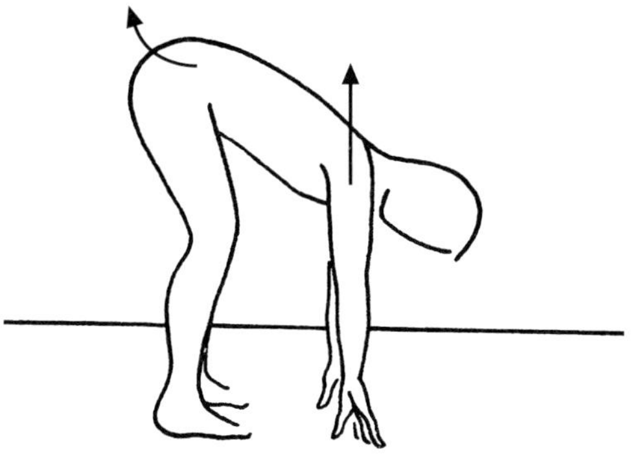

Schwierigkeitsgrad: ♦ ♦ ♦
Dehnungswirkung: ***
Dynamischer Adaptationsreiz: Knie mehr strecken.
Position: Auf den Fingerspitzen gut abgestützt, Rücken lang.
Vermeide: Rundrücken, die Position ohne Abstützung.
Spezielles: Diese Übung ist für Personen mit Bluthochdruck sowie Seniorinnen und Senioren nicht geeignet, wenn der Kopf tiefer als das Herz ist.

Übung 5b

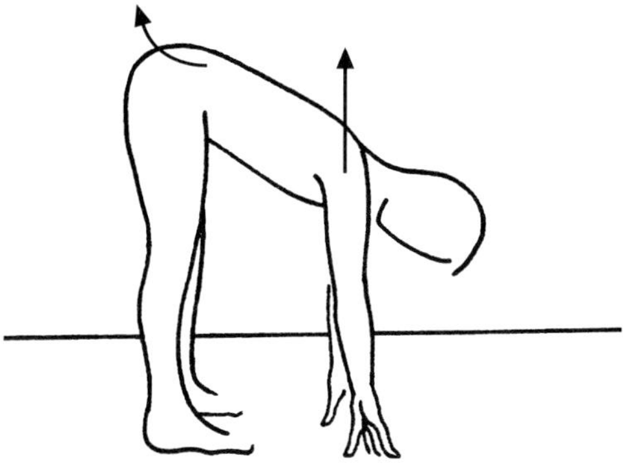

Position: Die Knie sind gestreckt, der Rükken ist lang, der Kopf in der Verlängerung der WS.

Übung 6a

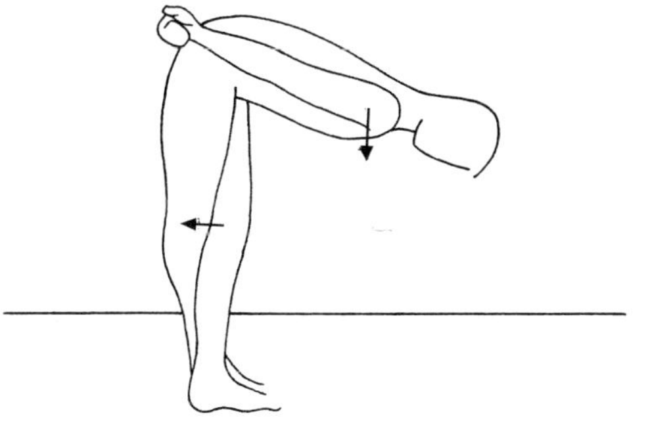

Schwierigkeitsgrad: ♦ ♦
Dehnungswirkung: *
Dynamischer Adaptationsreiz: Becken kippen.
Position: Die Beine sind überkreuzt.
Spezielles: Diese Übung wird von uns *nicht* empfohlen. Die Beugung ohne Abstützung ist eine Belastung der LWS, das hintere Knie wird in eine Überstreckung gedrückt, die Position ist vom Gleichgewicht her unsicher.

Schwierigkeitsgrad ♦ leicht, ♦ ♦ mittel, ♦ ♦ ♦ schwierig
Dehnungswirkung * niedrig, ** gut, *** sehr gut

Übung 6b

Position: Abgestützt, nur für Fortgeschrittene möglich.
Spezielles: Siehe Übung 6a).

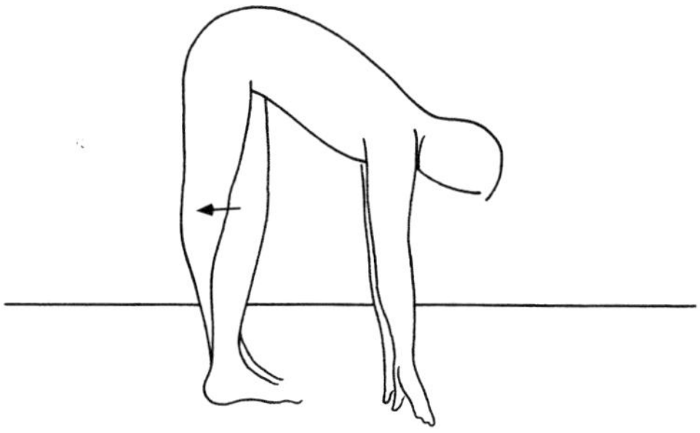

Übung 7

Schwierigkeitsgrad: ♦ ♦ ♦
Dehnungswirkung: ***
Dynamischer Adaptationsreiz: Bein höher ziehen.
Position: Oberkörper abstützen, Rücken lang.
Vermeide: Hände zu nah am Standbein.
Spezielles: Diese Übung ist für Sportler und Tänzer geeignet, die ebensoviel Dehnung wie Haltekraft benötigen.

Schwierigkeitsgrad ♦ leicht, ♦ ♦ mittel, ♦ ♦ ♦ schwierig
Dehnungswirkung * niedrig, ** gut, *** sehr gut

Übung 8a

Schwierigkeitsgrad: ♦
Dehnungswirkung: ***
Dynamischer Adaptationsreiz: Becken kippen, Oberkörper nach vorne bringen.
Position: Das aufgelegte Bein ist leicht gebeugt.
Vermeide: zu hohe Gegenstände zum Abstützen.
Speziell̈es: Diese Übung ist ideal für Dehnungen, die draußen ausgeführt werden.

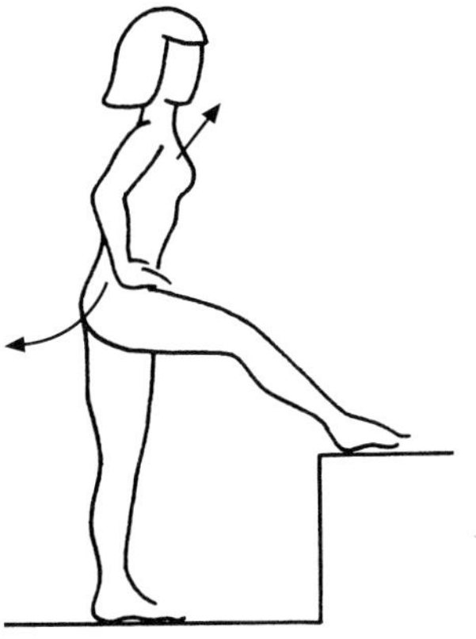

Übung 8b

Position: Das Bein strecken, vom Becken her nachkippen.

Übung 8c

Position: Den Fuß anziehen.

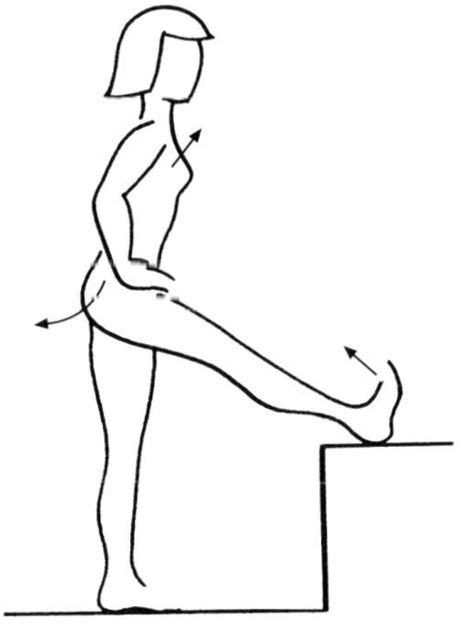

Schwierigkeitsgrad ♦ leicht, ♦♦ mittel, ♦♦♦ schwierig
Dehnungswirkung * niedrig, ** gut, *** sehr gut

Übung 9

Schwierigkeitsgrad: ♦
Dehnungswirkung: *
Dynamischer Adaptationsreiz: Knie strecken, Becken kippen.
Position: Oberkörper abstützen.
Vermeide: Flachrücken, Rundrücken.
Spezielles: Die Lordose in der LWS ist keine Belastung, da das Brustbein gehoben und somit die Bauchmuskulatur angespannt ist.

Übung 10a

Schwierigkeitsgrad: ♦
Dehnungswirkung: **
Dynamischer Adaptationsreiz: Oberkörper tiefer, Becken kippen.
Vermeide: Rundrücken.
Spezielles: siehe Übung 9).

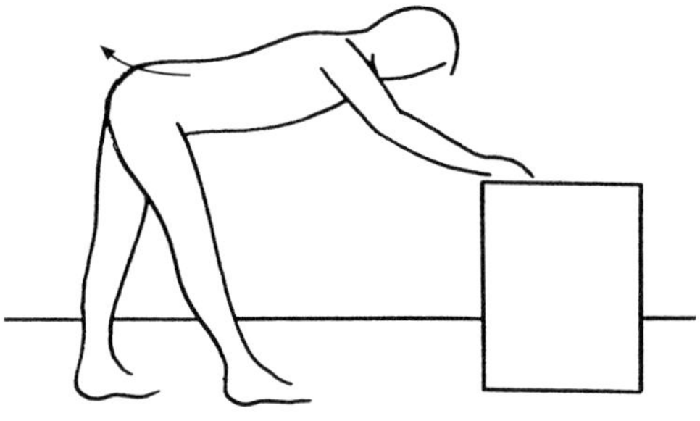

Übung 10b

Position: Fuß anziehen.
Spezielles: siehe Übung 9).

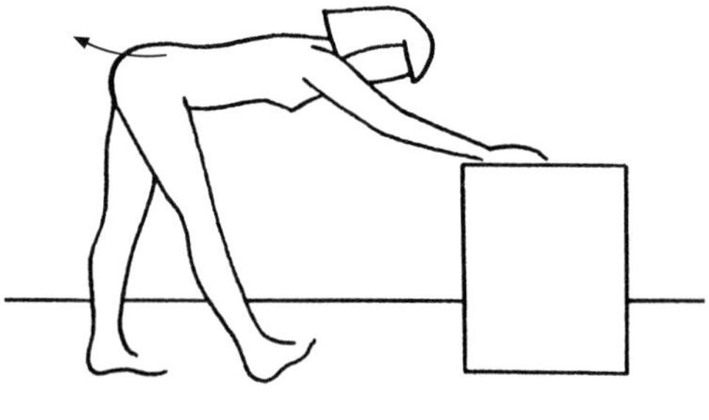

Schwierigkeitsgrad ♦ leicht, ♦♦ mittel, ♦♦♦ schwierig
Dehnungswirkung * niedrig, ** gut, *** sehr gut

Übung 11

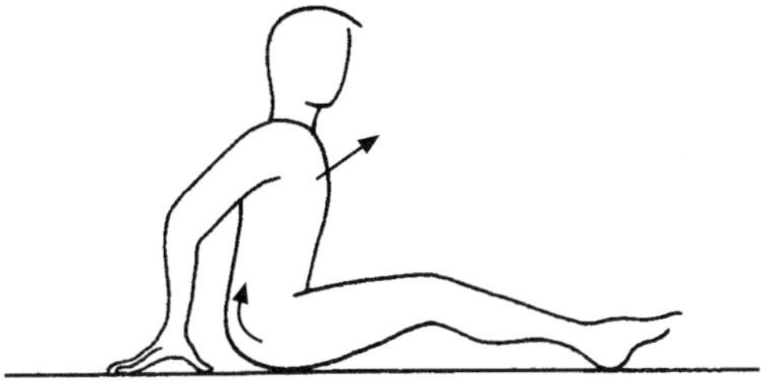

Schwierigkeitsgrad: ♦♦
Dehnungswirkung: *
Dynamischer Adaptationsreiz: Becken kippen.
Position: Arme hinter dem Becken.
Vermeide: zu viel Vorlage.
Spezielles: Es ist sinnvoll, die Beckenkippung mit den Händen hinter dem Becken und mit leicht gebeugten Knien aufzubauen.

Übung 12a

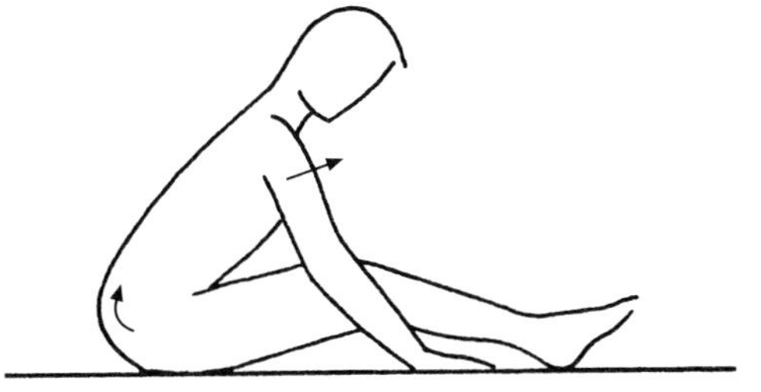

Schwierigkeitsgrad: ♦♦
Dehnungswirkung: **
Dynamischer Adaptationsreiz: Becken kippen.
Position: Langsitz mit leicht gebeugten Beinen.
Vermeide: maximale Beugung der WS.
Spezielles: Diese Übung muß mit einer stabilisierten BWS und kann mit einer stabilisierten LWS ausgeführt werden. Der Latissimus-Zug verstärkt die Dehnung.

Übung 12b

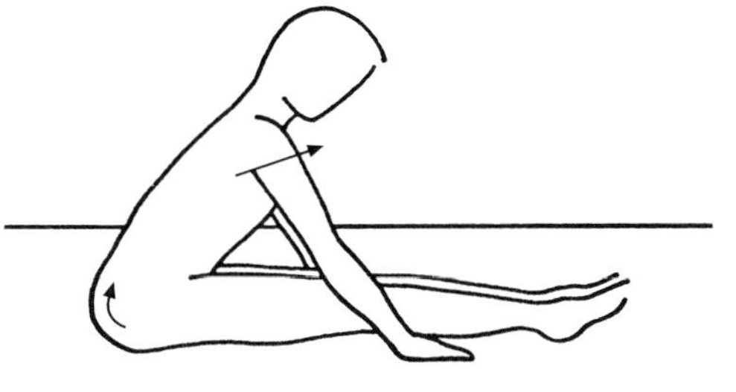

Position: Beine strecken, Becken nachkippen.

Übung 12c

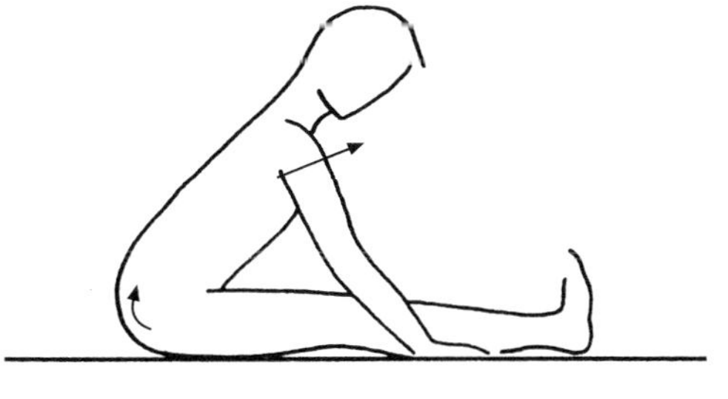

Position: Die Füße anziehen.

Schwierigkeitsgrad ♦ leicht, ♦♦ mittel, ♦♦♦ schwierig
Dehnungswirkung * niedrig, ** gut, *** sehr gut

Übung 13

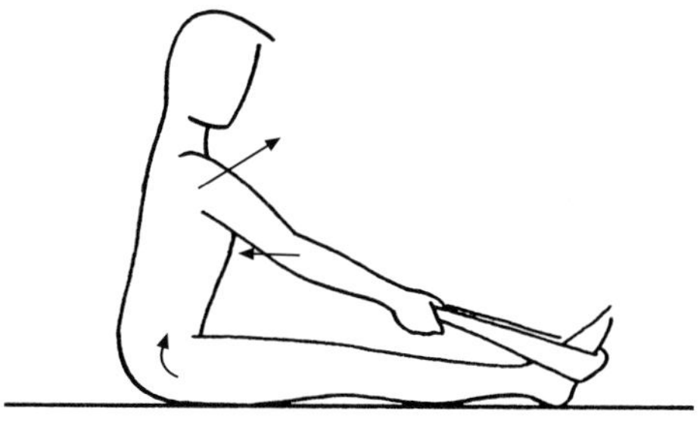

Schwierigkeitsgrad: ♦
Dehnungswirkung: ***
Dynamischer Adaptationsreiz: Becken kippen.
Position: Langsitz mit gestreckten Beinen und Handtuch.
Spezielles: Der Langsitz kann mit Hilfsmitteln ausgeführt werden, die WS richtet sich dabei besser auf, und die Dehnung wird verstärkt.

Übung 14

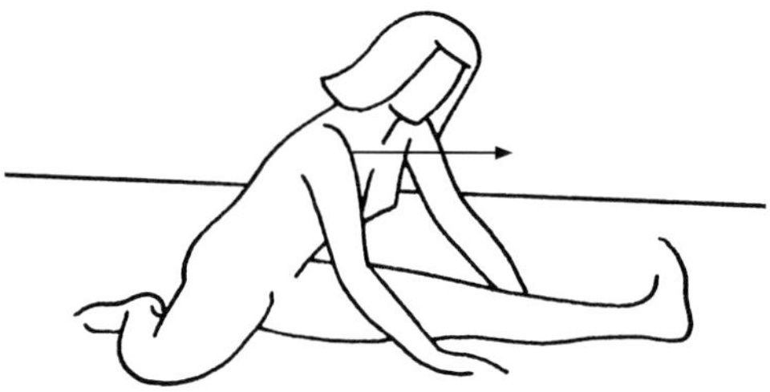

Schwierigkeitsgrad: ♦ ♦
Dehnungswirkung: *
Dynamischer Adaptationsreiz: -
Position: Hürdensitz
Vermeide: Diese Position ist eine große Belastung für das nach innen rotierte Hüftgelenk und das seitliche Kniegelenk.
Spezielles: Diese Übung sollte *nicht* ausgeführt werden (außer Hürdenläufer, die Leistungssportler sind).

Übung 15

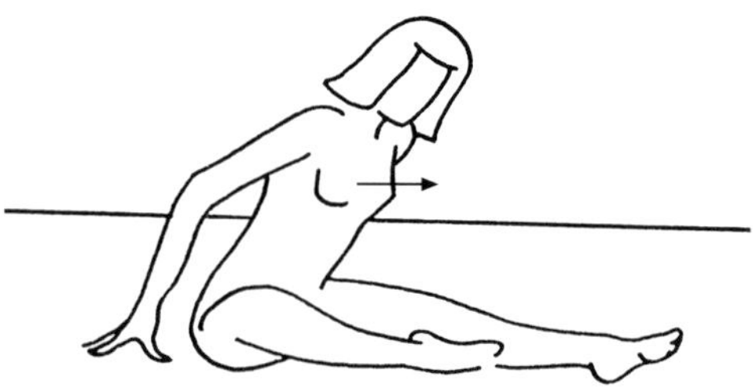

Schwierigkeitsgrad: ♦
Dehnungswirkung: *
Dynamischer Adaptationsreiz: Becken kippen.
Position: Langsitz einseitig, ein Fuß liegt auf Höhe des anderen Knies.
Vermeide: Verschieben der Beckenposition.
Spezielles: Diese Position wird von uns *nicht* empfohlen, weil sie zum Ausweichen im Becken verleitet und dann der Dehnungseffekt sehr klein ist.

Schwierigkeitsgrad ♦ leicht, ♦ ♦ mittel, ♦ ♦ ♦ schwierig
Dehnungswirkung * niedrig, ** gut, *** sehr gut

Übung 16

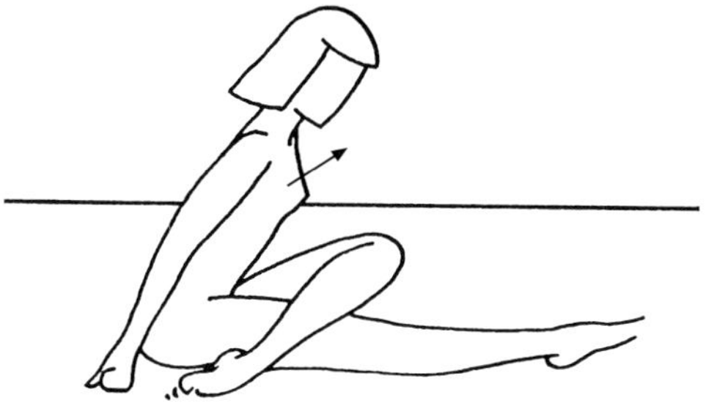

Spezielles: Alle Positionen, bei denen der Oberkörper nach vorne gezogen wird, dürfen mit den Händen hinter dem Becken abgestützt werden. So wird die Beckenkippung leichter, und die WS kann besser stabilisiert werden.

Übung 17a

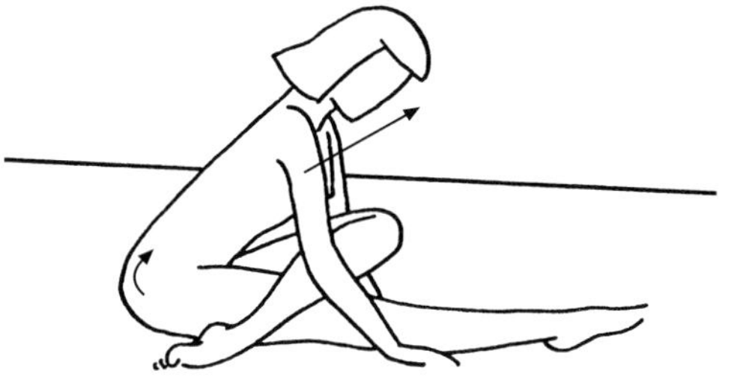

Schwierigkeitsgrad: ♦ ♦
Dehnungswirkung: ***
Dynamischer Adaptationsreiz: Becken kippen.
Position: Bein gut überkreuzen.
Vermeide: Rundrücken.
Spezielles: Das Überkreuzen eines Beines verstärkt die Dehnung und macht ein Ausweichen mit dem gestreckten Bein unmöglich.
Die Innenrotation des Fußes des überkreuzten Beines ist nicht belastend, da kein Gewicht darauf liegt.

Übung 17b

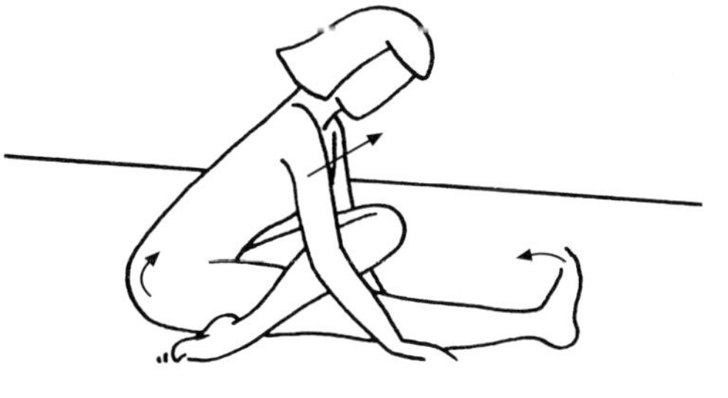

Position: Fuß des gestreckten Beins anziehen.

Schwierigkeitsgrad ♦ leicht, ♦ ♦ mittel, ♦ ♦ ♦ schwierig
Dehnungswirkung * niedrig, ** gut, *** sehr gut

Übung 18

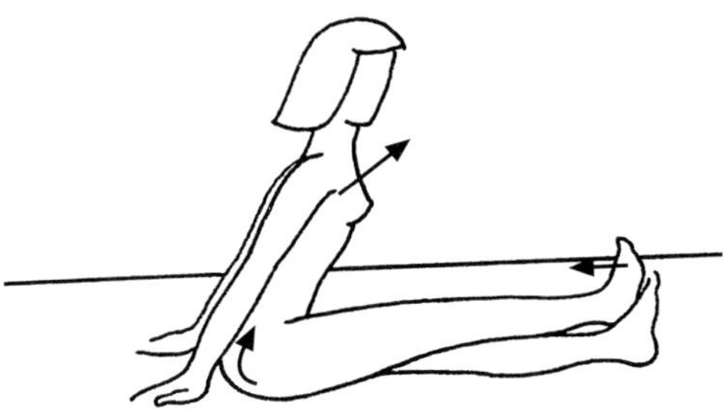

Schwierigkeitsgrad: ♦♦
Dehnungswirkung: *
Dynamischer Adaptationsreiz: Becken kippen.
Position: Das obere Bein muß gestreckt und flex sein.
Vermeide: Rundrücken.
Spezielles: Die Dehnung ist jetzt zusätzlich im M. glutaeus medius spürbar.

Übung 19

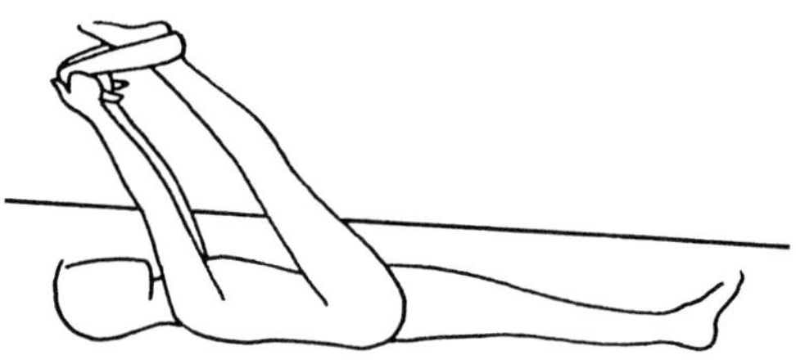

Position: Wir empfehlen wenig beweglichen Personen, die ganze Übungsabfolge mit einem Handtuch als Hilfsmittel auszuführen.

Übung 20a

Schwierigkeitsgrad: ♦♦♦
Dehnungswirkung: ***
Dynamischer Adaptationsreiz: Becken fixieren, mit einer Wippbewegung an der Dehngrenze arbeiten.
Position: Das Standbein ist noch aufgestellt, um die Beckenposition zu entlasten.
Vermeide: Hochziehen der Schultern.
Spezielles: Diese Übung hat nur dann eine gute Wirkung, wenn das Bein mit der Kraft der Arme und nicht mit der Kraft der Oberschenkelmuskulatur an den Körper herangezogen wird.
Es ist sinnvoll, die Übung Schritt für Schritt aufzubauen, wie es hier dargestellt wird, und nicht mit einer der schwierigsten Positionen anzufangen, da der Körper sonst überfordert und der Dehnungseffekt klein ist.
Die ganze Übung kann mit einem Handtuch als Hilfsmittel ausgeführt werden, so daß die Schultern am Boden und die WS gestreckt bleiben.

Schwierigkeitsgrad ♦ leicht, ♦♦ mittel, ♦♦♦ schwierig
Dehnungswirkung * niedrig, ** gut, *** sehr gut

Übung 20b

Position: Spielbein leicht gebeugt maximal heranziehen.

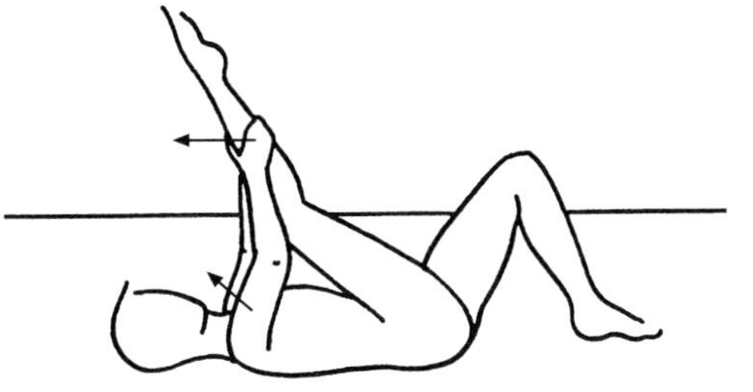

Übung 20c

Position: Das Spielbein strecken.

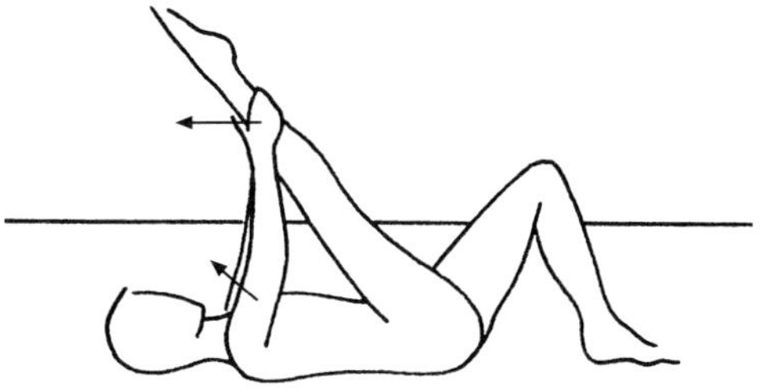

Übung 20d

Position: Das Standbein strecken, so wird das Becken leicht gekippt, das Spielbein ist ganz wenig gebeugt.

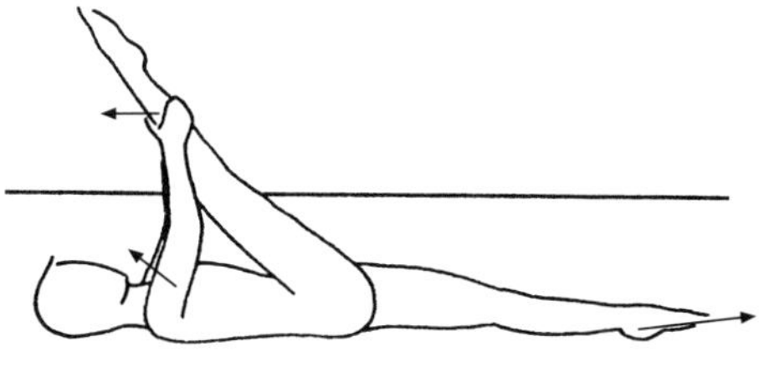

Übung 20e

Position: Das Spielbein wieder strecken, das Standbein bleibt gestreckt.

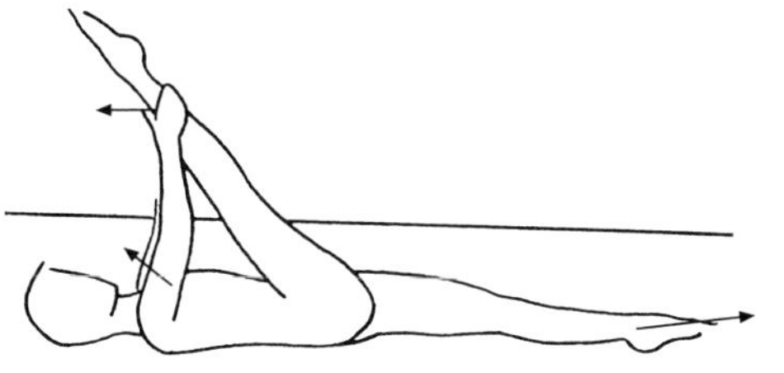

Schwierigkeitsgrad ♦ leicht, ♦♦ mittel, ♦♦♦ schwierig
Dehnungswirkung * niedrig, ** gut, *** sehr gut

Übung 20f

Position: Beide Füße anziehen.
Die Füße wieder strecken, und das Bein zum Boden senken.
Fortgeschrittene können die nächste Übungsabfolge anhängen.

Übung 21

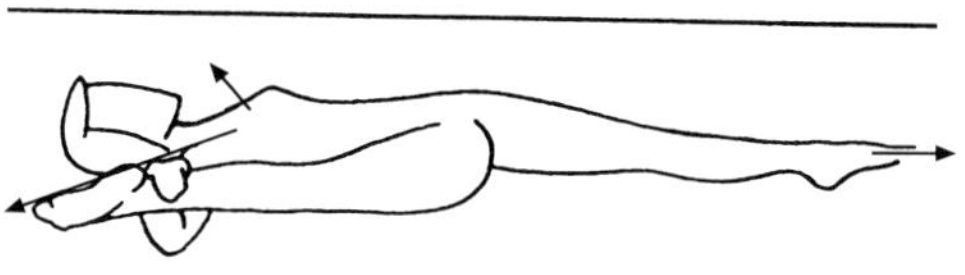

Schwierigkeitsgrad: ♦ ♦ ♦
Dehnungswirkung: ***
Dynamischer Adaptationsreiz: Zug verstärken.
Position: Das Bein innen an der Wade oder am Fußgelenk halten und diagonal nach oben ziehen.
Vermeide: Halten im Knie, das Bein zur Seite führen.
Spezielles: In dieser Übung werden die Innenmuskeln des Oberschenkels mit einbezogen, das macht die Übung so schwierig und intensiv.
Das Bein zurück in die Körpermitte führen und auf den Boden senken.
Wer möchte, kann die nächste Übungsabfolge anhängen.

Übung 22a

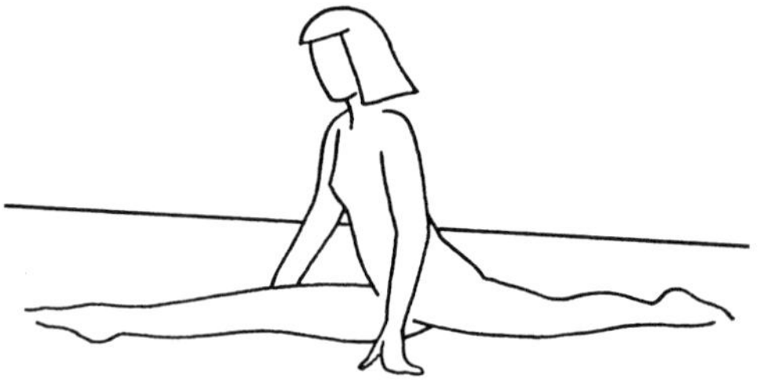

Schwierigkeitsgrad: ♦ ♦ ♦
Dehnungswirkung: ***
Dynamischer Adaptationsreiz: nicht nötig.
Position: Über die Seite in einen Spagat rollen.
Vermeide: die Position, wenn sie eine Überforderung ist.
Spezielles: Oberkörper gut abstützen.

Schwierigkeitsgrad ♦ leicht, ♦♦ mittel, ♦♦♦ schwierig
Dehnungswirkung * niedrig, ** gut, *** sehr gut

Übung 22b

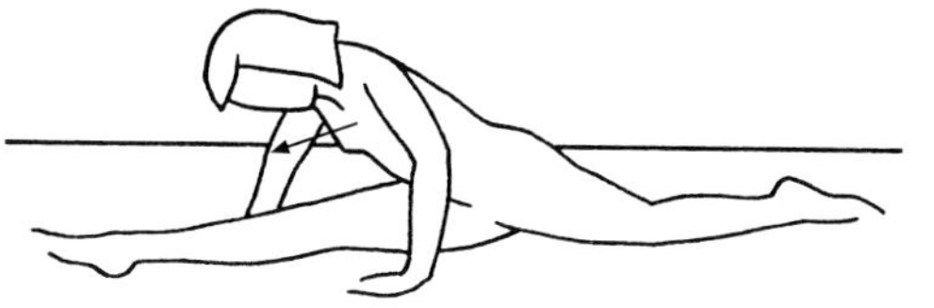

Position: Nach-vorne-Senken des Oberkörpers.

Übung 22c

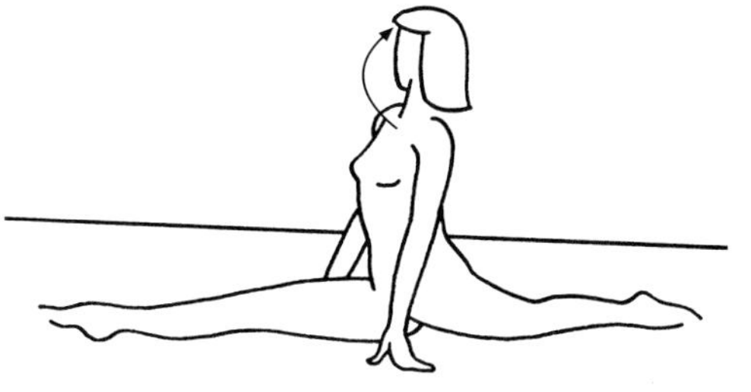

Position: Rotation und Nach-hinten-Ziehen des Oberkörpers.
Zurück auf den Rücken rollen, das Spielbein zur Körpermitte führen, zum Boden senken, ausruhen und nachspüren.

Übung 23

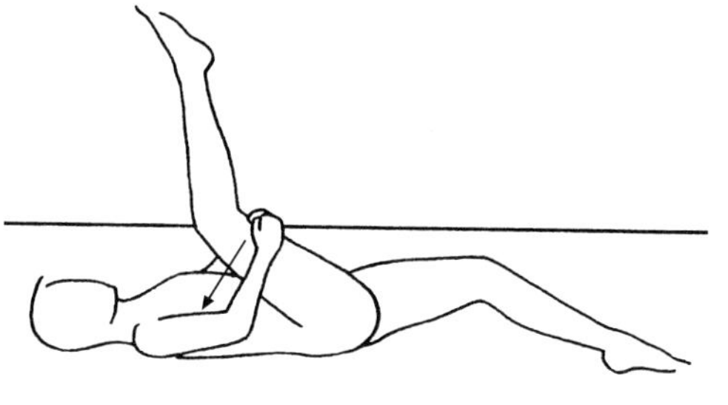

Schwierigkeitsgrad: ♦
Dehnungswirkung: -
Dynamischer Adaptationsreiz: leichte Wippbewegung.
Position: Halteposition am Oberschenkel.
Spezielles: Wir empfehlen diese Ausführung der Übung *nicht*. Das Halten am Oberschenkel verhindert einen Dehnungseffekt, da die Arbeit des Oberschenkels vorne größer ist, als der Dehnungsreiz auf die hintere Muskulatur.

Persönliche Ergänzungen
Schwierigkeitsgrad:
Dehnungswirkung:
Dynamischer Adaptationsreiz:
Position:
Vermeide:
Spezielles:

Schwierigkeitsgrad ♦ leicht, ♦♦ mittel, ♦♦♦ schwierig
Dehnungswirkung * niedrig, ** gut, *** sehr gut

5.2 Pflichtbereich 2 – vordere Oberschenkelmuskulatur

Hüftbeuger:

M. rectus femoris – gerader Schenkelmuskel

M. pectineus – Kammuskel

M. iliopsoas – Hüftlendenmuskel

M. tensor fasciae latae – Spanner der Schenkelbinde

Kniestrecker:

M. vastus lateralis – äußerer Oberschenkelmuskel
M. vastus intermedius – mittlerer Oberschenkelmuskel
M. vastus medialis – innerer Oberschenkelmuskel

Bei Dehnungsübungen mit gestrecktem Knie werden die Hüftbeuger gedehnt. Wird das Knie gebeugt, der Fuß an das Becken gezogen, kommen zusätzlich die Kniestrecker-Muskeln dazu.

Übung 24

Schwierigkeitsgrad: ♦
Dehnungswirkung: **
Dynamischer Adaptationsreiz: Becken aufrichten.
Position: Knie bei Knie, WS langgezogen.
Vermeide: Den Fuß nicht maximal an das Becken heranziehen.
Spezielles: Wenn der Fuß in die Hand gelegt wird, wird die Muskelspannung im M. rectus femoris erhöht und der Dehnreiz verstärkt. Die Übung wird *nur empfohlen, wenn das Knie nicht maximal gebeugt wird*, da sonst die Kniebelastung zu groß ist.

Durch Abstützen Haltemuskulatur entlasten und das Gleichgewicht verbessern.

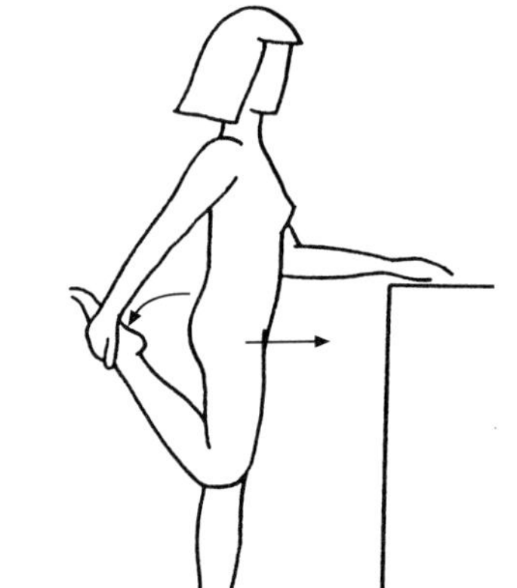

Schwierigkeitsgrad ♦ leicht, ♦♦ mittel, ♦♦♦ schwierig
Dehnungswirkung * niedrig, ** gut, *** sehr gut

Übung 25

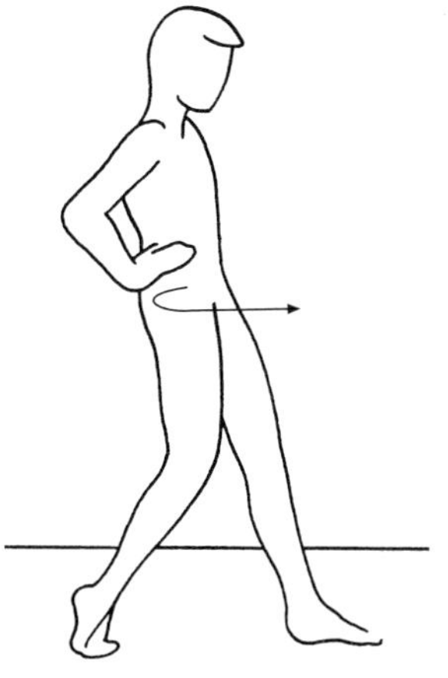

Schwierigkeitsgrad: ♦ ♦
Dehnungswirkung: *
Dynamischer Adaptationsreiz: Aufrichten des Beckens.
Position: Fußposition hüftbreit.
Vermeide: -
Spezielles: Die Muskelaktivität ist durch die Halte- und Balancearbeit groß, weshalb die Position statisch nicht zu lange gehalten werden sollte, die Dehnung beschränkt sich auf den Leistungsbereich.

Übung 26

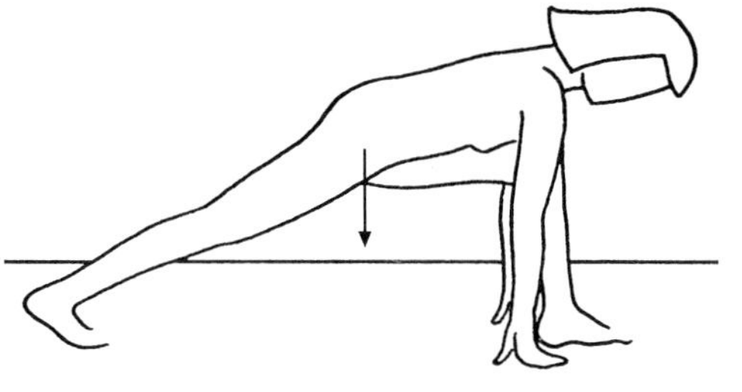

Schwierigkeitsgrad: ♦
Dehnungswirkung: ***
Dynamischer Adaptationsreiz: Heben und Senken des Beckens.
Position: Oberkörper am Oberschenkel oder am Boden abstützen, vorderer Oberschenkel senkrecht.
Vermeide: diese Übung bei Abschwächung der Hüftbeuger.
Spezielles: Der Körper muß abgestützt sein, denn sonst müssen die gleichen Muskeln, welche gedehnt werden, auch die Haltearbeit leisten, was eine große Anforderung ist und eine Überlastung sein kann.

Schwierigkeitsgrad ♦ leicht, ♦ ♦ mittel, ♦ ♦ ♦ schwierig
Dehnungswirkung * niedrig, ** gut, *** sehr gut

Übung 27a

Schwierigkeitsgrad: ♦
Dehnungswirkung: ***
Dynamischer Adaptationsreiz: Becken heben und senken.
Position: Oberkörper am Boden abstützen, vorderer Unterschenkel senkrecht.
Vermeide: zu engen Kniewinkel.
Spezielles: Durch das Ablegen des Unterschenkels wird der Leistenbereich entlastet. Diese Übung soll laut Forschung der Universität Bayreuth effizienter sein als die Übung 31a/b.

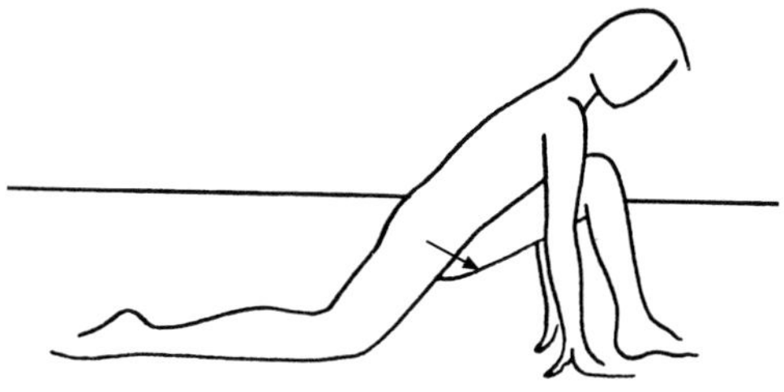

Übung 27b

Schwierigkeitsgrad: ♦ ♦ ♦
Dehnungswirkung: ***
Dynamischer Adaptationsreiz: –
Position: Den Fuß in die Hand nehmen.
Vermeide: einen maximalen Kniewinkel.
Spezielles: Ob der angezogene Fuß vom gleichseitigen Arm oder dem gegenüberliegenden Arm gehalten wird, hängt davon ab, was dem Dehnenden leichter fällt.

Übung 28

Schwierigkeitsgrad: ♦
Dehnungswirkung: **
Dynamischer Adaptationsreiz: Becken aufrichten.
Position: Standbein leicht gebeugt.
Vermeide: -
Spezielles: Die Muskelaktivität ist durch die Halte- und Balancearbeit groß, deshalb sollte die Position statisch nicht zu lange gehalten werden.

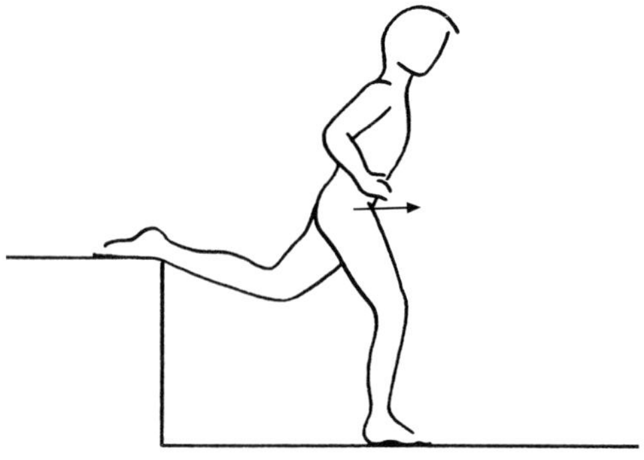

Schwierigkeitsgrad ♦ leicht, ♦♦ mittel, ♦♦♦ schwierig
Dehnungswirkung * niedrig, ** gut, *** sehr gut

Übung 29

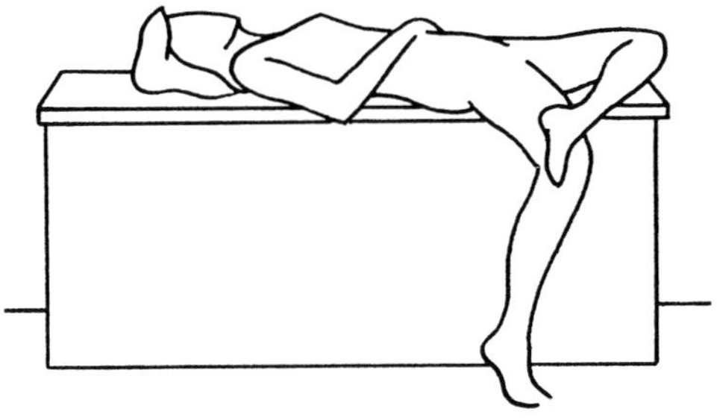

Schwierigkeitsgrad: ♦
Dehnungswirkung: **
Dynamischer Adaptationsreiz: mehr Druck auf den Oberschenkel.
Position: Der Fuß liegt auf dem nach unten hängenden Oberschenkel.
Vermeide: Hyper-Lordosierung der LWS.
Spezielles: Das gedehnte Bein sollte so wenig als möglich vom Körper abgespreizt sein, da sonst der Dehneffekt kleiner ist.

Übung 30

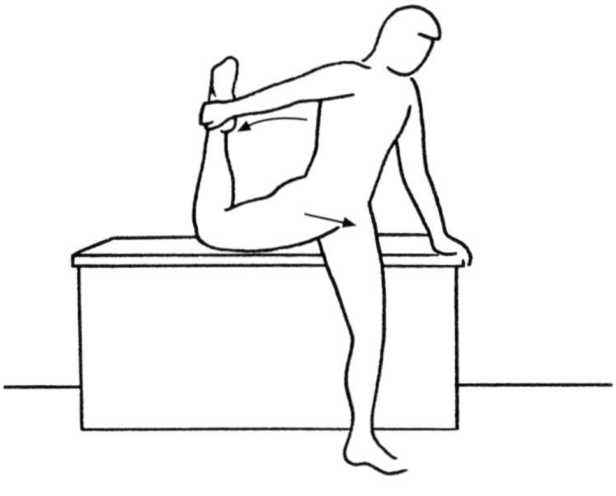

Schwierigkeitsgrad: ♦ ♦ ♦
Dehnungswirkung: ***
Dynamischer Adaptationsreiz: Aufrichten des Beckens.
Position: In der Dehnung Fuß in Richtung Becken ziehen.
Vermeide: zu engen Kniewinkel.
Spezielles: Verstärkung der Dehnung durch Einbeziehen der Kniestrecker.

Übung 31a

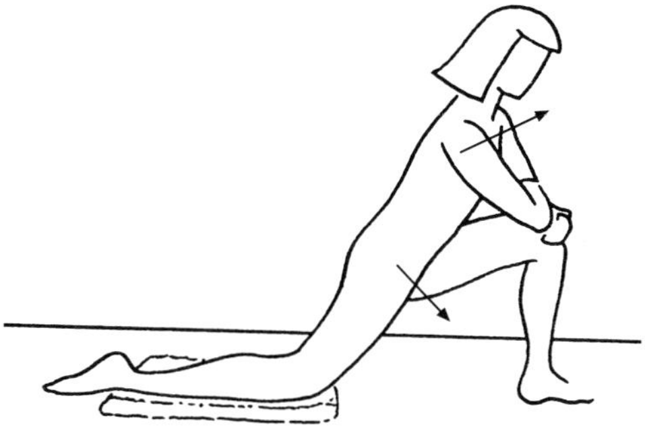

Schwierigkeitsgrad: ♦
Dehnungswirkung: ***
Dynamischer Adaptationsreiz: Becken nach vorne schieben.
Position: Oberkörper ist abgestützt.
Vermeide: Innenrotation des gedehnten Beines. Vorderer Kniewinkel ca. 90°.
Spezielles: Ist der Körper am Oberschenkel abgestützt, sei die Dehnwirkung – laut Forschung der Universität Bayreuth – aufgehoben.

Schwierigkeitsgrad ♦ leicht, ♦ ♦ mittel, ♦ ♦ ♦ schwierig
Dehnungswirkung * niedrig, ** gut, *** sehr gut

Übung 31b

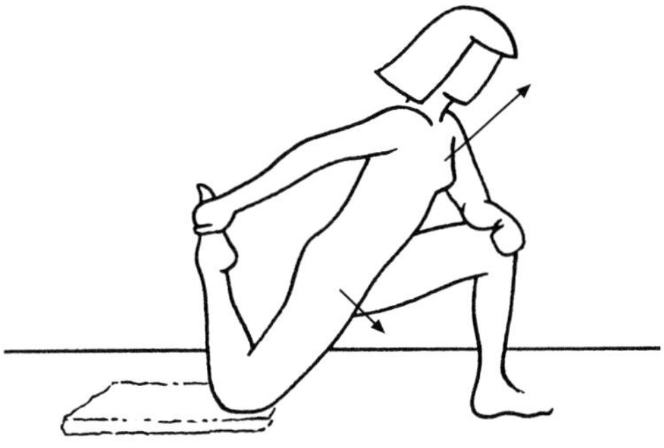

Schwierigkeitsgrad: ♦ ♦ ♦
Dehnungswirkung: ***
Dynamischer Adaptationsreiz: Fuß näher an das Becken ziehen, Becken nach vorne schieben.
Position: Auflagefläche des hinteren Beines ist der Oberschenkelmuskelansatz. Wenn der Fuß mit der anderen Hand gehalten wird, verbessert sich die Stabilität, es gibt jedoch mehr Rotation im Knie.
Vermeide: die Kniescheibe als Auflagefläche, maximaler Kniewinkel.
Spezielles: siehe Übung 27a

Übung 32

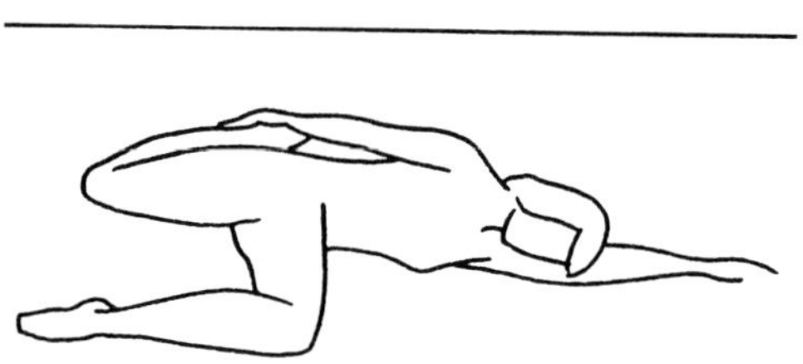

Schwierigkeitsgrad: ♦ ♦ ♦
Dehnungswirkung: **
Dynamischer Adaptationsreiz: Becken aufrichten.
Position: Oberschenkel des gedehnten Beines ist parallel zum Boden.
Vermeide: Knie zu hoch, Knie zu weit vorne, unsicheres Gleichgewicht.
Spezielles: Die Muskelaktivität ist durch die Halte- und Balancearbeit groß, eine optimale Dehnposition schwierig auszuführen.

Übung 33

Schwierigkeitsgrad: ♦
Dehnungswirkung: *
Dynamischer Adaptationsreiz: Becken aufrichten.
Position: Beine hüftbreit geöffnet.
Vermeide: -
Spezielles: Es ist schwierig, ohne Kniebelastung diese Position einzunehmen. Die Muskelaktivität ist durch die Halte- und Balancearbeit groß, deshalb ist der Dehneffekt nicht optimal. Dieselbe Übung *im Fersensitz* ist eine zu große Kniebelastung und wird *nicht* empfohlen.

Schwierigkeitsgrad ♦ leicht, ♦♦ mittel, ♦♦♦ schwierig
Dehnungswirkung * niedrig, ** gut, *** sehr gut

Übung 34

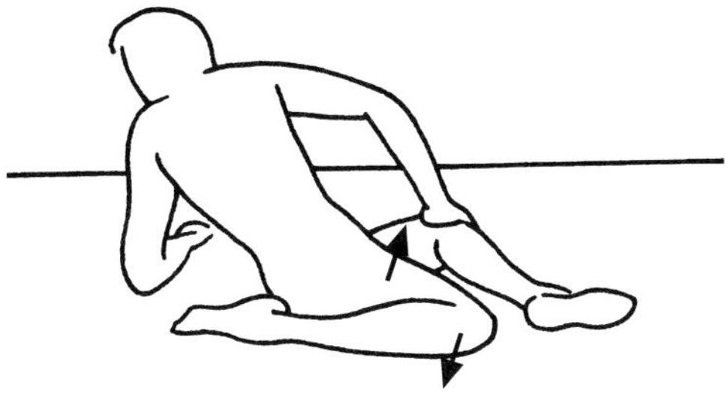

Schwierigkeitsgrad: ♦♦♦
Dehnungswirkung: ***
Dynamischer Adaptationsreiz: Aufrichten des Beckens.
Position: Der Ellbogen liegt auf der Längsachse des Körpers, das vordere Knie so nah als möglich zur vorderen Hand ziehen, das Becken aufrichten.
Vermeide: Ellbogen seitlich hinlegen, die Ferse des gedehnten Beines weiter als 15 cm vom Becken entfernt.
Spezielles: Wird diese Position korrekt ausgeführt, ist die Dehnung sehr effizient, und die Knie sind in einer sicheren Position.

Übung 35

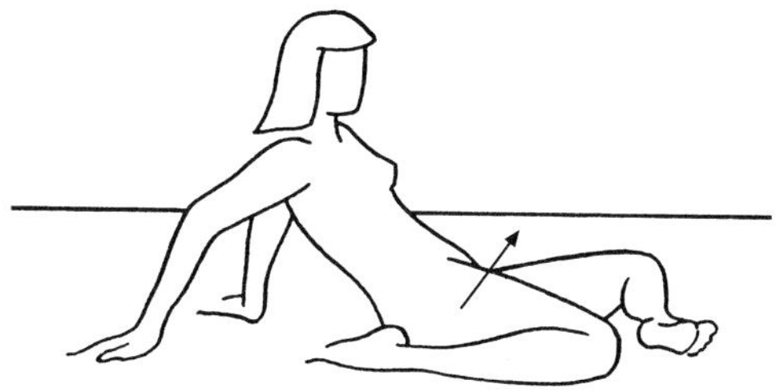

Schwierigkeitsgrad: ♦
Dehnungswirkung: ***
Dynamischer Adaptationsreiz: Aufrichten des Beckens.
Position: Auf beiden Händen abstützen.
Vermeide: die Übung, wenn das Knie schmerzt, einen größeren Abstand als 15 cm zwischen Fuß und Becken, Fuß unter Bekken.
Spezielles: Diese Übung ist sehr wirksam, das Knie durch die Rotation jedoch leicht belastet.
Bewegliche Personen dürfen sich auf den Ellbogen abstützen.

Übung 36

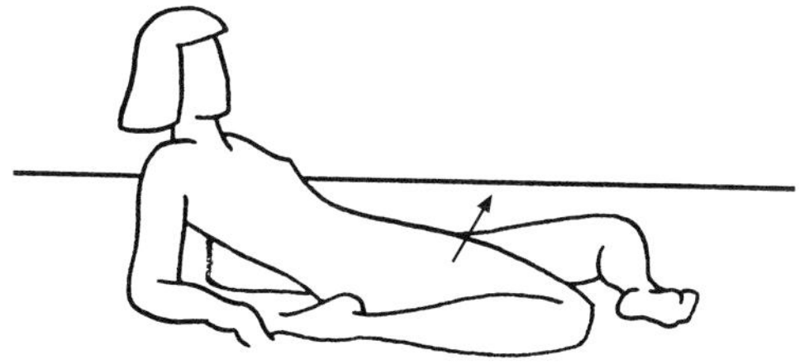

Schwierigkeitsgrad: ♦♦
Dehnungswirkung: ***
Dynamischer Adaptationsreiz: -
Position: Der Oberkörper wird auf den Ellbogen abgestützt.
Vermeide: diese Position bei Knieproblemen.
Spezielles: So ist das Dehnungsgefühl verstärkt, die Übung ist sehr wirksam, das Knie durch die Rotation jedoch leicht belastet.

Schwierigkeitsgrad ♦ leicht, ♦♦ mittel, ♦♦♦ schwierig
Dehnungswirkung * niedrig, ** gut, *** sehr gut

Übung 37

Schwierigkeitsgrad: ♦ ♦
Dehnungswirkung: ***
Dynamischer Adaptationsreiz: -
Position: Beide Arme können oberhalb oder neben dem Körper liegen.
Vermeide: die Übung bei Schmerzen im Knie.
Spezielles: Diese Übung dürfen nur sehr bewegliche Personen ausführen. Durchschnittlich beweglichen Sportlerinnen und Sportlern wird diese Übung *nicht* empfohlen.

Persönliche Ergänzungen
Schwierigkeitsgrad:
Dehnungswirkung:
Dynamischer Adaptationsreiz:
Position:
Vermeide:
Spezielles:

Persönliche Ergänzungen
Schwierigkeitsgrad:
Dehnungswirkung:
Dynamischer Adaptationsreiz:
Position:
Vermeide:
Spezielles:

Persönliche Ergänzungen
Schwierigkeitsgrad:
Dehnungswirkung:
Dynamischer Adaptationsreiz:
Position:
Vermeide:
Spezielles:

Schwierigkeitsgrad ♦ leicht, ♦ ♦ mittel, ♦ ♦ ♦ schwierig
Dehnungswirkung * niedrig, ** gut, *** sehr gut

5.3 Pflichtbereich 3 – Innenmuskeln des Oberschenkels

M. pectineus – Kammuskel
M. adductor magnus – großer Oberschenkelanzieher
M. adductor longus – langer Oberschenkelanzieher
M. adductor brevis – kurzer Oberschenkelanzieher
M. gracilis – schlanker Muskel

Bei Dehnungsübungen mit gestreckten Knien wird auch der zweigelenkige M. gracilis gedehnt, bei gebeugten Knien nur die vier eingelenkigen Oberschenkelanzieher.

Übung 38

Schwierigkeitsgrad: ♦
Dehnungswirkung: *
Dynamischer Adaptationsreiz: Becken weiter seitlich schieben, Körper tiefer.
Position: Der Oberkörper ist nach vorne geneigt.
Vermeide: Rundrücken, Standbeinknie nach innen gerichtet.
Spezielles: Diese Position braucht, um korrekt durchgeführt zu werden, sehr viel Muskelaktivität. Der Anteil der Innenmuskeln, der gedehnt wird, ist klein.

Übung 39

Schwierigkeitsgrad: ♦ ♦ ♦
Dehnungswirkung: **
Dynamischer Adaptationsreiz: mehr Lordose.
Position: Aus der Sumo-Position das Becken zur Seite schieben.
Vermeide: Flachrücken, Rundrücken, den Kopf sinken zu lassen.
Spezielles: Es wird hauptsächlich der M. pectineus und der M. adductor brevis, nah am Hüftgelenk, gedehnt.

Schwierigkeitsgrad ♦ leicht, ♦♦ mittel, ♦♦♦ schwierig
Dehnungswirkung * niedrig, ** gut, *** sehr gut

Übung 40

Schwierigkeitsgrad: ♦ ♦
Dehnungswirkung: **
Dynamischer Adaptationsreiz: mehr Lordose.
Position: Gegenüberliegender Arm stützt am Boden ab, Oberkörper tiefer senken.
Vermeide: Flachrücken, Rundrücken, Kopf zu tief.
Spezielles: Abstützen auf den Fingerspitzen, so daß die WS gestreckt und das Brustbein gehoben bleibt.

Übung 41

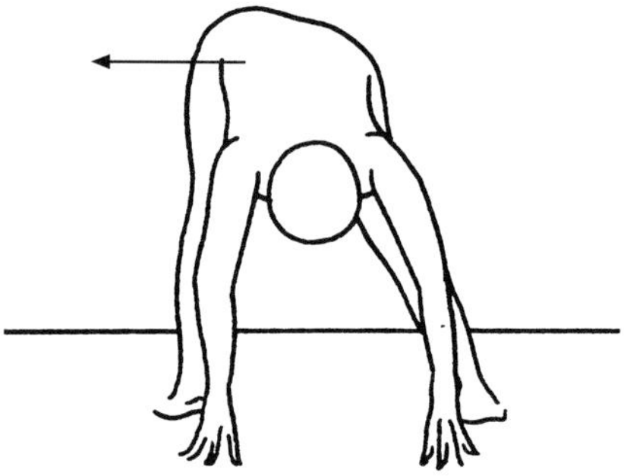

Schwierigkeitsgrad: ♦ ♦
Dehnungswirkung: ***
Dynamischer Adaptationsreiz: mehr Lordose.
Position: beide Beine gestreckt.
Vermeide: die Position, wenn der Körper noch nicht abgestützt werden kann.
Spezielles: Das Dehnungsgefühl ist nah am Hüftgelenk.

Übung 42

Schwierigkeitsgrad: ♦ ♦ ♦
Dehnungswirkung: **
Dynamischer Adaptationsreiz: Das Bein höher ziehen, Fuß anziehen.
Position: Oberkörper weit genug vorne abstützen (Standbein senkrecht).
Vermeide: diese Übung bei wenig Beweglichkeit.
Spezielles: Folgeübung aus der Übung Nr. 7 des 1. Pflichtdehnbereiches.

Schwierigkeitsgrad ♦ leicht, ♦ ♦ mittel, ♦ ♦ ♦ schwierig
Dehnungswirkung * niedrig, ** gut, *** sehr gut

Übung 43

Schwierigkeitsgrad: ♦
Dehnungswirkung: *
Dynamischer Adaptationsreiz: Oberkörper näher zum Bein ziehen.
Position: Das aufgelegte Bein ist nach außen rotiert.
Vermeide: die Position bei Schmerzen im Hüftgelenk.
Spezielles: Diese Position wird auch *mit parallelem Spielbein* unterrichtet, das ist eine Innenrotation im Hüftgelenk und eine Hüftgelenksbelastung, so wird die Übung *nicht* empfohlen.

Übung 44

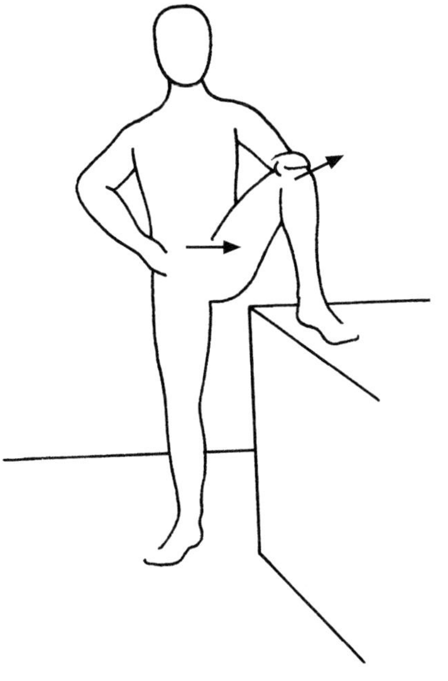

Schwierigkeitsgrad: ♦ ♦
Dehnungswirkung: *
Dynamischer Adaptationsreiz: Becken seitlich verschieben.
Position: Das aufgelegte Bein ist nach außen rotiert und hoch genug aufgestellt.
Vermeide: zu tiefe Abstellfläche.
Spezielles: Bei dieser Position werden nur die kurzen Adduktoren gedehnt.

Schwierigkeitsgrad ♦ leicht, ♦ ♦ mittel, ♦ ♦ ♦ schwierig
Dehnungswirkung * niedrig, ** gut, *** sehr gut

Übung 45

Schwierigkeitsgrad: ♦
Dehnungswirkung: *
Dynamischer Adaptationsreiz: Oberkörper nach vorne ziehen.
Position: Die Füße weit genug vom Becken entfernt.
Vermeide: –
Spezielles: Die Übung hat nur wenig Effizienz, wenn die Füße zu nahe beim Becken sind.

Übung 46a

Schwierigkeitsgrad: ♦ ♦ ♦
Dehnungswirkung: ***
Dynamischer Adaptationsreiz: Becken mehr kippen.
Position: Das Becken ist gekippt, das Brustbein gehoben.
Vermeide: Rundrücken.
Spezielles: Die Beckenkippung soll mit den Händen unterstützt werden. Wenig beweglichen Personen empfehlen wir, auf einer Erhöhung zu sitzen.

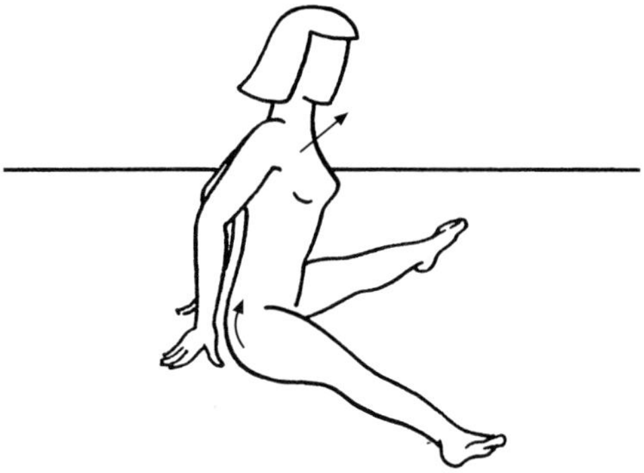

Übung 46b

Position: Knie beugen, Becken nachkippen.
Spezielles: Das ist eine gute Einstiegsübung für noch wenig bewegliche Personen.

Übung 46c

Position: Knie gestreckt, Füße angezogen.

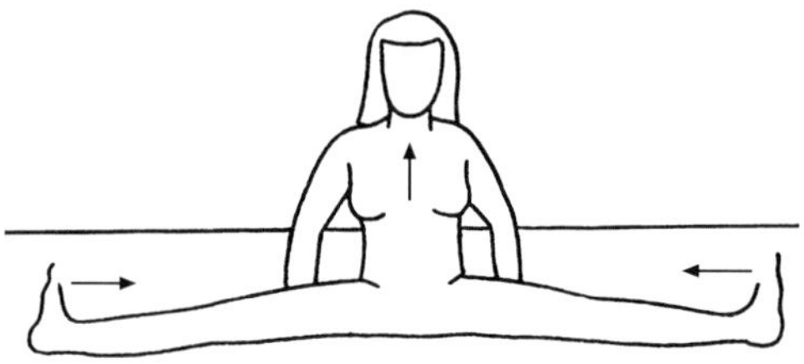

Schwierigkeitsgrad ♦ leicht, ♦♦ mittel, ♦♦♦ schwierig
Dehnungswirkung * niedrig, ** gut, *** sehr gut

Übung 46d

Position: Oberkörper *innerhalb* der Beine zur Seite ziehen.
Vermeide: den Oberkörper hinter das Knie, zum Knie oder nach unten zu ziehen.
Spezielles: Die BWS bleibt stabilisiert, der Oberkörper muß abgestützt sein.

Übung 46e

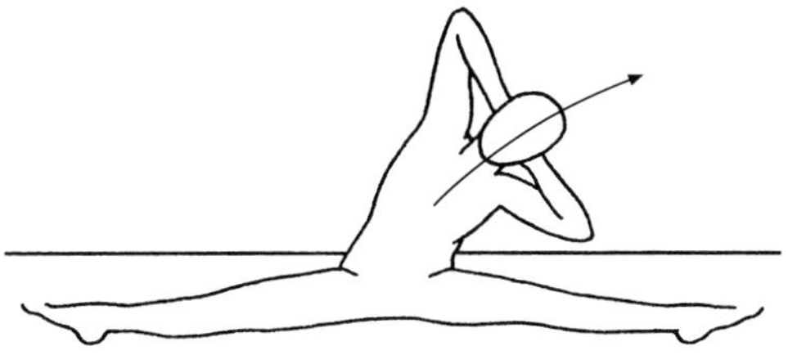

Position: Der Oberkörper darf nur so lange zur Seite geneigt werden, wie das Brustbein oben gehalten werden kann.

Übung 46f

Position: Oberkörper abgestützt, Arm lang.

Übung 46g

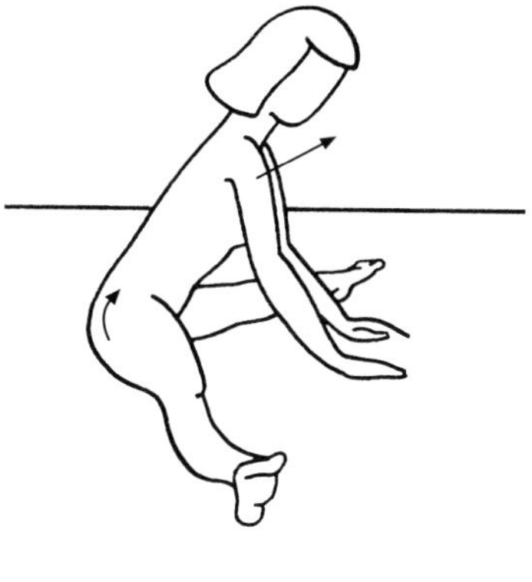

Position: Oberkörper mit Latissimus-Zug nach vorne ziehen.

Schwierigkeitsgrad ♦ leicht, ♦♦ mittel, ♦♦♦ schwierig
Dehnungswirkung * niedrig, ** gut, *** sehr gut

Übung 46h

Position: Auf Unterarmen abgestützt nach vorne ziehen, die WS muß immer langgezogen sein.

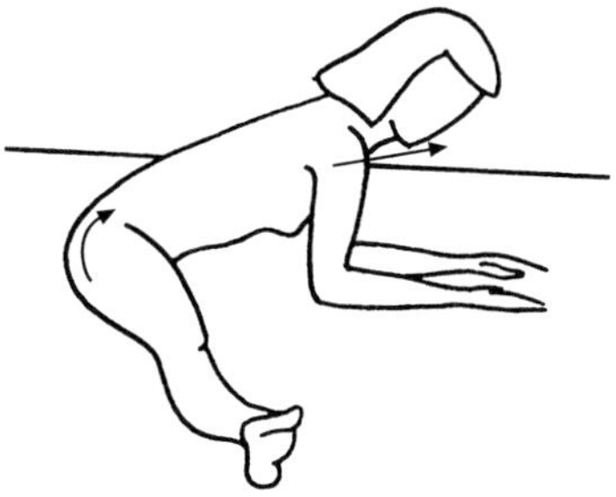

Übung 46i

Position: Oberkörper auf den Boden legen. Jetzt dürfen die Beine leicht nach innen rotieren.

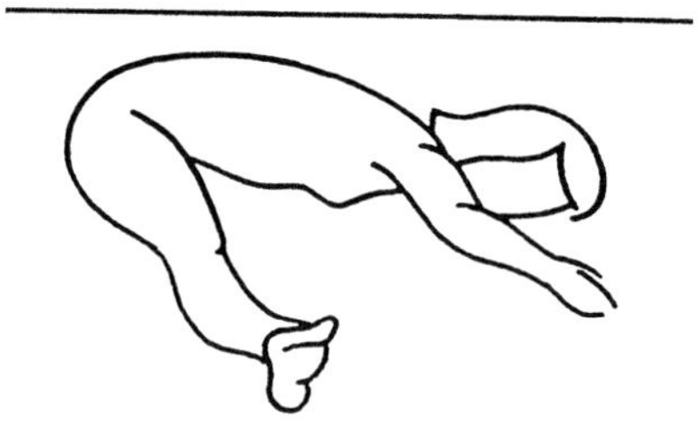

Übung 47a

Schwierigkeitsgrad: ♦
Dehnungswirkung: ***
Dynamischer Adaptationsreiz: Beine mehr nach unten ziehen.
Position: Das Brustbein bleibt gehoben.
Vermeide: Beine näher oder weiter als 90° vom Körper.
Spezielles: Wenn der Dehnungsschmerz unangenehm ist, werden die Beine von außen abgestützt.

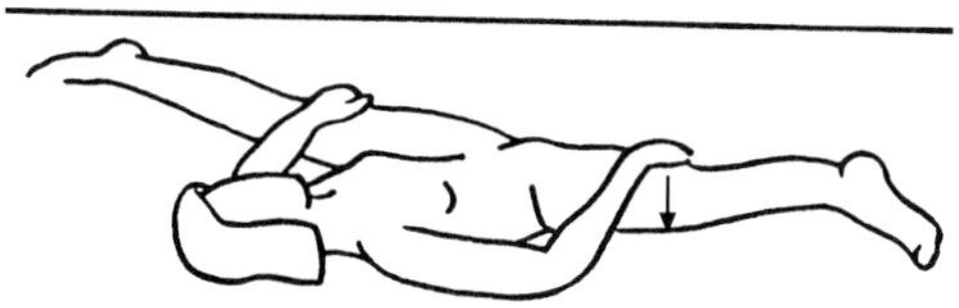

Übung 47b

Position: Beide Knie leicht beugen, nachsinken.

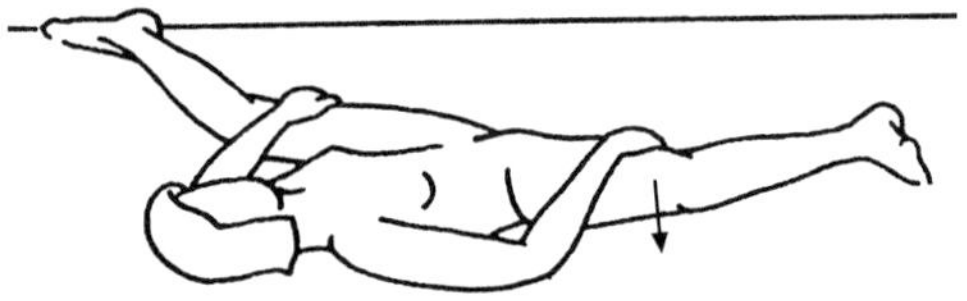

Schwierigkeitsgrad ♦ leicht, ♦♦ mittel, ♦♦♦ schwierig
Dehnungswirkung * niedrig, ** gut, *** sehr gut

Übung 47c

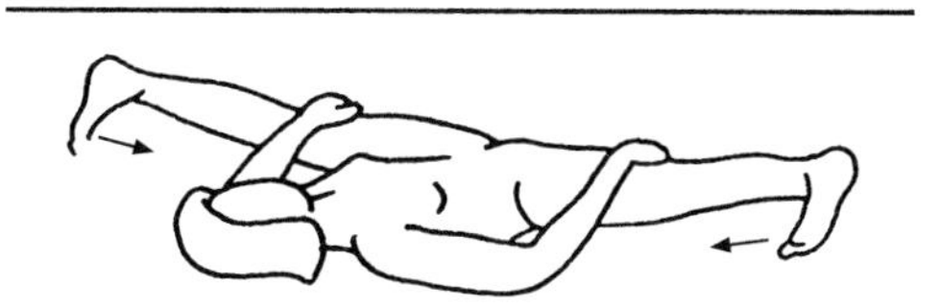

Position: Beide Knie sind gestreckt, die Füße sind angezogen.

Übung 48a

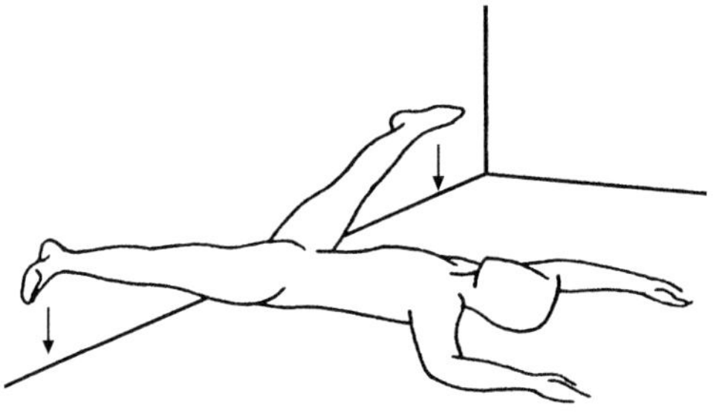

Schwierigkeitsgrad: ♦
Dehnungswirkung: ***
Dynamischer Adaptationsreiz: Becken kippen.
Position: Das Gesäß ist so nah an der Wand als möglich.
Vermeide: -
Speziellеs: Diese Übung ist die effizienteste Adduktorendehnung. Durch niedrige Muskelaktivität kann ausgezeichnet entspannt werden. Die Position immer mit Hilfe der Hände auflösen.

Übung 48b

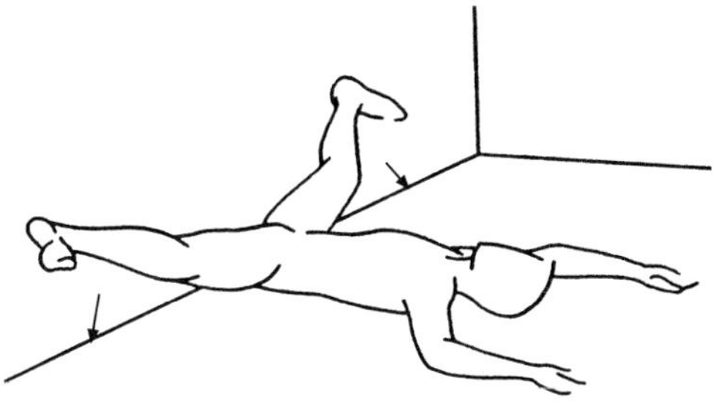

Position: Beide Knie beugen, dann wieder strecken.

Übung 49

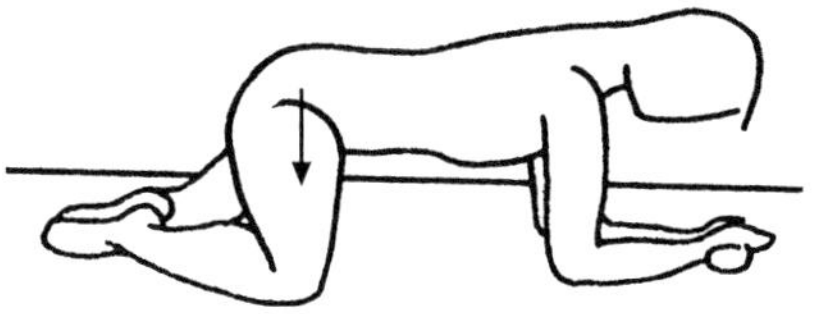

Schwierigkeitsgrad: ♦♦
Dehnungswirkung: **
Dynamischer Adaptationsreiz: -
Position: „Frosch"
Vermeide: die Übung bei Schmerzen im Hüftgelenk.
Spezielles: Diese Übung wird mit geschlossenen und geöffneten Füßen unterrichtet. Bei Schmerzen im Kniegelenk die Übung vermeiden.

Schwierigkeitsgrad ♦ leicht, ♦♦ mittel, ♦♦♦ schwierig
Dehnungswirkung * niedrig, ** gut, *** sehr gut

Übung 50

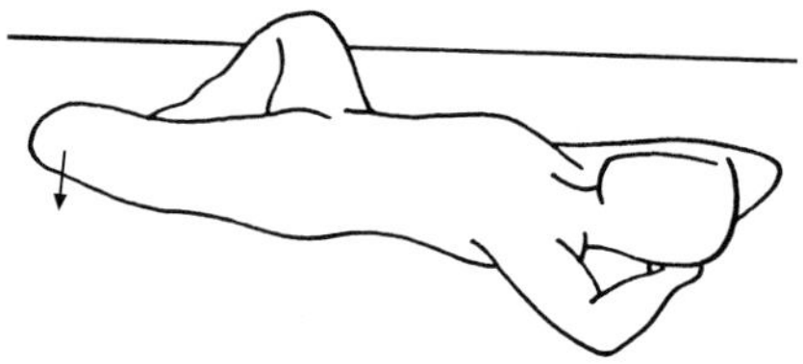

Schwierigkeitsgrad: ♦
Dehnungswirkung: *
Dynamischer Adaptationsreiz: -
Position: Füße geschlossen, Knie zum Boden sinken lassen.
Vermeide: -
Spezielles: Diese Übung ist auch für Seniorinnen und Senioren mit Hüftproblemen geeignet.

Persönliche Ergänzungen
Schwierigkeitsgrad:
Dehnungswirkung:
Dynamischer Adaptationsreiz:
Position:
Vermeide:
Spezielles:

Persönliche Ergänzungen
Schwierigkeitsgrad:
Dehnungswirkung:
Dynamischer Adaptationsreiz:
Position:
Vermeide:
Spezielles:

Persönliche Ergänzungen
Schwierigkeitsgrad:
Dehnungswirkung:
Dynamischer Adaptationsreiz:
Position:
Vermeide:
Spezielles:

Schwierigkeitsgrad ♦ leicht, ♦♦ mittel, ♦♦♦ schwierig
Dehnungswirkung * niedrig, ** gut, *** sehr gut

5.4 Pflichtbereich 4 – Brustkorb vorne

M. pectoralis major – großer Brustmuskel
M. pectoralis minor – kleiner Brustmuskel
M. biceps brachii – zweiköpfiger Armmuskel
Mm. intercostales int. – innere Zwischenrippenmuskeln
Mm. intercostales ext. – äußere Zwischenrippenmuskeln

Dehnungsübungen für den Brustkorb vorne sind zum Teil Überstreckungen der WS. Diese Positionen sind nicht wirbelsäulenbelastend, wenn *der Oberkörper in einer Vorlage ist* (Schulter weiter vorne als Becken).

Übung 51

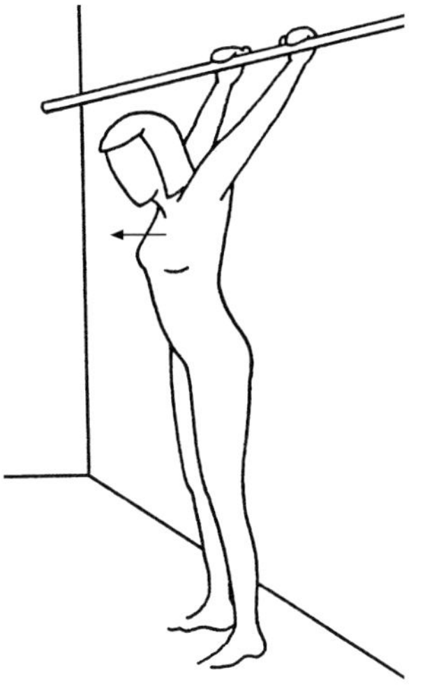

Schwierigkeitsgrad: ♦
Dehnungswirkung: **
Dynamischer Adaptationsreiz: -
Position: Arme diagonal nach oben.
Vermeide: -
Spezielles: Durch verschiedenen Abstand der Hände können unterschiedliche Anteile des Brustmuskels gedehnt werden.

Übung 52

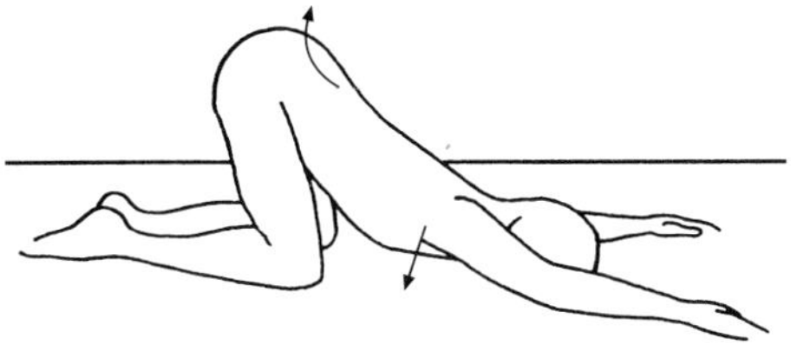

Schwierigkeitsgrad: ♦
Dehnungswirkung: ***
Dynamischer Adaptationsreiz: Abwechslungsweise rechte oder linke Schulter tiefer ziehen.
Position: -
Vermeide: -
Spezielles: Durch verschiedenen Abstand der Hände können unterschiedliche Anteile des Brustmuskels gedehnt werden.

Schwierigkeitsgrad ♦ leicht, ♦♦ mittel, ♦♦♦ schwierig
Dehnungswirkung * niedrig, ** gut, *** sehr gut

Übung 53

Schwierigkeitsgrad: ♦
Dehnungswirkung: **
Dynamischer Adaptationsreiz: -
Position: Oberkörper in der Vorlage.
Vermeide: senkrechte Position oder Überhang (Rücklage).
Spezielles: Zusätzlich kann ein maximaler Halbkreis mit den Armen von hinten oben nach hinten unten ausgeführt werden, das vergrößert die Anteile des Brustmuskels, die gedehnt werden.
Ganze Übung: Siehe Kapitel „Gegenbewegung zur Beugehaltung“, Übungen 124a bis 124e, S. 127f.

Übung 54

Schwierigkeitsgrad: ♦
Dehnungswirkung: **
Dynamischer Adaptationsreiz: Zug nach hinten.
Position: Handtuch als Hilfsmittel.
Vermeide: senkrechte Körperposition oder Überhang.
Spezielles: Das Verankern der Schulterblätter verstärkt die Dehnung.

Übung 55

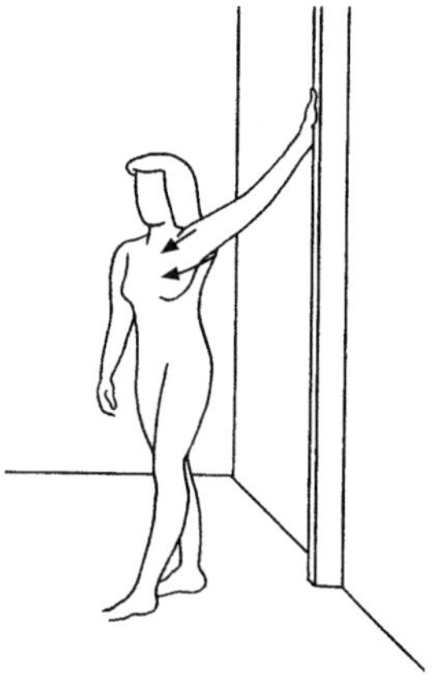

Schwierigkeitsgrad: ♦ ♦
Dehnungswirkung: **
Dynamischer Adaptationsreiz: leichte Zugbewegung.
Position: Schulterblatt verankern, Schultergelenk nach außen rotieren.
Vermeide: Innenrotation im Schultergelenk.
Spezielles: Diese Übung wird mit unterschiedlichsten Hand- und Armpositionen unterrichtet. Die Dehnung ist dann richtig, wenn das Schultergelenk außenrotiert ist.

Schwierigkeitsgrad ♦ leicht, ♦ ♦ mittel, ♦ ♦ ♦ schwierig
Dehnungswirkung * niedrig, ** gut, *** sehr gut

Übung 56

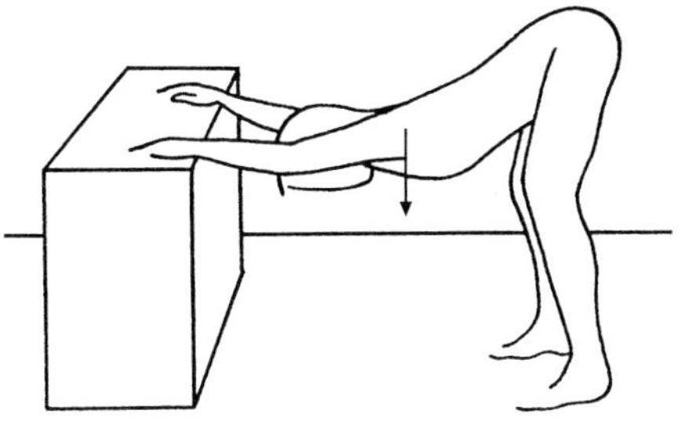

Schwierigkeitsgrad: ♦
Dehnungswirkung: **
Dynamischer Adaptationsreiz: Brustbein nach unten ziehen.
Position: Oberschenkel 90 °.
Vermeide: zu engen Kniewinkel.
Spezielles: Die Übung eignet sich nur für wenig bewegliche Personen.

Übung 57

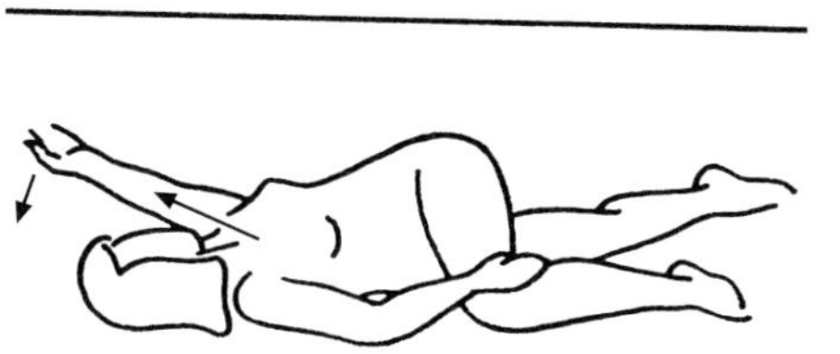

Schwierigkeitsgrad: ♦ ♦ ♦
Dehnungswirkung: ***
Dynamischer Adaptationsreiz: mehr Rotation des Oberkörpers.
Position: Hand liegt auf gegenüberliegendem Knie, Kopf rotiert zurück, Arm diagonal nach oben.
Vermeide: Arm zu hoch oben oder zur Seite, Schultergelenk nach innen rotiert.
Spezielles: Diese Übung dehnt den Brustkorb vorne *und* verbessert die Rotationsfähigkeit der Brustwirbelsäule.

Übung 58

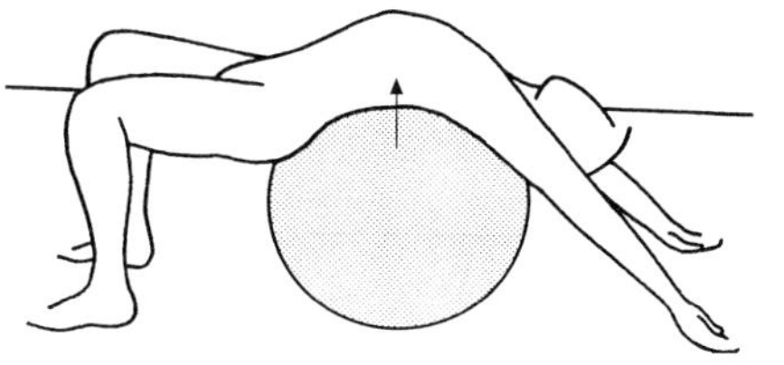

Schwierigkeitsgrad: ♦
Dehnungswirkung: ***
Dynamischer Adaptationsreiz: -
Position: Überstreckung der WS.
Vermeide: -
Spezielles: Die Abstützung auf dem Ball macht aus den üblichen Druckbelastungen auf die Wirbelsäule Zugbelastungen, das fühlt sich sehr angenehm an und ist eine äußerst wertvolle Dehnung.

Persönliche Ergänzungen
Schwierigkeitsgrad:
Dehnungswirkung:
Dynamischer Adaptationsreiz:
Position:
Vermeide:
Spezielles:

Schwierigkeitsgrad ♦ leicht, ♦♦ mittel, ♦♦♦ schwierig
Dehnungswirkung * niedrig, ** gut, *** sehr gut

5.5 Pflichtbereich 5 – Halsbereich

M. capitis – gehört zum Aufrichter des Rumpfes im HWS-Bereich
M. cervicis – gehört zum Aufrichter des Rumpfes im HWS-Bereich
M. trapezius (absteigend) – Kappenmuskel (oberster Anteil)
M. levator scapulae – Heber des Schulterblattes
M. sternocleidomastoideus – Kopfwender
M. m. scaleni – Treppenmuskel

Lassen Sie für die Dehnungen des Halsbereiches das Brustbein immer gehoben. *Das Ausführen des hinteren Halbkreises ist verboten!*

Übung 59

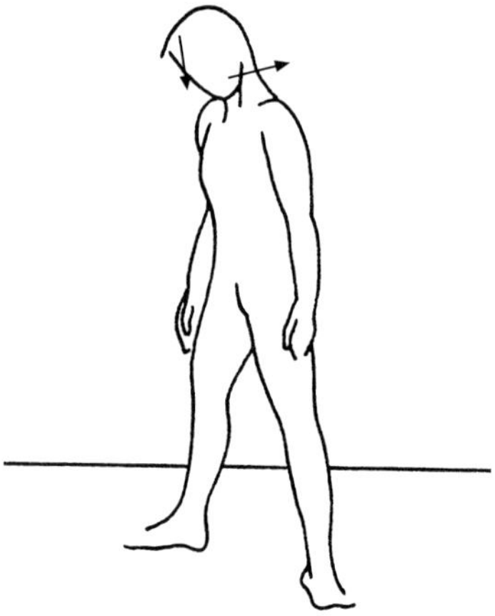

Schwierigkeitsgrad: ♦
Dehnungswirkung: ***
Dynamischer Adaptationsreiz: -
Position: Brustbein hoch, Kinn zum Kehlkopf, Nasenspitze zum Brustbein ziehen.
Vermeide: Schultern vorne, das Brustbein unten.
Spezielles: Die Dehnung ist in der HWS nur wirksam, wenn das Brustbein maximal gehoben ist.

Übung 60

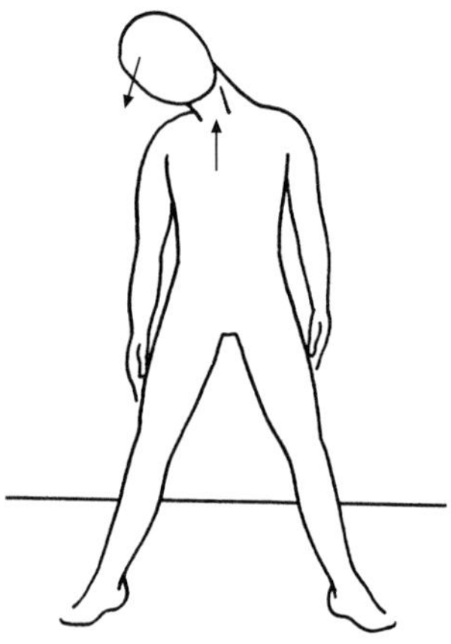

Schwierigkeitsgrad: ♦
Dehnungswirkung: **
Dynamischer Adaptationsreiz: -
Position: Seitneigung des Kopfes.
Vermeide: Neigung oder Beugung des Oberkörpers.
Spezielles: -

Schwierigkeitsgrad ♦ leicht, ♦♦ mittel, ♦♦♦ schwierig
Dehnungswirkung * niedrig, ** gut, *** sehr gut

Übung 61

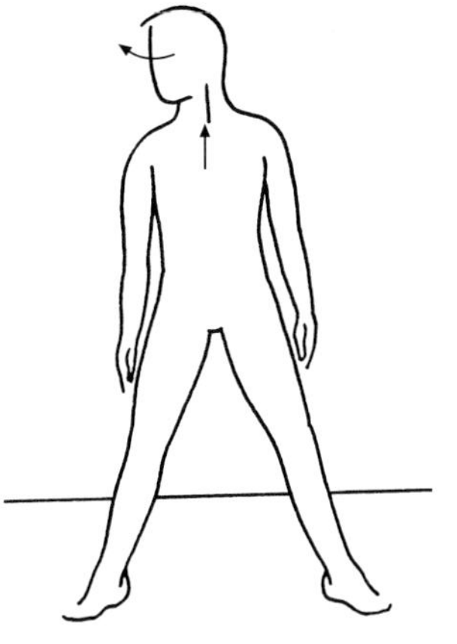

Schwierigkeitsgrad: ♦
Dehnungswirkung: **
Dynamischer Adaptationsreiz: -
Position: Rotation des Kopfes nach rechts und links.
Vermeide: Schräglage des Kopfes.
Spezielles: Das Brustbein bleibt gehoben.

Übung 62

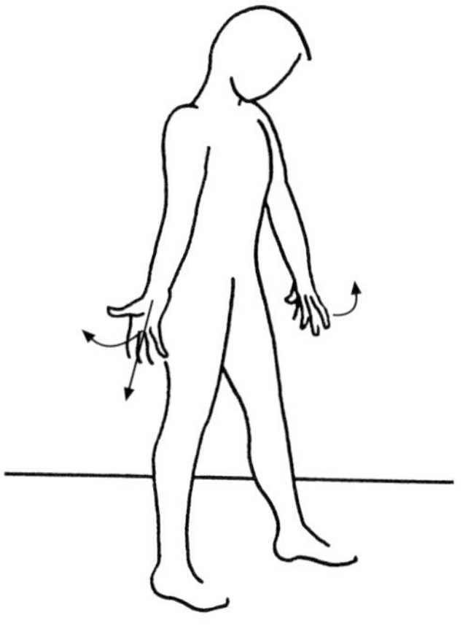

Position: Alle Dehnungen können mit außen rotierten Armen ausgeführt werden, das stabilisiert die Schulterblätter und den Schultergürtel. Die Außenrotation verstärkt die Dehnung.

Übung 63

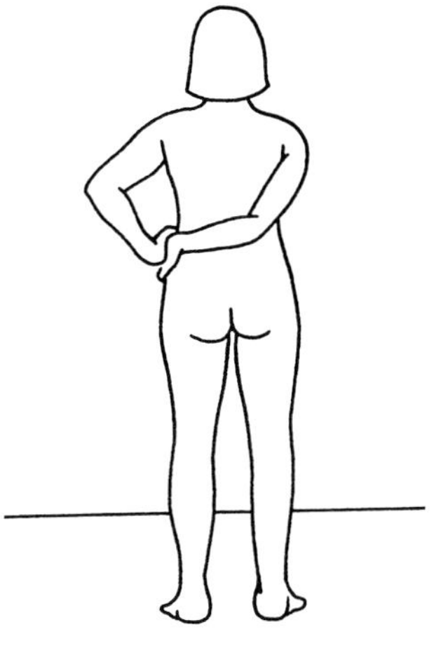

Position: Hände auf Hüfte stabilisiert. Das einseitige Verankern und Stabilisieren des Schultergelenkes verstärkt die Dehnung, obwohl die Ausgangslage, durch die Innenrotation im Schultergelenk, nicht optimal ist.

Schwierigkeitsgrad ♦ leicht, ♦♦ mittel, ♦♦♦ schwierig
Dehnungswirkung * niedrig, ** gut, *** sehr gut

Übung 64

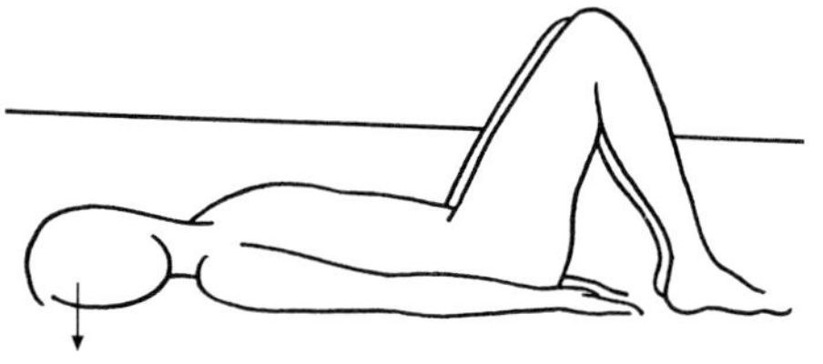

Schwierigkeitsgrad: ♦
Dehnungswirkung: ***
Dynamischer Adaptationsreiz: -
Position: Ein Ohr liegt auf der Längsachse, die Nasenspitze zieht zum Boden und zur Schulter.
Vermeide: Kinn nach vorne gestreckt.
Spezielles: Das leichte Kippen des Beckens verstärkt die Dehnung.

Übung 65

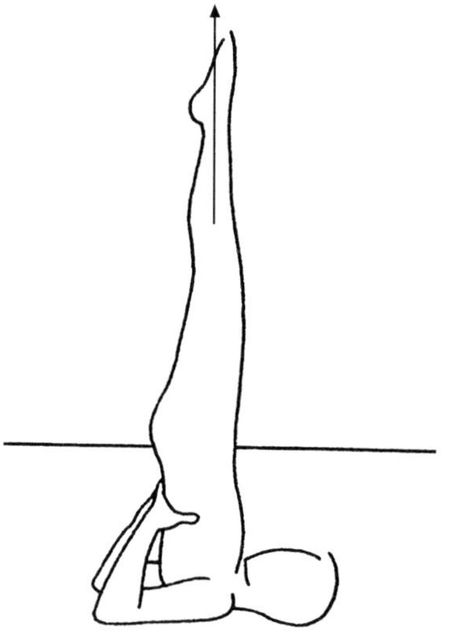

Schwierigkeitsgrad: ♦ ♦ ♦
Dehnungswirkung: *
Dynamischer Adaptationsreiz: -
Position: Das Körpergewicht ist auf den Armen und Schultern abgestützt.
Vermeide: die Übung bei HWS-Problemen.
Spezielles: Obwohl die Umkehrung des Körpers zu einer sehr guten Aktivierung aller Systeme im Körper führt, bedeutet diese Übung eine Belastung für die HWS und kann nur mit Vorbehalt unterrichtet werden.

Persönliche Ergänzungen
Schwierigkeitsgrad:
Dehnungswirkung:
Dynamischer Adaptationsreiz:
Position:
Vermeide:
Spezielles:

Persönliche Ergänzungen
Schwierigkeitsgrad:
Dehnungswirkung:
Dynamischer Adaptationsreiz:
Position:
Vermeide:
Spezielles:

Schwierigkeitsgrad ♦ leicht, ♦♦ mittel, ♦♦♦ schwierig
Dehnungswirkung * niedrig, ** gut, *** sehr gut

5.6 Pflichtbereich 6 – Bauch

M. rectus abdominis – gerader Bauchmuskel
M. obliquus internus abdominis – innerer schräger Bauchmuskel
M. obliquus externus abdominis – äußerer schräger Bauchmuskel
Mm. intercostales externi – Zwischenrippenmuskeln

Der gerade Bauchmuskel kann nicht isoliert gedehnt werden. Bei den Dehnungen des Brustkorbes vorne und der Gegenbewegung zur Beugehaltung wird er immer mitgedehnt.

Übung 66

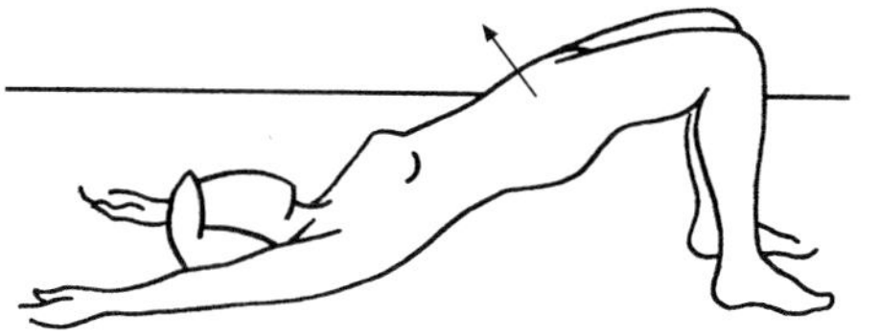

Schwierigkeitsgrad: ♦
Dehnungswirkung: *
Dynamischer Adaptationsreiz: Becken erhöhen.
Position: Oberkörper ist auf dem Schultergürtel abgestützt.
Vermeide: zu hohe Beckenstellung.
Spezielles: Die Beine stehen etwas breiter als das Hüftgelenk, sonst ist die Dehnung hauptsächlich in den Hüftbeugern. Mit einer tiefen Bauchatmung kann die Dehnung verstärkt werden.

Übung 67

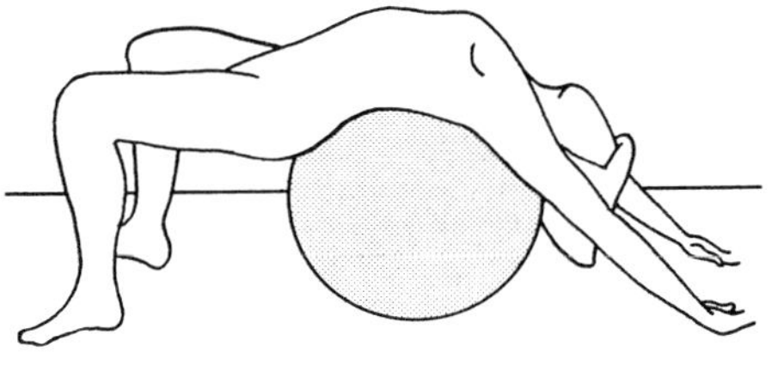

Schwierigkeitsgrad: ♦
Dehnungswirkung: ***
Dynamischer Adaptationsreiz:
Position: Das Körpergewicht wird vom Ball getragen.
Vermeide: -
Spezielles: intensive Dehnung ohne WS-Belastung.

Schwierigkeitsgrad ♦ leicht, ♦♦ mittel, ♦♦♦ schwierig
Dehnungswirkung * niedrig, ** gut, *** sehr gut

Übung 68

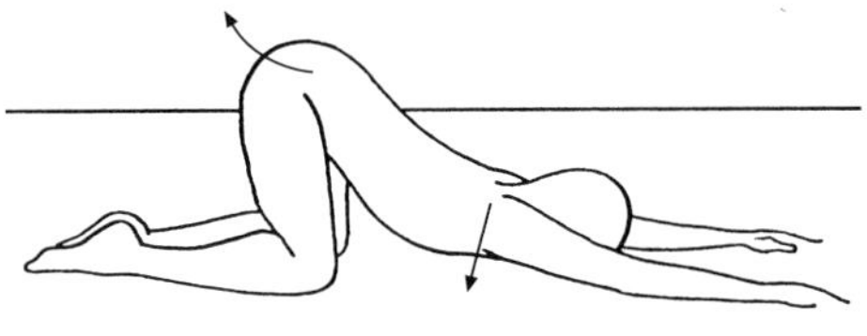

Schwierigkeitsgrad: ♦
Dehnungswirkung: **
Dynamischer Adaptationsreiz: -
Position: Oberschenkel sind senkrecht.
Vermeide: maximalen Kniewinkel.
Spezielles: hervorragende Kombination von Bauchdehnung und WS-Streckung.

Übung 69

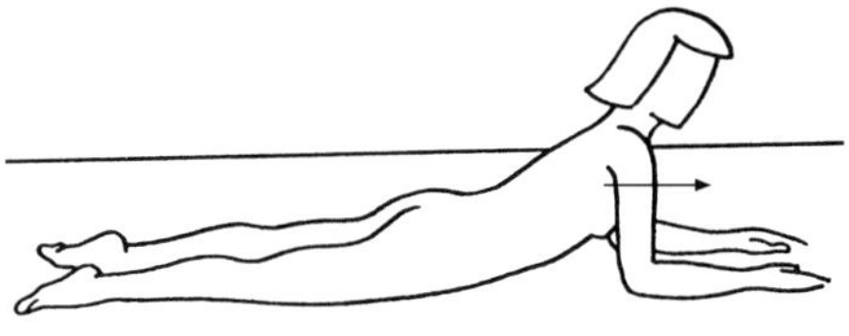

Schwierigkeitsgrad: ♦
Dehnungswirkung: ***
Dynamischer Adaptationsreiz: Latissimus-Zug.
Position: Auf den Unterarmen abgestützt, die Beine leicht nach außen rotiert.
Vermeide: Vorstrecken des Kinns.
Spezielles: Wenn die Ellbogen abgehoben werden und der Oberkörper höher hinaufgezogen wird, ist diese Übung wirbelsäulenbelastend.

Übung 70

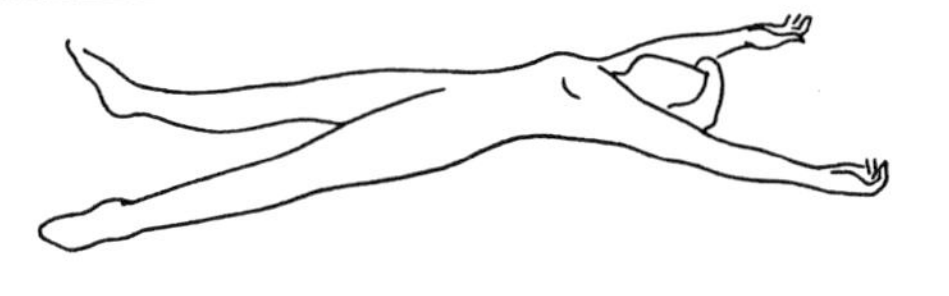

Schwierigkeitsgrad: ♦♦
Dehnungswirkung: *
Dynamischer Adaptationsreiz: –
Position: Lendenlordose zulassen.
Vermeide: die Arme zu hoch.
Spezielles: Bei zu großem Zug im Brustkorb oder in der Lendenwirbelsäule sollen die Arme mehr seitlich abgelegt werden. Dann muß die Übung aufgebaut werden. Eine Wirbelsäulenunterstützung mit einem Lordosekissen ist sehr angenehm und entspannend.

Schwierigkeitsgrad ♦ leicht, ♦♦ mittel, ♦♦♦ schwierig
Dehnungswirkung * niedrig, ** gut, *** sehr gut

5.7 Pflichtbereich 7 – Gesäßmuskeln und Außenrotatoren

M. glutaeus maximus – großer Gesäßmuskel
M. glutaeus medius – mittlerer Gesäßmuskel
M. piriformis – birnenförmiger Muskel
weitere Außenrotatoren

Für Personen, die eine Tendenz zu Ischiasschmerzen haben, ist die Dehnung dieses Bereiches sehr wichtig. Bei akuten Ischiasschmerzen darf *nicht* gedehnt werden.

Übung 71

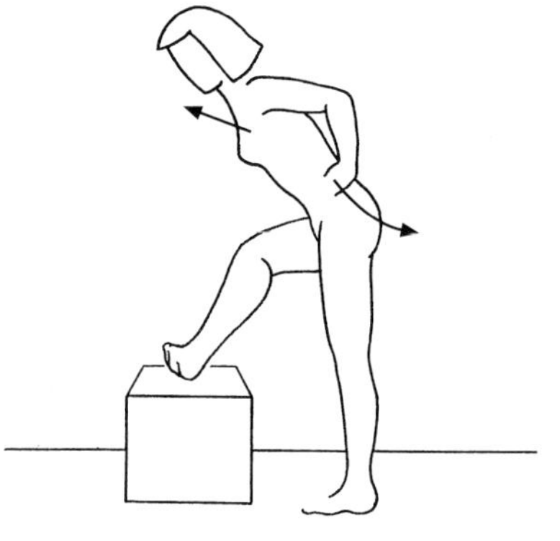

Schwierigkeitsgrad: ♦♦
Dehnungswirkung: ***
Dynamischer Adaptationsreiz: Becken mehr kippen.
Position: Das Bein ist gebeugt und nach außen rotiert.
Vermeide: Flachrücken, Rundrücken.
Spezielles: Stehend kann es schwierig sein, den Piriformis zu finden.

Übung 72

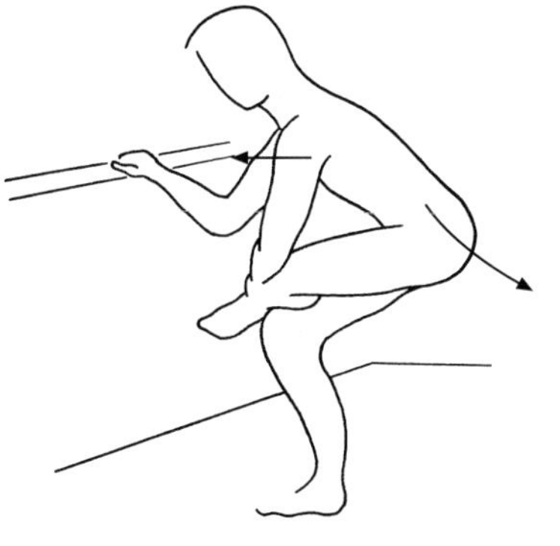

Schwierigkeitsgrad: ♦♦
Dehnungswirkung: **
Dynamischer Adaptationsreiz: Becken kippen.
Position: Das Fußgelenk gut auf den Oberschenkel ablegen.
Vermeide: Rundrücken.
Spezielles: Diese Übung nur mit Haltemöglichkeit ausführen.

Schwierigkeitsgrad ♦ leicht, ♦♦ mittel, ♦♦♦ schwierig
Dehnungswirkung * niedrig, ** gut, *** sehr gut

Übung 73

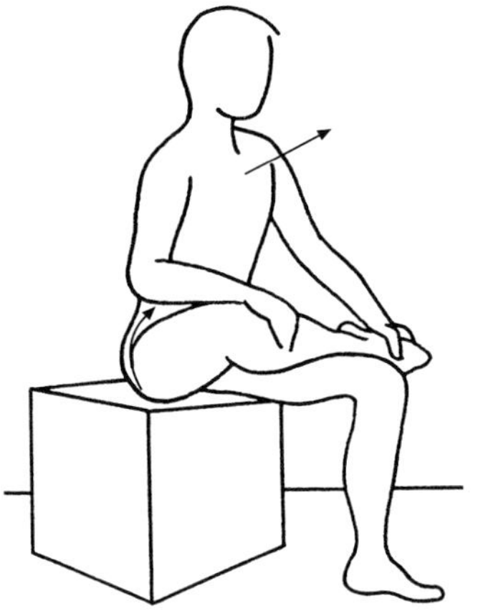

Schwierigkeitsgrad: ♦
Dehnungswirkung: ***
Dynamischer Adaptationsreiz: Becken kippen.
Position: Am Stuhlrand sitzen, das Becken kippen.
Vermeide: die Übung bei Hüftgelenksschmerzen.
Spezielles: Diese Übung eignet sich besonders gut für Seniorinnen und Senioren, darf aber bei Hüftgelenksschmerzen *nicht* ausgeführt werden.

Übung 74

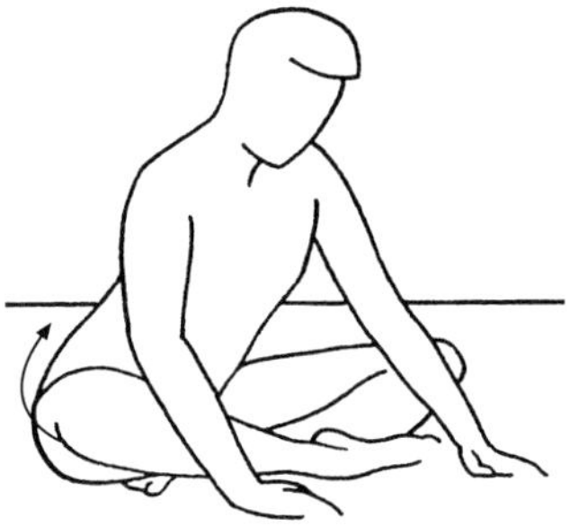

Schwierigkeitsgrad: ♦
Dehnungswirkung: ***
Dynamischer Adaptationsreiz: Becken mehr kippen.
Position: Oberkörper ist gestreckt und abgestützt.
Vermeide: die Übung bei Knieschmerzen.
Spezielles: Durch die Rotation und den engen Winkel im Knie ist diese Übung kniebelastend.

Übung 75

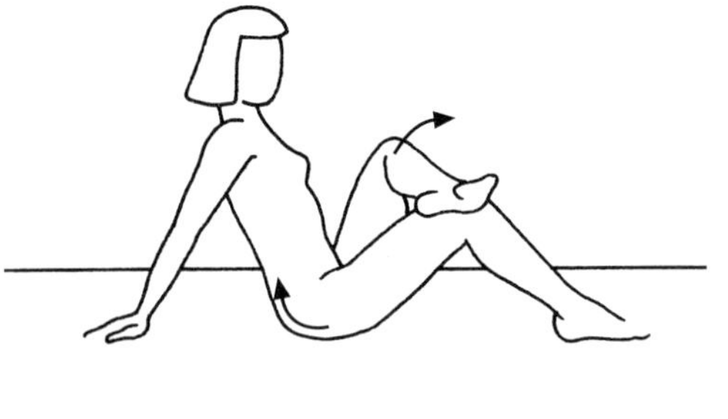

Schwierigkeitsgrad: ♦
Dehnungswirkung: ***
Dynamischer Adaptationsreiz: Becken mehr kippen, Fuß anziehen.
Position: Becken kippen.
Vermeide: Hände und Fuß zu nahe am Becken.
Spezielles: Übung wegen der Muskelaktivität nicht zu lange halten.

Schwierigkeitsgrad ♦ leicht, ♦♦ mittel, ♦♦♦ schwierig
Dehnungswirkung * niedrig, ** gut, *** sehr gut

Übung 76

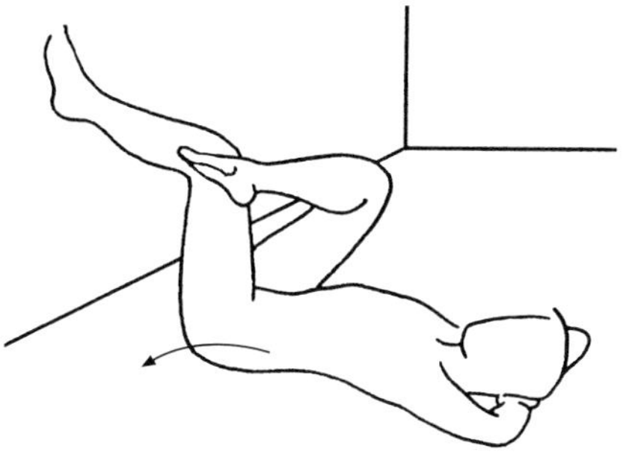

Position: Unter- und Oberschenkel des abgestützten Beines bilden einen Winkel von 90°.
Spezielles: Durch weniger Muskelaktivität der Haltemuskulatur ist eine intensivere Dehnung möglich.

Übung 77

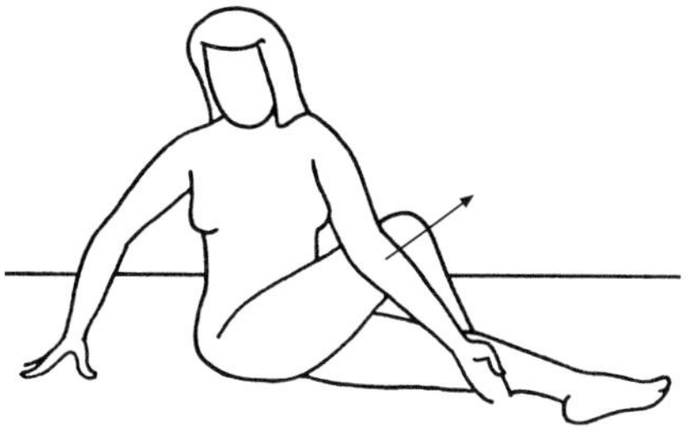

Schwierigkeitsgrad: ♦♦
Dehnungswirkung: *
Dynamischer Adaptationsreiz: Knie weiter nach innen drücken.
Position: Oberkörper zum gedehnten Bein rotiert.
Vermeide: Rundrücken.
Spezielles: Diese Übung ist nicht sehr präzise. Dehnungswirkung nur bei wenig beweglichen Personen.

Übung 78

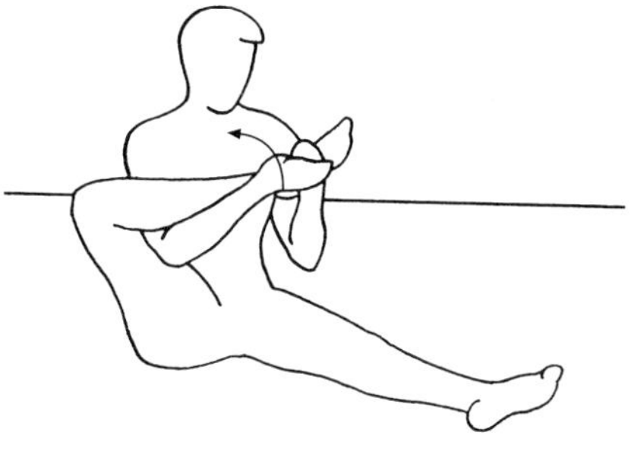

Schwierigkeitsgrad: ♦♦
Dehnungswirkung: *
Dynamischer Adaptationsreiz: -
Position: Das Bein an den Körper heranziehen.
Vermeide: Rundrücken.
Spezielles: Diese Übung ist nicht präzise, man tendiert dazu, in der WS auszuweichen, was einer WS-Belastung entspricht. Sie wird *nicht* empfohlen.

Schwierigkeitsgrad ♦ leicht, ♦♦ mittel, ♦♦♦ schwierig
Dehnungswirkung * niedrig, ** gut, *** sehr gut

Übung 79

Schwierigkeitsgrad: ♦ ♦
Dehnungswirkung: ***
Dynamischer Adaptationsreiz: -
Position: Der Fuß wird auf den Oberschenkel gelegt, das Knie mit den Händen an den Körper herangezogen.
Vermeide: die Übung bei schlechter Schulter-, Hals- und Kopfposition, Halten am Schienbein (zu enger Kniewinkel).
Spezielles: Das Halten am Kniegelenk ist keine Überlastung des Knies, wer das Knie noch nicht fassen kann, darf am Oberschenkel halten. Die Dehnung ist dann weniger effizient, da der Hebel schlechter ist.

Persönliche Ergänzungen
Schwierigkeitsgrad:
Dehnungswirkung:
Dynamischer Adaptationsreiz:
Position:
Vermeide:
Spezielles:

Persönliche Ergänzungen
Schwierigkeitsgrad:
Dehnungswirkung:
Dynamischer Adaptationsreiz:
Position:
Vermeide:
Spezielles:

Persönliche Ergänzungen
Schwierigkeitsgrad:
Dehnungswirkung:
Dynamischer Adaptationsreiz:
Position:
Vermeide:
Spezielles:

Schwierigkeitsgrad ♦ leicht, ♦ ♦ mittel, ♦ ♦ ♦ schwierig
Dehnungswirkung * niedrig, ** gut, *** sehr gut

5.8 Pflichtbereich 8 – Wadenbereich

M. gastrocnemius – Zwillingsmuskel
M. soleus – Schollenmuskel
M. flexor digitorum longus – langer Zehenbeuger
M. flexor hallucis longus – langer Großzehenbeuger

Werden die Dehnungen mit gestrecktem Knie ausgeführt, wird hauptsächlich der M. gastrocnemius gedehnt, bei gebeugtem Knie der eingelenkige M. soleus. Beide Muskeln enden in der Achillessehne.

Übung 80a

Schwierigkeitsgrad: ♦♦♦
Dehnungswirkung: **
Dynamischer Adaptationsreiz: Becken weiter nach vorne schieben.
Position: Das Brustbein bleibt gehoben.
Vermeide: zu große Außenrotation des zu dehnenden Beines.
Spezielles: Druck mit den Händen gegen ein Hindernis verstärkt die Dehnung. Die gleiche Übung wird auch frei in der Halle unterrichtet, hat dann aber weniger Wirkung.

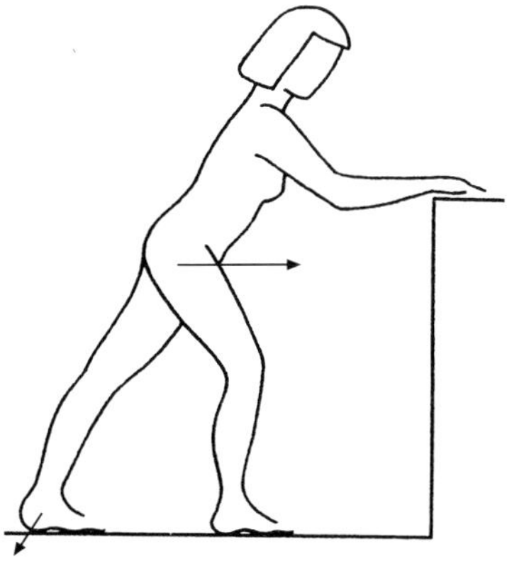

Übung 80b

Position: Das hintere Bein wird gebeugt, die Ferse bleibt am Boden, die Dehnung findet jetzt hauptsächlich im M. soleus statt. Die Soleus-Dehnung ist wichtig für alle Laufsportler.

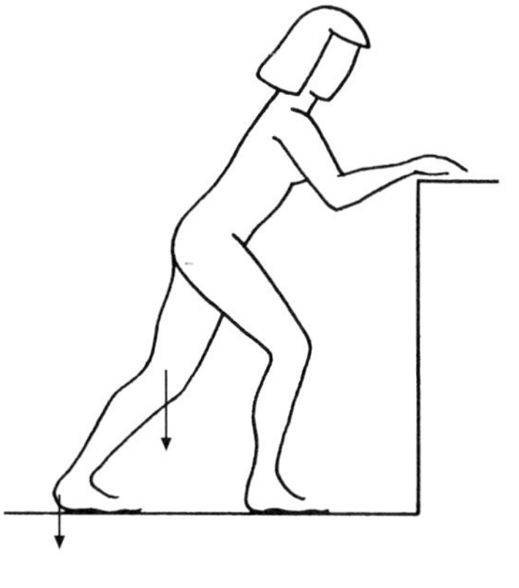

Schwierigkeitsgrad ♦ leicht, ♦♦ mittel, ♦♦♦ schwierig
Dehnungswirkung * niedrig, ** gut, *** sehr gut

Übung 81a

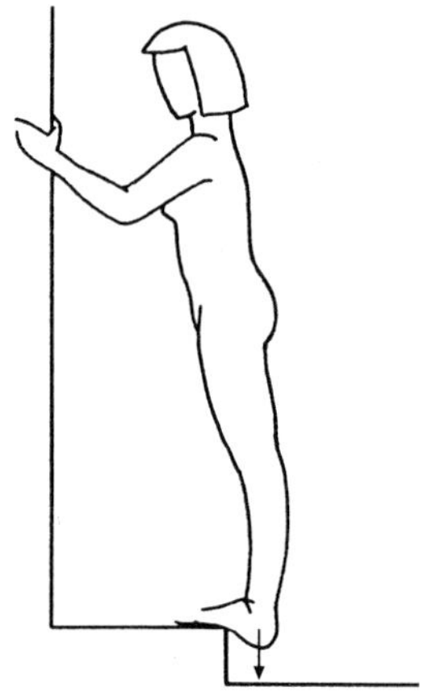

Schwierigkeitsgrad: ♦
Dehnungswirkung: ***
Dynamischer Adaptationsreiz: -
Position: Wadendehnung auf der Treppe. Das Gewicht des Körpers nach unten sinken lassen.
Vermeide: Füße zu weit vorne positioniert.
Spezielles: Das eigene Gewicht verstärkt die Dehnung.

Übung 81b

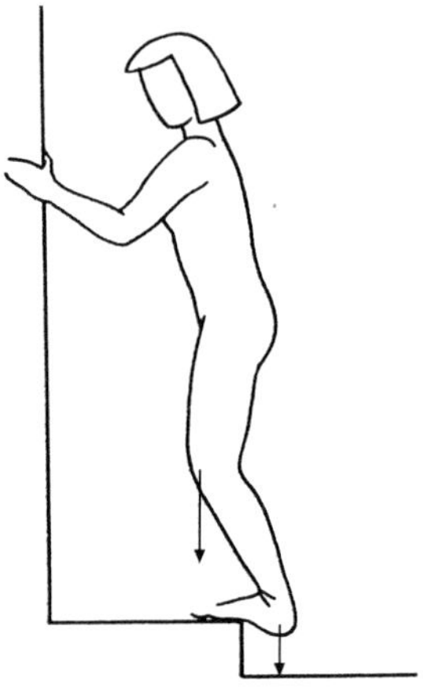

Position: Wadendehnung auf der Treppe mit gebeugten Knien. Dehnung hauptsächlich im M. soleus.

Übung 82a

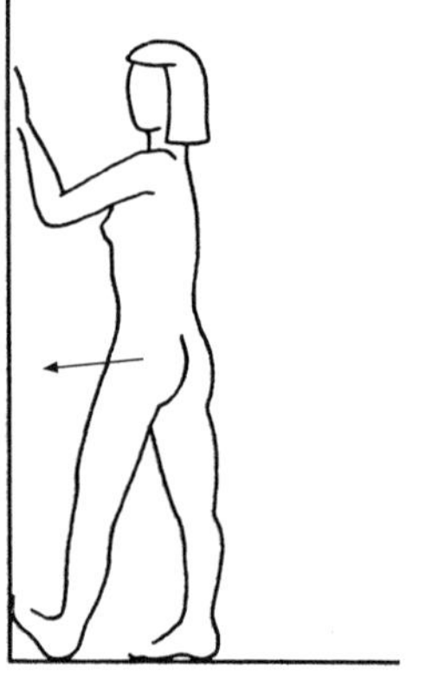

Schwierigkeitsgrad: ♦
Dehnungswirkung: ***
Dynamischer Adaptationsreiz: Becken weiter vor schieben.
Position: Becken nach vorne Richtung Wand schieben.
Vermeide: -
Spezielles: Diese Position dehnt zusätzlich die Zehenbeuger. Diese Dehnung ist äußerst effizient und kann überall ausgeführt werden.

Schwierigkeitsgrad ♦ leicht, ♦♦ mittel, ♦♦♦ schwierig
Dehnungswirkung * niedrig, ** gut, *** sehr gut

Übung 82b

Position: Wenn das Knie gebeugt ist, findet die Dehnung hauptsächlich im M. soleus statt.

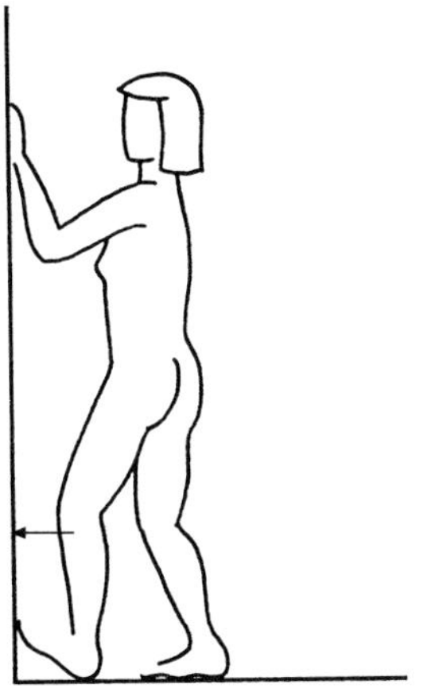

Übung 83

Schwierigkeitsgrad: ♦♦♦
Dehnungswirkung: ***
Dynamischer Adaptationsreiz: Fuß stärker anziehen, Becken mehr kippen.
Position: Oberkörper muß abgestützt sein.
Vermeide: die Übung, wenn nicht abgestützt werden kann.
Spezielles: Wenn der Kopf tiefer als das Herz ist, eignet sich diese Übung *nicht* für Personen mit Bluthochdruck sowie Seniorinnen und Senioren.

Übung 84

Schwierigkeitsgrad: ♦♦
Dehnungswirkung: **
Dynamischer Adaptationsreiz: Ferse mehr nach hinten pressen.
Position: Der vordere Unterschenkel muß senkrecht zum Boden sein.
Vermeide: die Übungen bei wenig Beweglichkeit.
Spezielles: Diese Dehnung kann direkt nach den Hüftbeugedehnungen des 2. Pflichtdehnbereiches, Übung 27a und 31a, ausgeführt werden.

Schwierigkeitsgrad ♦ leicht, ♦♦ mittel, ♦♦♦ schwierig
Dehnungswirkung * niedrig, ** gut, *** sehr gut

Übung 85

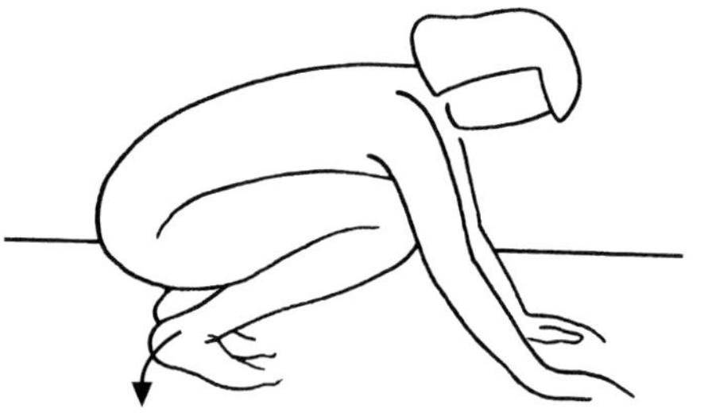

Schwierigkeitsgrad: ♦
Dehnungswirkung: ***
Dynamischer Adaptationsreiz: Keiner – die Kniebelastung ist zu groß.
Position: Der Körper ist abgestützt.
Vermeide: die Übung bei Knieproblemen.
Spezielles: Der enge Gelenkswinkel im Knie ist kniebelastend, deshalb ist diese Übung nicht für alle Personen geeignet.

Übung 86

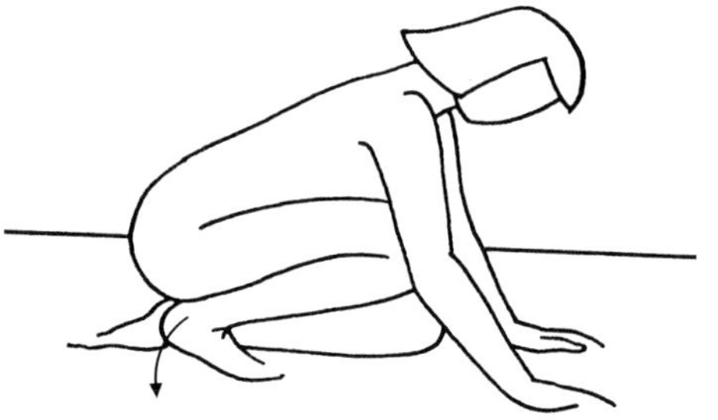

Schwierigkeitsgrad: ♦
Dehnungswirkung: ***
Dynamischer Adaptationsreiz: siehe Übung 85.
Position: Da nur mit einem Bein gearbeitet wird, kann die Dehnung kontrollierter und intensiver ausgeführt werden.
Vermeide: die Übung bei Kniebeschwerden.
Spezielles: Durch den engen Gelenkswinkel ist die Übung kniebelastend.

Persönliche Ergänzungen
Schwierigkeitsgrad:
Dehnungswirkung:
Dynamischer Adaptationsreiz:
Position:
Vermeide:
Spezielles:

Persönliche Ergänzungen
Schwierigkeitsgrad:
Dehnungswirkung:
Dynamischer Adaptationsreiz:
Position:
Vermeide:
Spezielles:

Schwierigkeitsgrad ♦ leicht, ♦♦ mittel, ♦♦♦ schwierig
Dehnungswirkung * niedrig, ** gut, *** sehr gut

5.9 Weitere Bereiche, die gedehnt werden dürfen

5.9.1 Schulterblattbeweger (Rücken)

M. levator scapulae – Schulterblattheber
M. trapezius (quer) – Kapuzenmuskel (quer verlaufende Fasern)
M. rhomboideus – Rautenmuskel
M. serratus anterior – seitlicher Sägemuskel

Während der Dehnungsübungen der Schulterblattbeweger wird das Brustbein immer oben gehalten, da sonst der Rückenstrecker entlang der BWS gedehnt wird.

Übung 87a

Schwierigkeitsgrad: ♦
Dehnungswirkung: **
Dynamischer Adaptationsreiz: -
Position: Mehr Zug und das Senken des Schulterblattes verstärkt die Dehnung.
Vermeide: Rotation oder Beugung im Oberkörper.
Spezielles: Das Schulterblatt so tief als möglich hinunterziehen.

Übung 87b

Position: Durch eine Innenrotation des Unterarmes und eine Beugung im Ellbogen wird die Dehnung verstärkt.

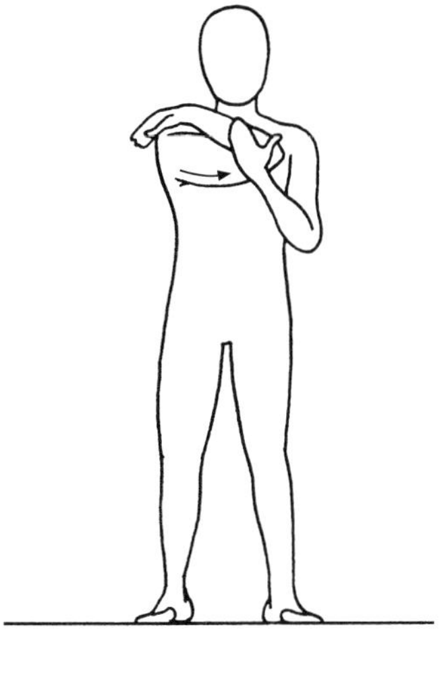

Schwierigkeitsgrad ♦ leicht, ♦♦ mittel, ♦♦♦ schwierig
Dehnungswirkung * niedrig, ** gut, *** sehr gut

Übung 88

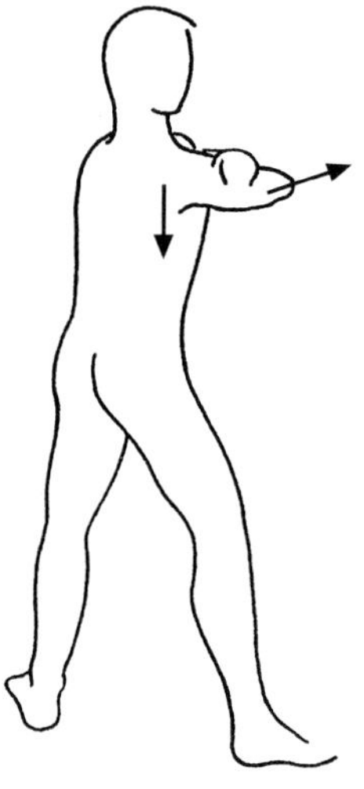

Schwierigkeitsgrad: ♦
Dehnungswirkung: ***
Dynamischer Adaptationsreiz: -
Position: Fingerspitzen auf die Schulterblätter legen und dann die Ellbogen stark nach vorne ziehen.
Vermeide: Rundrücken.
Spezielles: Da beide Schultern gleichzeitig gedehnt werden, ist die Dehnung effizienter. Die Dehnung wird durch eine tiefe Atmung in die Rückenrippen verstärkt.

Persönliche Ergänzungen
Schwierigkeitsgrad:
Dehnungswirkung:
Dynamischer Adaptationsreiz:
Position:
Vermeide:
Spezielles:

Persönliche Ergänzungen
Schwierigkeitsgrad:
Dehnungswirkung:
Dynamischer Adaptationsreiz:
Position:
Vermeide:
Spezielles:

Persönliche Ergänzungen
Schwierigkeitsgrad:
Dehnungswirkung:
Dynamischer Adaptationsreiz:
Position:
Vermeide:
Spezielles:

Schwierigkeitsgrad ♦ leicht, ♦♦ mittel, ♦♦♦ schwierig
Dehnungswirkung * niedrig, ** gut, *** sehr gut

5.9.2 Die Rotation der BWS

Transversospinale Muskulatur – Rotatoren der WS
M. obliquus internus abdominis – innerer schräger Bauchmuskel
M. obliquus externus abdominis – äußerer schräger Bauchmuskel
Mm. intercostales – Zwischenrippenmuskeln

Eine zusätzliche Rotation in der HWS unterstützt und verstärkt die Rotation der BWS.

Übung 89

Schwierigkeitsgrad: ♦♦
Dehnungswirkung: **
Dynamischer Adaptationsreiz: mehr Rotationszug.
Position: Brustbein bleibt gehoben.
Vermeide: Rotation aus den Kniegelenken.
Spezielles: BWS-Rotation im Stehen ist nur im Ausfallschritt sinnvoll und muß gut stabilisiert werden, da sich sonst die Bewegung auf die Hüft- und Kniegelenke überträgt.

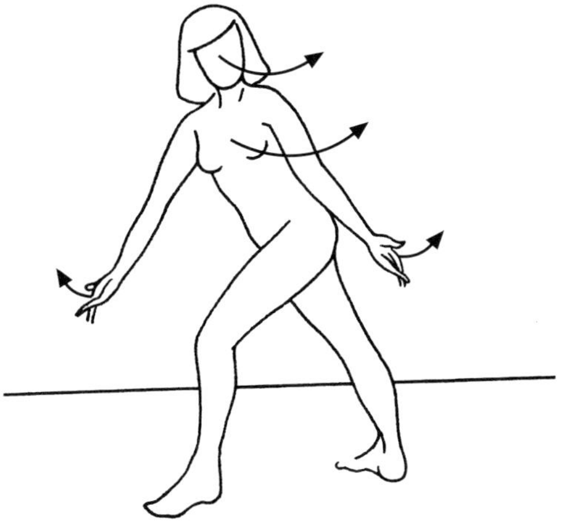

Übung 90

Schwierigkeitsgrad: ♦
Dehnungswirkung: ***
Dynamischer Adaptationsreiz: tiefe Atmung.
Position: Das Becken muß gekippt, das Brustbein gehoben sein.
Vermeide: Rundrücken.
Spezielles: Die Rotation auf dem Stuhl sitzend ist äußerst effizient, da das Becken gekippt ist, und man mit den Händen Zug ausüben kann.

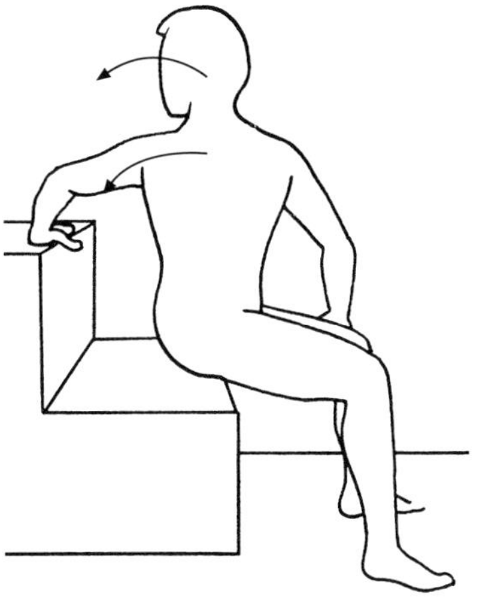

Schwierigkeitsgrad ♦ leicht, ♦♦ mittel, ♦♦♦ schwierig
Dehnungswirkung * niedrig, ** gut, *** sehr gut

Übung 91

Schwierigkeitsgrad: ♦♦
Dehnungswirkung: *
Dynamischer Adaptationsreiz: Mehr Zug.
Position: Hintere Hand stützt das Becken.
Vermeide: Rundrücken.
Spezielles: Wenn das Becken nicht gekippt werden kann, wird die Übung nicht empfohlen, dann ist die Dehnungswirkung zu klein und die Belastung zu groß.

Übung 92

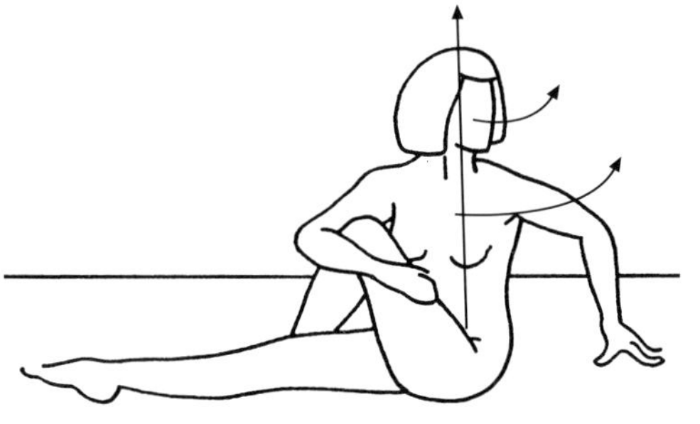

Schwierigkeitsgrad: ♦♦♦
Dehnungswirkung: **
Dynamischer Adaptationsreiz: -
Position: Die Effektivität ist nur gut, wenn das Becken gekippt werden kann. Die Kraft des vorderen Armes macht die Aufrichtung, die Kraft des hinteren Armes die Rotation.
Vermeide: Rundrücken, seitliche Neigung, Neigen des Kopfes.
Spezielles: Die Kraft, diese Übung auszuführen, wird aus beiden Armen geholt, die WS sollte so senkrecht wie möglich sein.

Übung 93

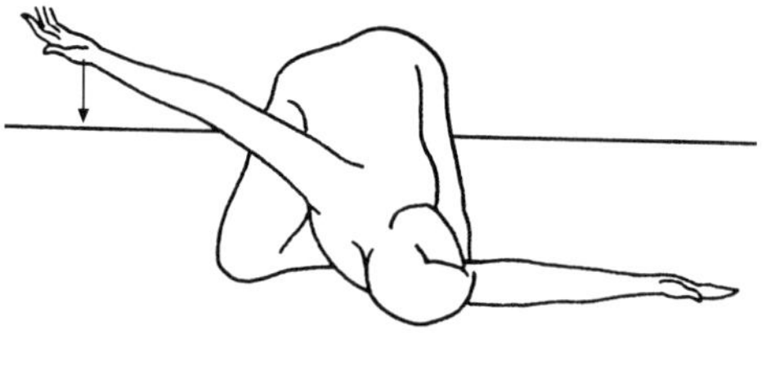

Schwierigkeitsgrad: ♦♦♦
Dehnungswirkung: *
Dynamischer Adaptationsreiz: -
Position: Gewicht des Oberkörpers liegt auf der Schulter.
Vermeide: Rundrücken.
Spezielles: Die Übung eignet sich nur für Fortgeschrittene. Durch die Grundposition findet die Dehnung hauptsächlich im Schultergelenk statt.

Schwierigkeitsgrad ♦ leicht, ♦♦ mittel, ♦♦♦ schwierig
Dehnungswirkung * niedrig, ** gut, *** sehr gut

Übung 94

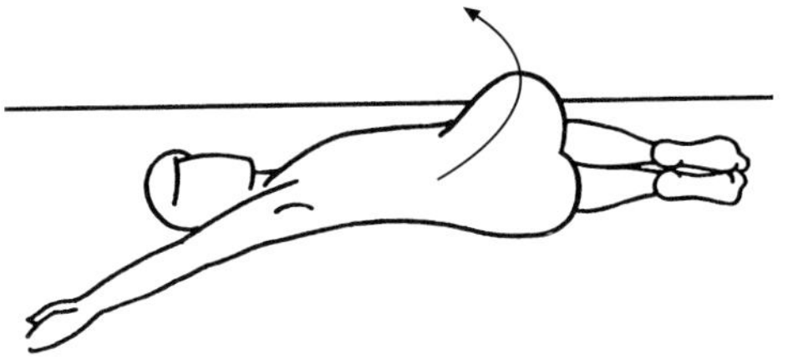

Schwierigkeitsgrad: ♦
Dehnungswirkung: *
Dynamischer Adaptationsreiz: -
Position: Knie angezogen.
Vermeide: Abheben des Schultergürtels.
Spezielles: Diese Position ist als sanfte Übung ausgezeichnet auch für Seniorinnen und Senioren geeignet. Verstärkt wird die Dehnung durch tiefe Atembewegungen.

Übung 95

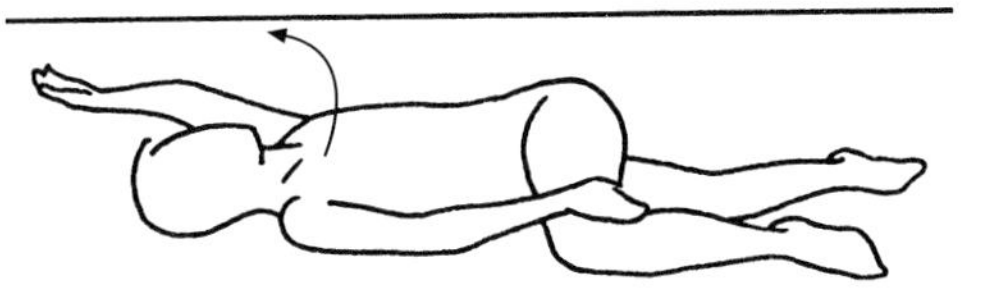

Schwierigkeitsgrad: ♦♦
Dehnungswirkung: ***
Dynamischer Adaptationsreiz: -
Position: Hand liegt auf dem Knie, Knie liegt auf dem Boden.
Vermeide: aufgerichtetes Becken.
Spezielles: Indem das Schulterblatt zum Boden gezogen wird, verstärkt sich die Dehnung.

Persönliche Ergänzungen
Schwierigkeitsgrad:
Dehnungswirkung:
Dynamischer Adaptationsreiz:
Position:
Vermeide:
Spezielles:

Persönliche Ergänzungen
Schwierigkeitsgrad:
Dehnungswirkung:
Dynamischer Adaptationsreiz:
Position:
Vermeide:
Spezielles:

Schwierigkeitsgrad ♦ leicht, ♦♦ mittel, ♦♦♦ schwierig
Dehnungswirkung * niedrig, ** gut, *** sehr gut

5.9.3 Neigungen der WS

M. obliquus internus – innerer schräger Bauchmuskel
M. obliquus externus – äußerer schräger Bauchmuskel
Mm. intercostales interni – innere Zwischenrippenmuskeln
Mm. intercostales externi – äußere Zwischenrippenmuskeln
M. erector spinae – Aufrichter des Rumpfes
M. quadratus lumborum – viereckiger Lendenmuskel

Übung 96

Schwierigkeitsgrad: ♦
Dehnungswirkung: **
Dynamischer Adaptationsreiz: Arm mehr in die Diagonale ziehen.
Position: Oberkörper einseitig abstützen.
Vermeide: überstreckte Knie, Flachrücken, Rundrücken.
Spezielles: Diese Übung wird auch ohne Abstützung unterrichtet, was einer leichten WS-Belastung entsprechen kann.

Übung 97

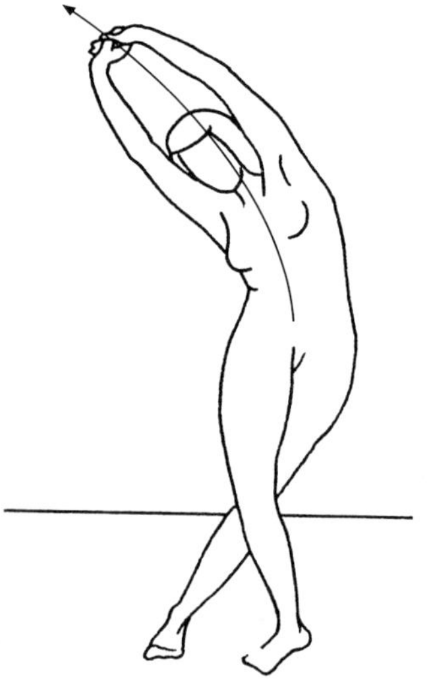

Schwierigkeitsgrad: ♦♦
Dehnungswirkung: *
Dynamischer Adaptationsreiz: Arme höher heraufziehen.
Position: Das vordere Bein ist gebeugt.
Vermeide: instabile Position.
Spezielles: Das hintere Knie wird in eine Überstreckung gepreßt. Diese Übung wird *nicht* empfohlen.

Schwierigkeitsgrad ♦ leicht, ♦♦ mittel, ♦♦♦ schwierig
Dehnungswirkung * niedrig, ** gut, *** sehr gut

Übung 98

Schwierigkeitsgrad: ♦♦
Dehnungswirkung: **
Dynamischer Adaptationsreiz: Arm höher ziehen.
Position: Brustbein bleibt gehoben.
Vermeide: die Übung, wenn die Grundposition nur schwer eingenommen werden kann oder der Rücken nicht gestreckt werden kann.
Spezielles: Der Oberkörper wird immer abgestützt.

Persönliche Ergänzungen
Schwierigkeitsgrad:
Dehnungswirkung:
Dynamischer Adaptationsreiz:
Position:
Vermeide:
Spezielles:

Persönliche Ergänzungen
Schwierigkeitsgrad:
Dehnungswirkung:
Dynamischer Adaptationsreiz:
Position:
Vermeide:
Spezielles:

Persönliche Ergänzungen
Schwierigkeitsgrad:
Dehnungswirkung:
Dynamischer Adaptationsreiz:
Position:
Vermeide:
Spezielles:

Schwierigkeitsgrad ♦ leicht, ♦♦ mittel, ♦♦♦ schwierig
Dehnungswirkung * niedrig, ** gut, *** sehr gut

5.9.4 Lendenwirbelsäule

M. erector spinae – Aufrichter des Rumpfes
M. quadratus lumborum – viereckiger Lendenmuskel
M. glutaeus maximus – großer Gesäßmuskel

Der Lendenwirbelsäulenbereich darf nur gedehnt werden, wenn er nicht abgeschwächt ist oder wenn zusätzlich ausreichend Kräftigungsübungen ausgeführt werden.

Übung 99

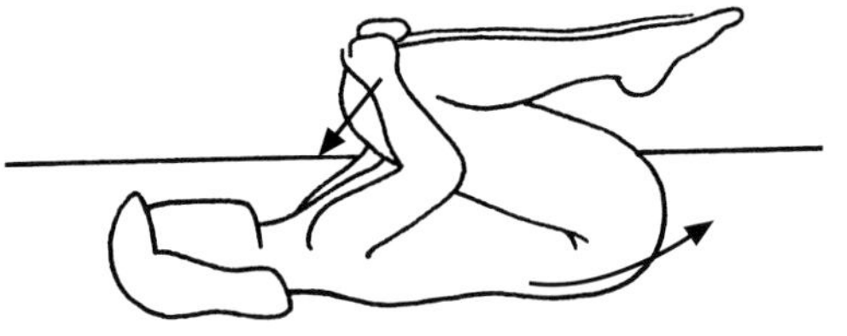

Schwierigkeitsgrad: ♦
Dehnungswirkung: **
Dynamischer Adaptationsreiz: -
Position: -
Vermeide: Druck auf die Schienbeine (zu enger Kniewinkel).
Spezielles: Eine sanfte und angenehme Übung, die den ganzen Rückenstrecker dehnt, ohne die WS zu belasten.
Der Kopf liegt am Boden und kann zur Intensivierung an die Knie herangezogen werden.

Übung 100

Schwierigkeitsgrad: ♦
Dehnungswirkung: *
Dynamischer Adaptationsreiz: -
Position: Die Oberschenkel werden in die Arme genommen und dann der Rücken gerundet.
Vermeide: diese Übung.
Spezielles: Der Zug in die Rundung verstärkt die Beugebelastung auf die WS, eine Abstützung ist nicht möglich. Diese Übung wird *nicht* empfohlen.

Schwierigkeitsgrad ♦ leicht, ♦♦ mittel, ♦♦♦ schwierig
Dehnungswirkung * niedrig, ** gut, *** sehr gut

Übung 101

Schwierigkeitsgrad: ♦
Dehnungswirkung: *
Dynamischer Adaptationsreiz: -
Position: Die Arme sind überkreuzt, die Hände halten außen, die Rundung des Rückens wird verstärkt.
Vermeide: diese Übung.
Spezielles: Diese Position wird häufig in der Fitness-Szene unterrichtet, sie entspricht einer großen Beugebelastung ohne Abstützung. Diese Übung wird *nicht* empfohlen.

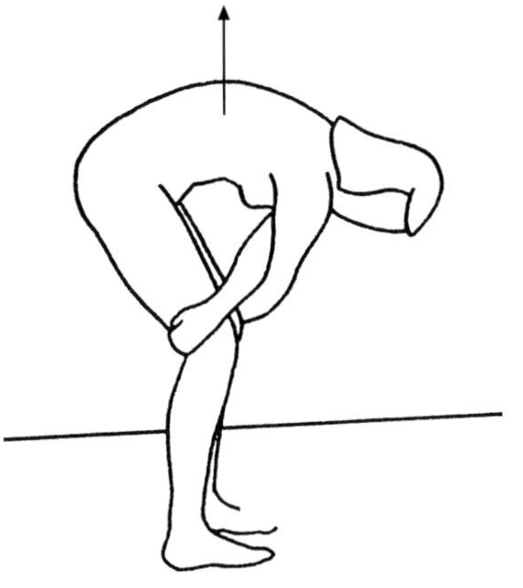

Übung 102

Schwierigkeitsgrad: ♦
Dehnungswirkung: *
Dynamischer Adaptationsreiz: Wippen.
Position: eine max. Beugung ohne Abstützung.
Vermeide: diese Übung.
Spezielles: Diese Position ist zu wirbelsäulenbelastend und wird von uns *nicht* empfohlen.

Übung 103

Schwierigkeitsgrad: ♦
Dehnungswirkung: **
Dynamischer Adaptationsreiz: -
Position: Der Oberkörper ist mit den Händen am Boden abgestützt.
Vermeide: diese Übung, wenn sie ohne Abstützung ausgeführt wird.
Spezielles: -

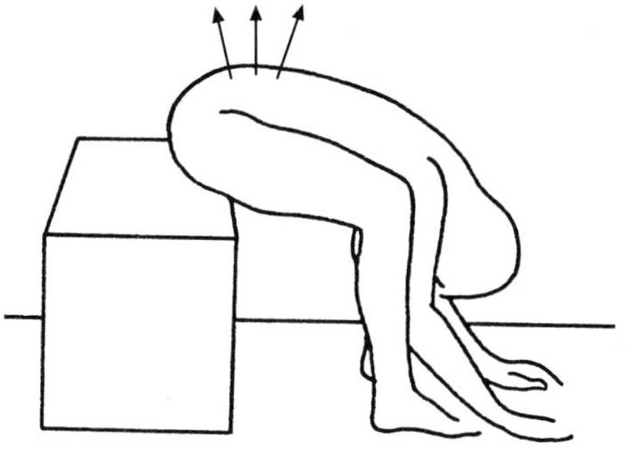

Schwierigkeitsgrad ♦ leicht, ♦♦ mittel, ♦♦♦ schwierig
Dehnungswirkung * niedrig, ** gut, *** sehr gut

Übung 104

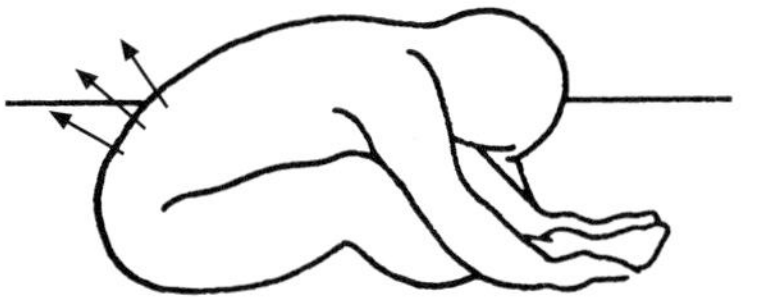

Schwierigkeitsgrad: ♦♦
Dehnungswirkung: **
Dynamischer Adaptationsreiz: -
Position: Die Füße müssen angenehm weit vom Becken entfernt sein.
Vermeide: maximale Beugung in der BWS.
Spezielles: Die Dehnung darf durch einen Latissimus-Zug verstärkt werden.

Übung 105

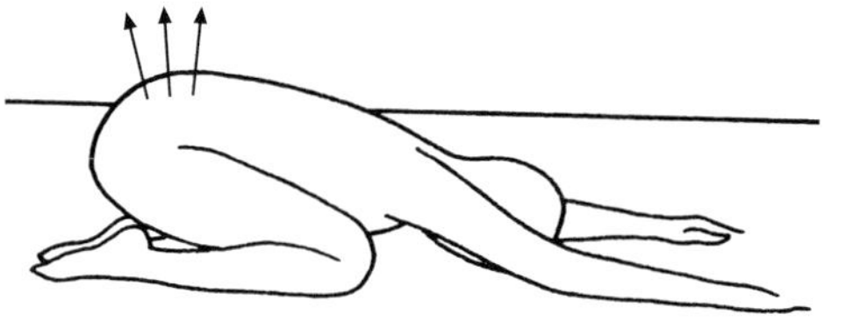

Schwierigkeitsgrad: ♦
Dehnungswirkung: **
Dynamischer Adaptationsreiz: -
Position: -
Vermeide: diese Übung bei Knieschmerzen.
Spezielles: Diese Übung ist sehr beliebt, sie fühlt sich außerordentlich angenehm an. Der enge Kniewinkel entspricht jedoch einer Belastung der Kniegelenke. Ein Kissen zwischen Ober- und Unterschenkel löst diese Belastung auf.

Übung 106

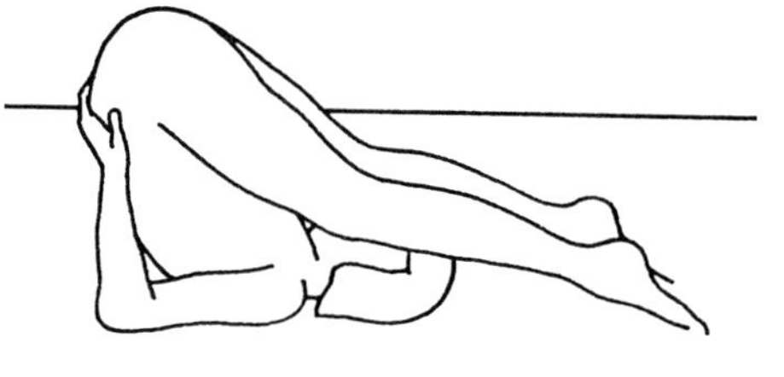

Schwierigkeitsgrad: ♦♦
Dehnungswirkung: **
Dynamischer Adaptationsreiz: -
Position: Das Körpergewicht liegt auf den Schultern.
Vermeide: diese Übung bei Rückenproblemen oder abgeschwächter Rückenmuskulatur.
Spezielles: Diese maximale Beugung mit dem Druck des Körpergewichtes auf die WS entspricht einer großen Belastung. Diese Übung wird *nicht* empfohlen.

Schwierigkeitsgrad ♦ leicht, ♦♦ mittel, ♦♦♦ schwierig
Dehnungswirkung * niedrig, ** gut, *** sehr gut

Übung 107

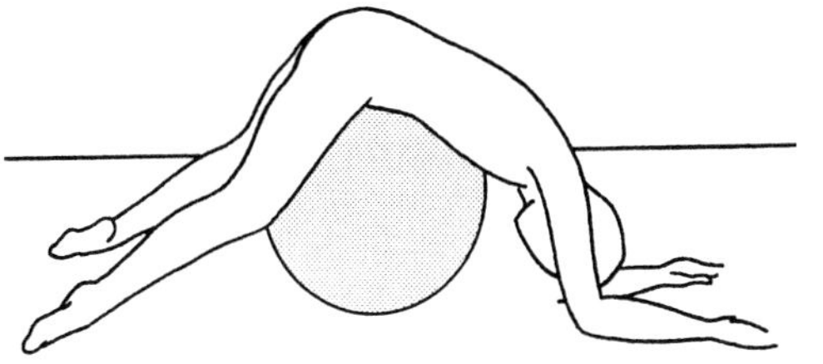

Schwierigkeitsgrad: ♦
Dehnungswirkung: ***
Dynamischer Adaptationsreiz: -
Position: -
Vermeide: -
Spezielles: Da der Ball das Körpergewicht trägt, wird aus Druckbelastungen Zug, was die Bandscheiben entlastet. Diese Übung wird *sehr* empfohlen.

Persönliche Ergänzungen
Schwierigkeitsgrad:
Dehnungswirkung:
Dynamischer Adaptationsreiz:
Position:
Vermeide:
Spezielles:

Persönliche Ergänzungen
Schwierigkeitsgrad:
Dehnungswirkung:
Dynamischer Adaptationsreiz:
Position:
Vermeide:
Spezielles:

Persönliche Ergänzungen
Schwierigkeitsgrad:
Dehnungswirkung:
Dynamischer Adaptationsreiz:
Position:
Vermeide:
Spezielles:

Schwierigkeitsgrad ♦ leicht, ♦♦ mittel, ♦♦♦ schwierig
Dehnungswirkung * niedrig, ** gut, *** sehr gut

5.9.5 Schienbeinbereich

M. tibialis anterior – vorderer Schienbeinmuskel
M. extensor digitorum longus – langer gemeinschaftl. Zehenstrecker
M. extensor hallucis longus – Großzehenstrecker

Achten Sie bei allen Schienbeindehnungen darauf, daß der Fuß nicht nach innen oder nach außen rotiert.

Übung 108

Schwierigkeitsgrad: ♦
Dehnungswirkung: ***
Dynamischer Adaptationsreiz: Druck auf die vordere Wade verstärken.
Position: Das vordere Bein muß gut überkreuzt sein, der Fuß stabil am Boden stehen.
Vermeide: Rotation im Fußgelenk.
Spezielles: Die Übung sollte mit Turnschuhen ausgeführt werden, dann ist das Zehengrundgelenk geschützt, und die Dehnung im M. tibialis ist verstärkt.

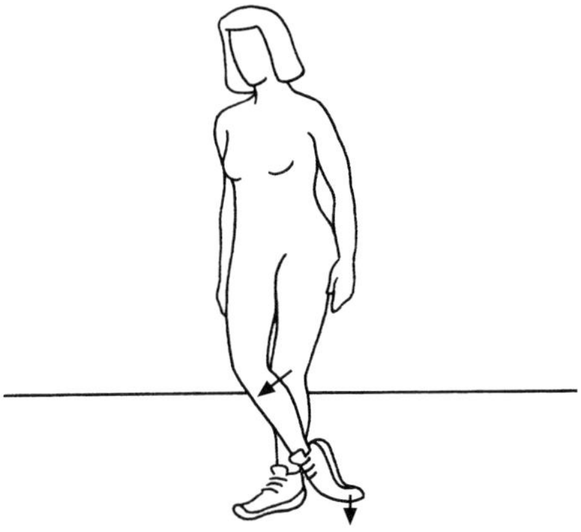

Übung 109

Schwierigkeitsgrad: ♦
Dehnungswirkung: ***
Dynamischer Adaptationsreiz: -
Position: -
Vermeide: Rotation im Fußgelenk.
Spezielles: Das Körpergewicht macht intensive Dehnung möglich.

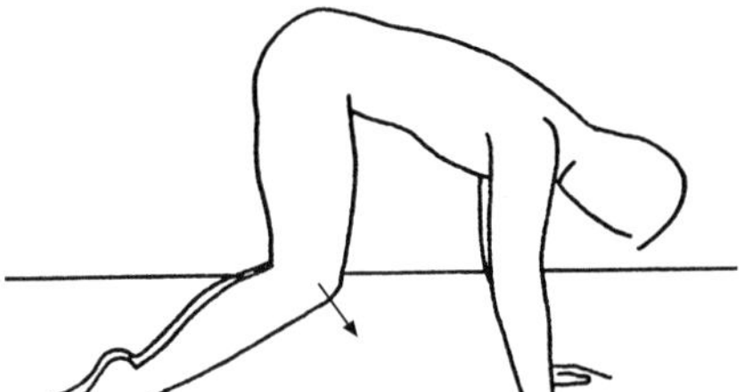

Schwierigkeitsgrad ♦ leicht, ♦♦ mittel, ♦♦♦ schwierig
Dehnungswirkung * niedrig, ** gut, *** sehr gut

Übung 110

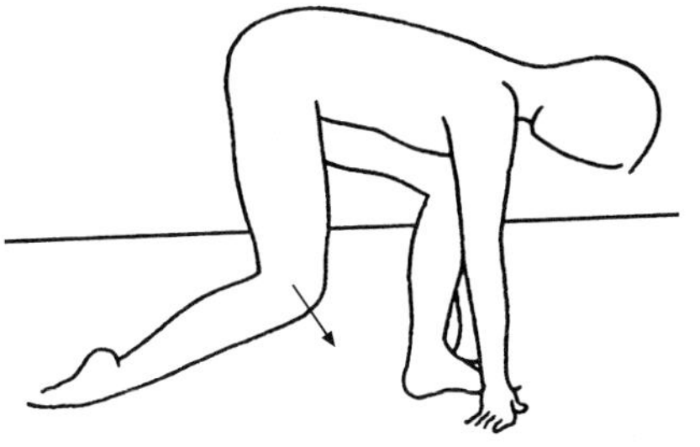

Schwierigkeitsgrad: ♦ ♦
Dehnungswirkung: **
Dynamischer Adaptationsreiz: -
Position: Schienbeindehnung einseitig.
Vermeide: maximale Rundung des Rückens.
Spezielles: Die einseitige Position dehnt etwas sanfter, ist von der Haltung her jedoch belastender.

Übung 111

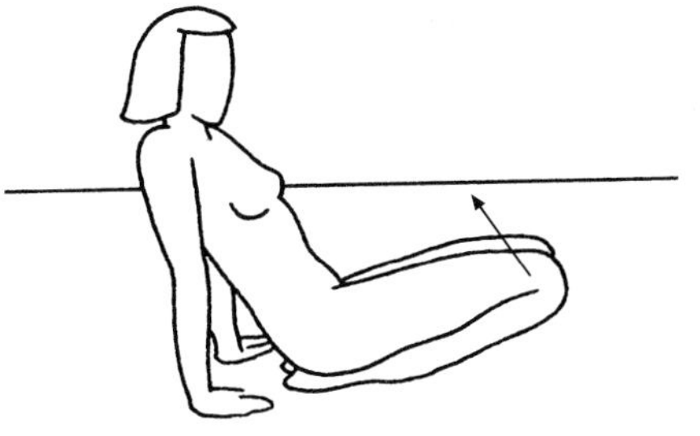

Schwierigkeitsgrad: ♦ ♦
Dehnungswirkung: ***
Dynamischer Adaptationsreiz: Knie mehr anheben.
Position: -
Vermeide: diese Übung bei Knieschmerzen, eine Rotation im Fußgelenk.
Spezielles: Durch den engen Winkel und das Körpergewicht ist diese Übung kniebelastend, sie wird von uns *nicht* empfohlen.

Persönliche Ergänzungen
Schwierigkeitsgrad:
Dehnungswirkung:
Dynamischer Adaptationsreiz:
Position:
Vermeide:
Spezielles:

Persönliche Ergänzungen
Schwierigkeitsgrad:
Dehnungswirkung:
Dynamischer Adaptationsreiz:
Position:
Vermeide:
Spezielles:

Schwierigkeitsgrad ♦ leicht, ♦ ♦ mittel, ♦ ♦ ♦ schwierig
Dehnungswirkung * niedrig, ** gut, *** sehr gut

5.9.6 Beckenaußenseite

M. glutaeus medius – mittlere Gesäßmuskel
M. glutaeus minimus – kleiner Gesäßmuskel

Diese Muskeln neigen bei Sportarten wie Langlaufskating, Laufsport- sowie Kampfsportarten zu erhöhter Muskelaktivität.

Übung 112

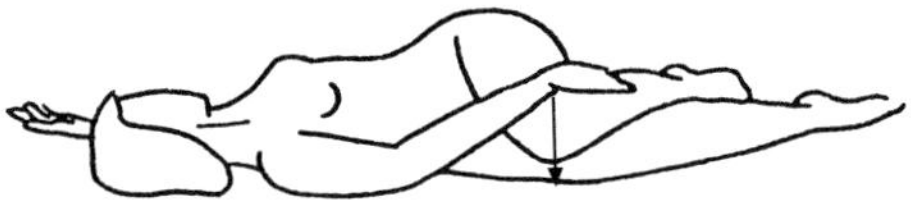

Schwierigkeitsgrad: ♦
Dehnungswirkung: ***
Dynamischer Adaptationsreiz: -
Position: Das Knie liegt bei dieser Übung nicht auf dem Boden, es wird mit der Hand Richtung Boden gezogen.
Vermeide: –
Spezielles: Die Schulter bleibt am Boden, und der Zug wird auf den Oberschenkel ausgeübt. Verstärkter Zug erhöht das Dehnungsgefühl.

Übung 113

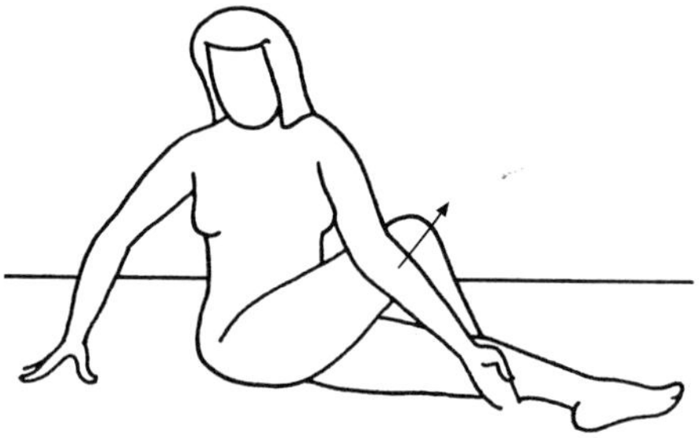

Schwierigkeitsgrad: ♦
Dehnungswirkung: **
Dynamischer Adaptationsreiz: -
Position: Der Druck wird auf die Außenseite des Oberschenkels ausgeübt.
Vermeide: hochgezogene Schultern.
Spezielles: Diese Übung gleicht der Übung 92 des Kapitels „Die Rotation der BWS" (s. S. 110, hier spielt die Rotation der BWS jedoch eine untergeordnete Rolle, der Zug auf das angezogene Bein bewirkt die Dehnung.

Schwierigkeitsgrad ♦ leicht, ♦♦ mittel, ♦♦♦ schwierig
Dehnungswirkung * niedrig, ** gut, *** sehr gut

5.9.7 Oberarm vorne

M. biceps brachii – zweiköpfiger Armbeuger
M. brachialis – Armbeuger
M. pronator teres – runder Einwärtsdreher
M. brachioradialis – Oberarm-Speichen-Muskel

Übung 114

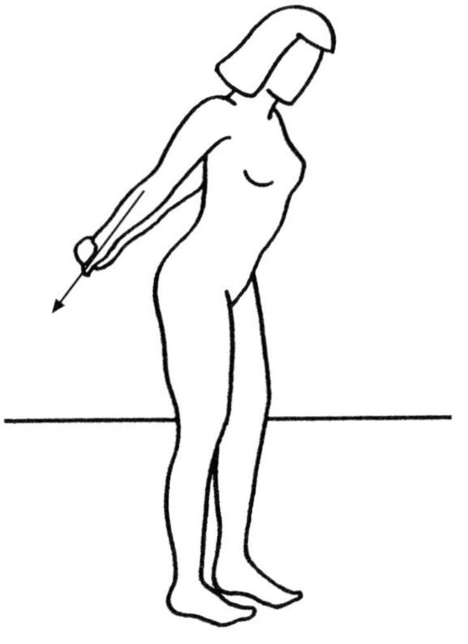

Schwierigkeitsgrad: ♦ ♦ ♦
Dehnungswirkung: ***
Dynamischer Adaptationsreiz: Arm höher ziehen.
Position: Die Hände sind hinter dem Rücken geschlossen.
Vermeide: -
Spezielles: Mit einer Außenrotation der Arme wird die Dehnung verstärkt.

Übung 115

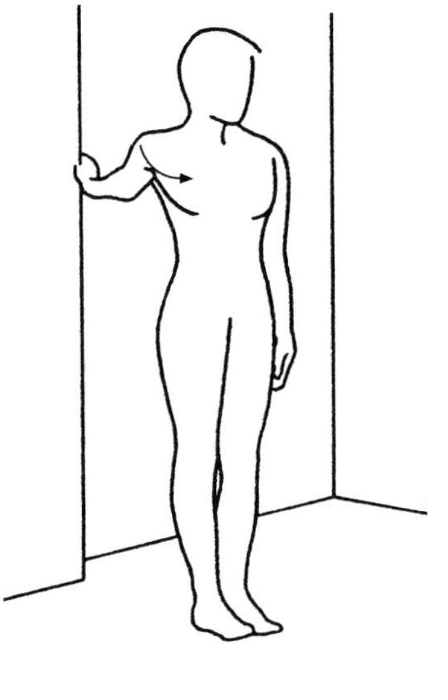

Schwierigkeitsgrad: ♦
Dehnungswirkung: ***
Dynamischer Adaptationsreiz: -
Position: Ist der Arm tiefer als das Schultergelenk und die Gelenkkugel sichtbar, dann ist die Dehnung hauptsächlich im M. biceps.
Vermeide: hochgezogene Schultern.
Spezielles: Achtung, diese Übung nicht mit der Pectoralis-Dehnung verwechseln.

Schwierigkeitsgrad ♦ leicht, ♦♦ mittel, ♦♦♦ schwierig
Dehnungswirkung * niedrig, ** gut, *** sehr gut

5.9.8 Oberarm hinten

M. triceps brachii – dreiköpfiger Armstrecker
M. latissimus dorsi – breiter Rückenmuskel

Übung 116

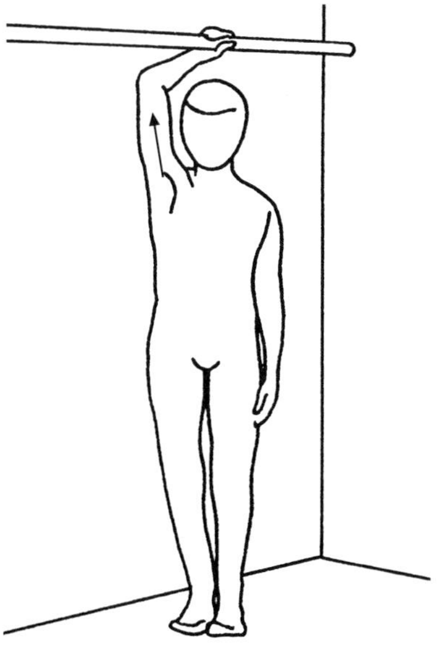

Schwierigkeitsgrad: ♦
Dehnungswirkung: ***
Dynamischer Adaptationsreiz: -
Position: Arm über Körperhöhe.
Vermeide: -
Spezielles: Jetzt wird der M. biceps zusammen mit dem M. pectoralis gedehnt.

Übung 117

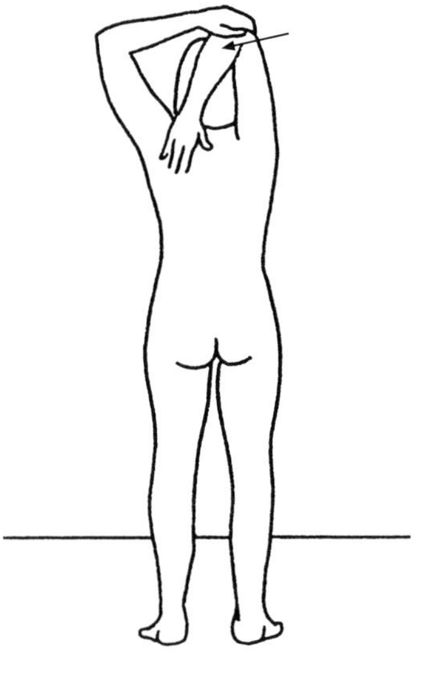

Schwierigkeitsgrad: ♦♦
Dehnungswirkung: ***
Dynamischer Adaptationsreiz: mehr Zug.
Position: -
Vermeide: diese Übung bei Überbeweglichkeit im Schultergelenk.
Spezielles: Wenn diese Bewegung nicht oder nur schwer ausgeführt werden kann, liegt das meistens an der Gelenkkapsel des Schultergelenks und nicht am M. triceps, da dieser nicht zum Verkürzen neigt; die Übung kann trotzdem ausgeführt werden. Wenn im Schultergelenk schon viel Beweglichkeit vorhanden ist, sollte diese Übung nicht forciert werden, um eine Instabilität zu vermeiden.

Schwierigkeitsgrad ♦ leicht, ♦♦ mittel, ♦♦♦ schwierig
Dehnungswirkung * niedrig, ** gut, *** sehr gut

Übung 118

Schwierigkeitsgrad: ♦
Dehnungswirkung: ***
Dynamischer Adaptationsreiz: -
Position: Der Arm wird gebeugt und die Hand nach innen rotiert.
Vermeide: Hochziehen der Schultern – Senken des Brustbeins.
Spezielles: Wird der Unterarm, nach außen rotiert, auf den Oberarm gelegt, wird die Dehnung verstärkt, diese überträgt sich dann zusätzlich in den Schulterbereich.

Persönliche Ergänzungen
Schwierigkeitsgrad:
Dehnungswirkung:
Dynamischer Adaptationsreiz:
Position:
Vermeide:
Spezielles:

Persönliche Ergänzungen
Schwierigkeitsgrad:
Dehnungswirkung:
Dynamischer Adaptationsreiz:
Position:
Vermeide:
Spezielles:

Persönliche Ergänzungen
Schwierigkeitsgrad:
Dehnungswirkung:
Dynamischer Adaptationsreiz:
Position:
Vermeide:
Spezielles:

Schwierigkeitsgrad ♦ leicht, ♦♦ mittel, ♦♦♦ schwierig
Dehnungswirkung * niedrig, ** gut, *** sehr gut

5.9.9 Unterarm vorne und Hand

M. flexor carpi ulnaris – Handbeuger (Richtung Ellenseite)
M. palmaris longus – Handwurzelgelenkbeuger
M. flexor carpi radialis – Handbeuger (Richtung Speichenseite)
M. flexor digitorum superficialis – Fingerbeuger der Mittel- und Grundgelenke
M. flexor digitorum profundus – Fingerbeuger der Endgelenke

Übung 119a

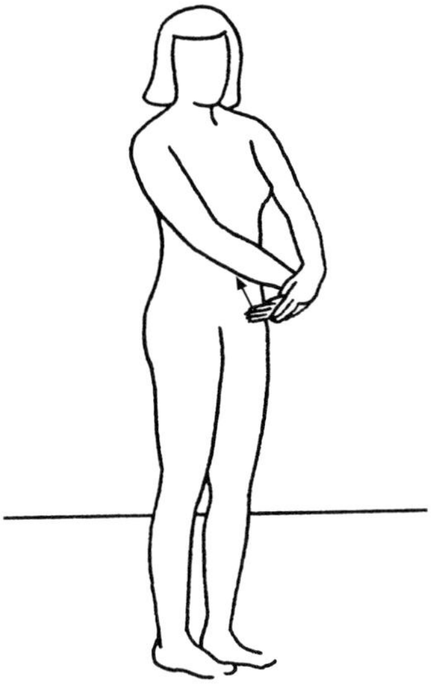

Schwierigkeitsgrad: ♦♦
Dehnungswirkung: ***
Dynamischer Adaptationsreiz: mehr Zug.
Position: Der Ellbogen bleibt gestreckt, die Hand wird nach innen rotiert und dann diagonal nach oben gezogen.
Vermeide: Hochziehen der Schultern.
Spezielles: Die Kombination Zug und Rotation verstärkt die Dehnung.

Übung 119b

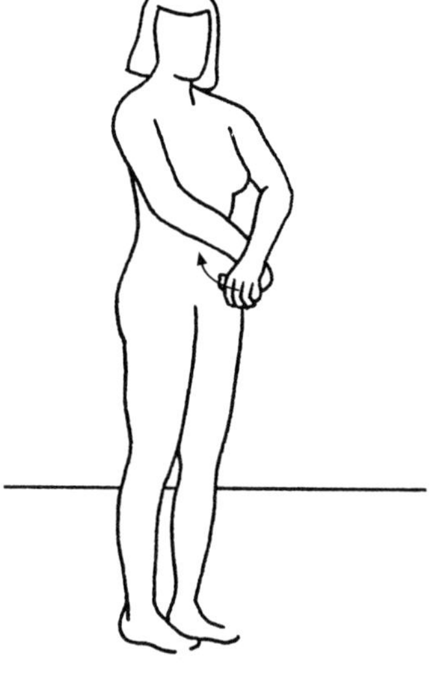

Position: Die Übung kann mit geschlossener Hand (Faust) ausgeführt werden, dann verschiebt sich die Dehnung Richtung Handgelenk und Hand.

Schwierigkeitsgrad ♦ leicht, ♦♦ mittel, ♦♦♦ schwierig
Dehnungswirkung * niedrig, ** gut, *** sehr gut

5.9.10 Unterarm hinten und Hand

M. ext. carpi ulnaris – ulnarer Handstrecker
M. ext. digiti minimi – Kleinfingerstrecker
M. ext. digitorum – 2. bis 5. Fingerstrecker
M. ext. indicis – Zeigefingerstrecker
M. ext. carpi radialis longus/brevis – langer/kurzer Handstrecker des Unterarms

Übung 120

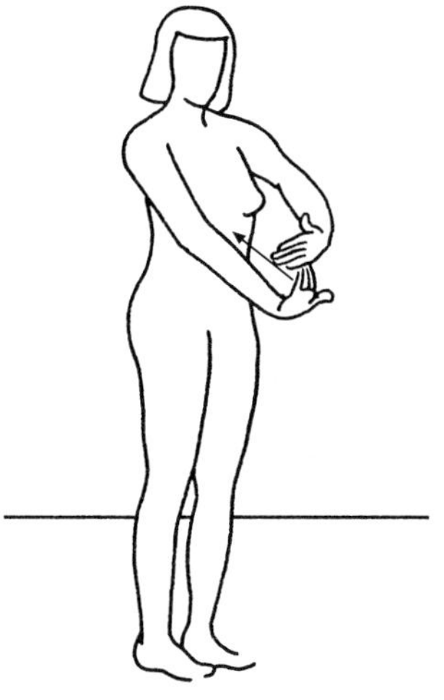

Schwierigkeitsgrad: ♦
Dehnungswirkung: ***
Dynamischer Adaptationsreiz: mehr Zug.
Position: Der Ellbogen bleibt gestreckt.
Vermeide: Hochziehen der Schultern.
Spezielles: Je nachdem, in welchem Winkel das Handgelenk ist, rutscht die Dehnung mehr in die Fingerbeuge-Muskeln.

Übung 121

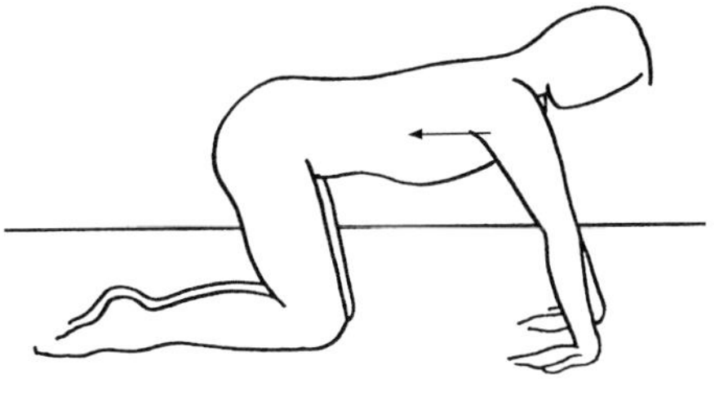

Schwierigkeitsgrad: ♦
Dehnungswirkung: ***
Dynamischer Adaptationsreiz: Oberkörper weiter zurückziehen.
Position: Hände sind nach außen rotiert.
Vermeide: diese Übung bei Schmerzen im Handgelenk.
Spezielles: Diese Übung ist für Personen mit schwachen Handgelenken (Frauen) nicht geeignet.

Schwierigkeitsgrad ♦ leicht, ♦♦ mittel, ♦♦♦ schwierig
Dehnungswirkung * niedrig, ** gut, *** sehr gut

Übung 122

Schwierigkeitsgrad: ♦
Dehnungswirkung: ***
Dynamischer Adaptationsreiz: -
Position: Unterarm leicht über die Körpermitte hinaus abgelegt.
Vermeide: Hochziehen der Schultern.
Spezielles: In dieser Position kann bei intensiver Dehnung das Handgelenk sehr gut kontrolliert werden.

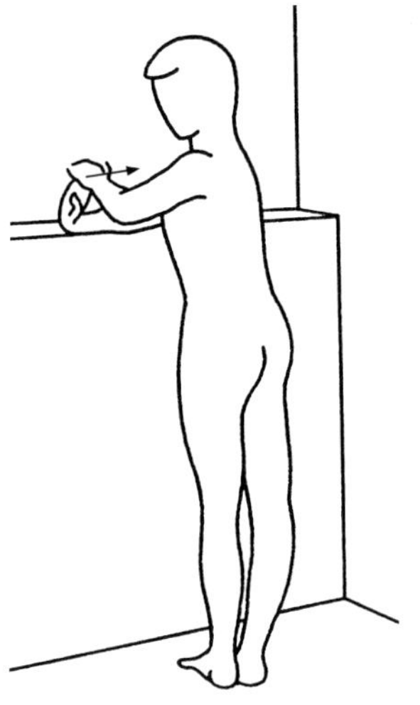

Übung 123

Schwierigkeitsgrad: ♦
Dehnungswirkung: ***
Dynamischer Adaptationsreiz: -
Position: An den Fingern abstützen.
Vermeide: -
Spezielles: Arm ist leicht über die Körpermitte plaziert.

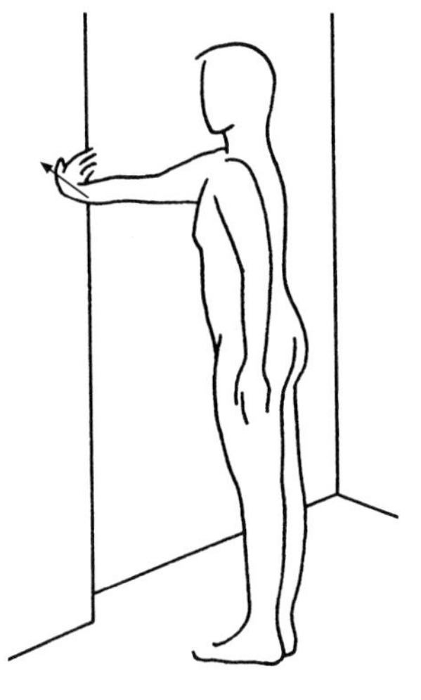

Schwierigkeitsgrad ♦ leicht, ♦♦ mittel, ♦♦♦ schwierig
Dehnungswirkung * niedrig, ** gut, *** sehr gut

Gegenbewegung zur Beugehaltung

Die Übung wird *immer* in einer leichten Vorlage ausgeführt, so daß die WS nicht belastet ist. Die Überstreckung muß ein gleichmäßiger Bogen in der Wirbelsäule sein, es darf kein Knick im kompensatorischen Abschnitt sein.

Übung 124a

Schwierigkeitsgrad: ♦♦
Dehnungswirkung: ***
Dynamischer Adaptationsreiz: wird durch die Bewegung gesetzt.
Position: Oberkörper in der Vorlage, HWS lang.
Vermeide: Überhang des Oberkörpers nach hinten.
Spezielles: Die ganze Übung sollte in jeder Position mit einer tiefen Ein- und Ausatmung unterstützt werden.

Übung 124b

Position: Arme strecken.

Schwierigkeitsgrad ♦ leicht, ♦♦ mittel, ♦♦♦ schwierig
Dehnungswirkung * niedrig, ** gut, *** sehr gut

Übung 124c

Position: Arme öffnen, zurückziehen.

Übung 124d

Position: Maximalen Kreis mit gespreizten Händen ausführen.

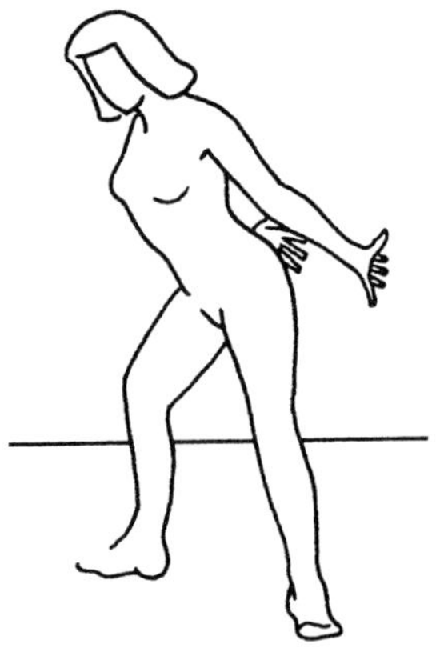

Übung 124e

Position: Hände schließen, Arme nach oben ziehen.
Anschließend die Arme zurück nach unten bringen, loslassen und eine Außenrotationsbewegung mit den Schultern ausführen, oder an den Oberschenkeln abstützen, WS mobilisieren.

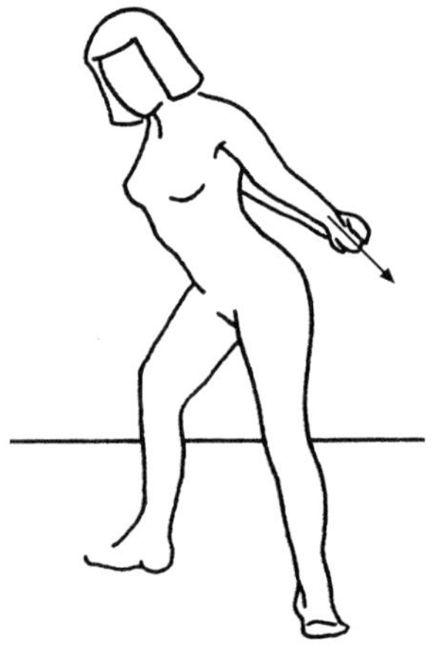

Übung 125

Position: Die ganze Übungsabfolge kann auch in einer parallelen Fußstellung ausgeführt werden, es ist jedoch besser, wenn die Beine leicht nach außen rotiert sind, so daß im Hüftgelenk keine Innenrotation stattfindet. Darauf achten, daß die Vorlage beibehalten bleibt.

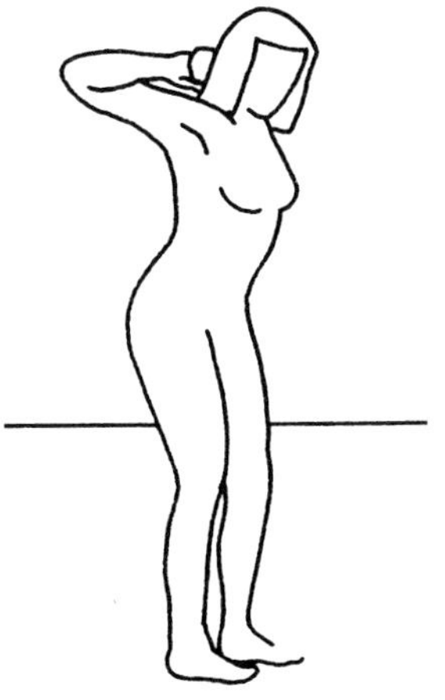

Übung 126

Position: In dieser stabilen Position ist die Außenrotation des Hüftgelenks gegeben, es muß jedoch noch mehr auf die Vorlage hingewiesen werden.

5.9.11 Mobilisation der Wirbelsäule

Handposition

Alle Mobilisationen finden in einer sicheren abgestützten Position statt. Die Handstellung ist nach außen rotiert, da eine nach innen rotierte Handstellung auch das Schultergelenk nach innen rotiert und dann eine umfassende Streckung in der BWS nicht mehr möglich ist.

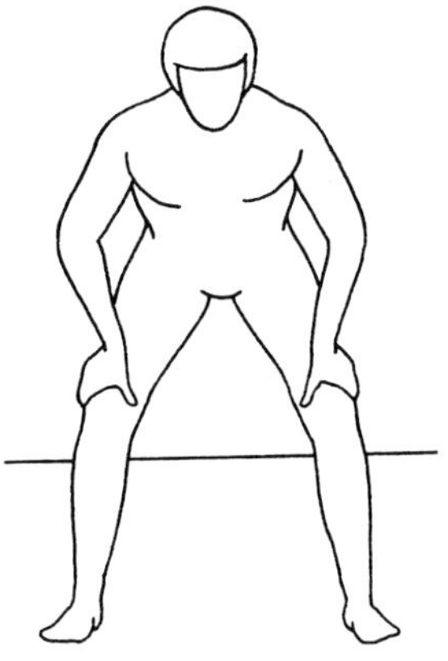

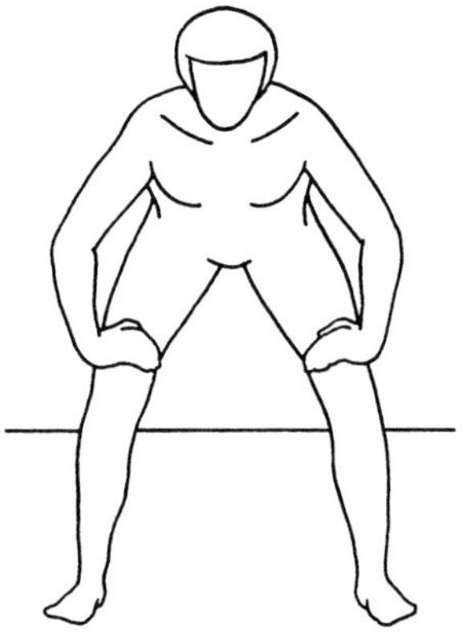

Übung 127a

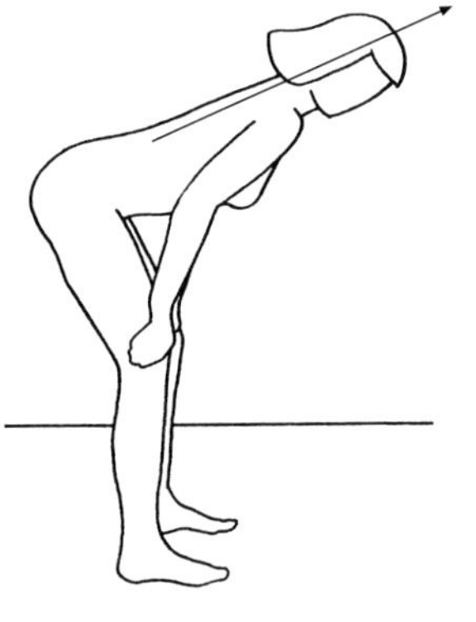

Position: Oberkörper abgestützt, die Wirbelsäule ist lang, in einer gestreckten Position, das heißt in einer physiologischen Lenden-Lordose mit einem gehobenen Brustbein und einer verlängerten Halswirbelsäule.

Übung 127b

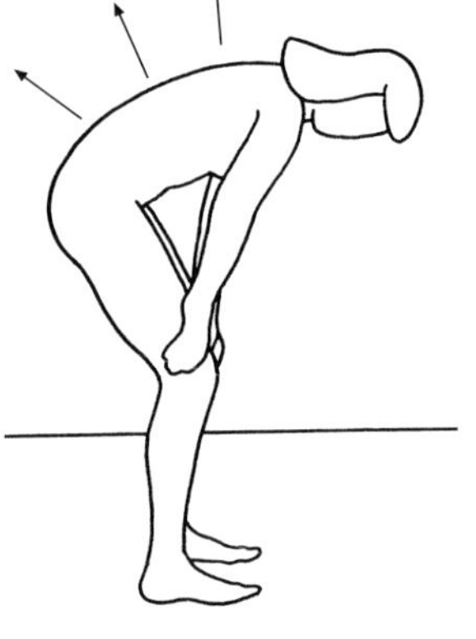

Position: Den Oberkörper gleichmäßig in eine Beugung bringen, das Körpergewicht abgestützt lassen.

Übung 127c

Position: Den Oberkörper gleichmäßig in eine Streckung bringen, das Körpergewicht abgestützt lassen.

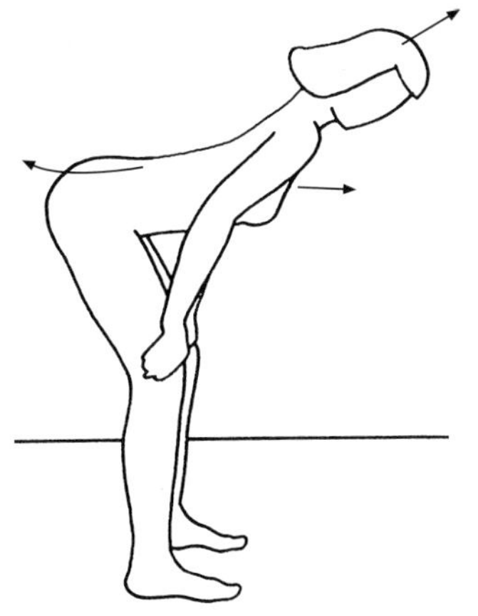

Übung 128

Position: Die gleiche Bewegung in der Sumo-Position, Unterarme sind auf den Oberschenkeln abgestützt, die WS wird aus einer Streckung in eine Überstreckung und in eine Beugung gebracht.

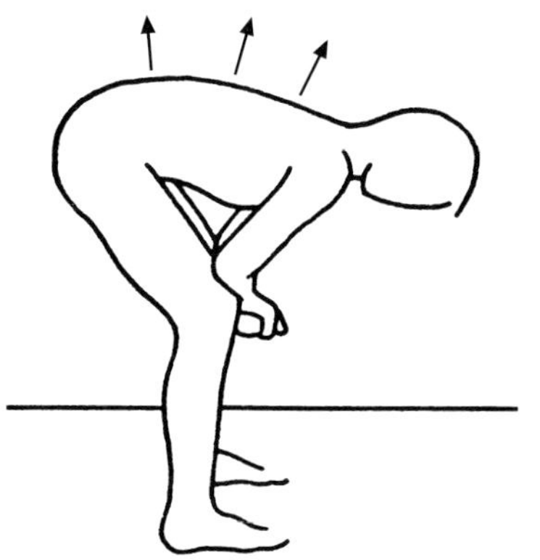

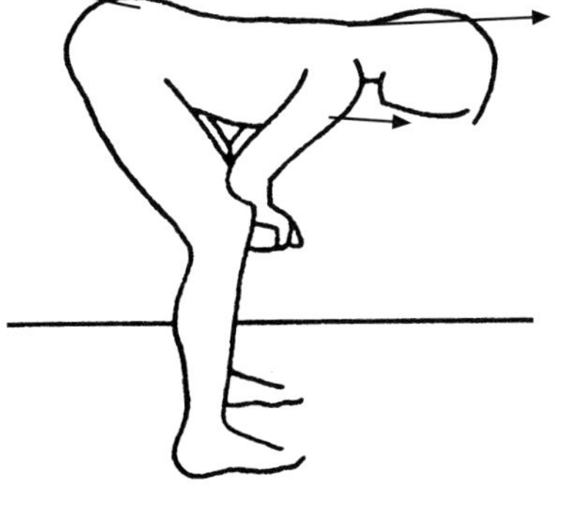

Übung 129a, 129b

Position: Eine weitere sichere Variante ist die Mobilisation in der Vierfüßler-Position.

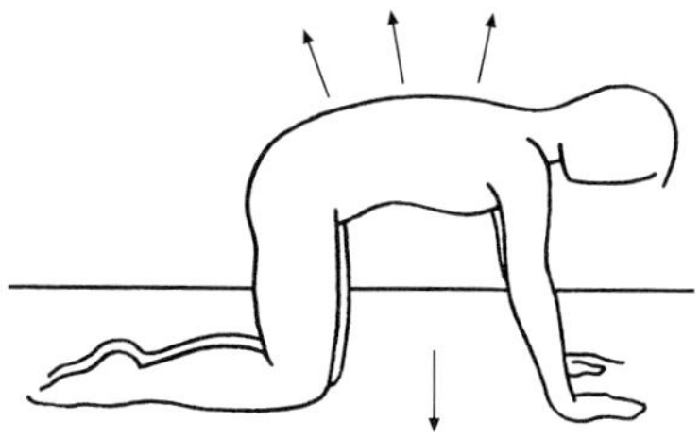

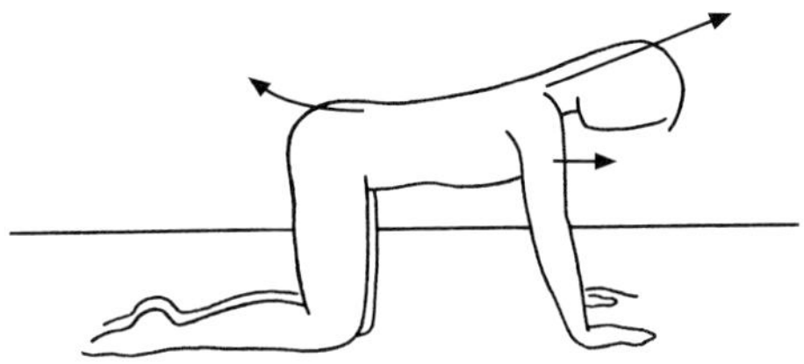

Persönliche Ergänzungen
Schwierigkeitsgrad:
Dehnungswirkung:
Dynamischer Adaptationsreiz:
Position:
Vermeide:
Spezielles:

Persönliche Ergänzungen
Schwierigkeitsgrad:
Dehnungswirkung:
Dynamischer Adaptationsreiz:
Position:
Vermeide:
Spezielles:

Persönliche Ergänzungen
Schwierigkeitsgrad:
Dehnungswirkung:
Dynamischer Adaptationsreiz:
Position:
Vermeide:
Spezielles:

5.9.12 Aufrichten – Aufrollen

Beide Möglichkeiten, den Oberkörper wieder in eine aufgerichtete Position zu bringen, sind richtig.

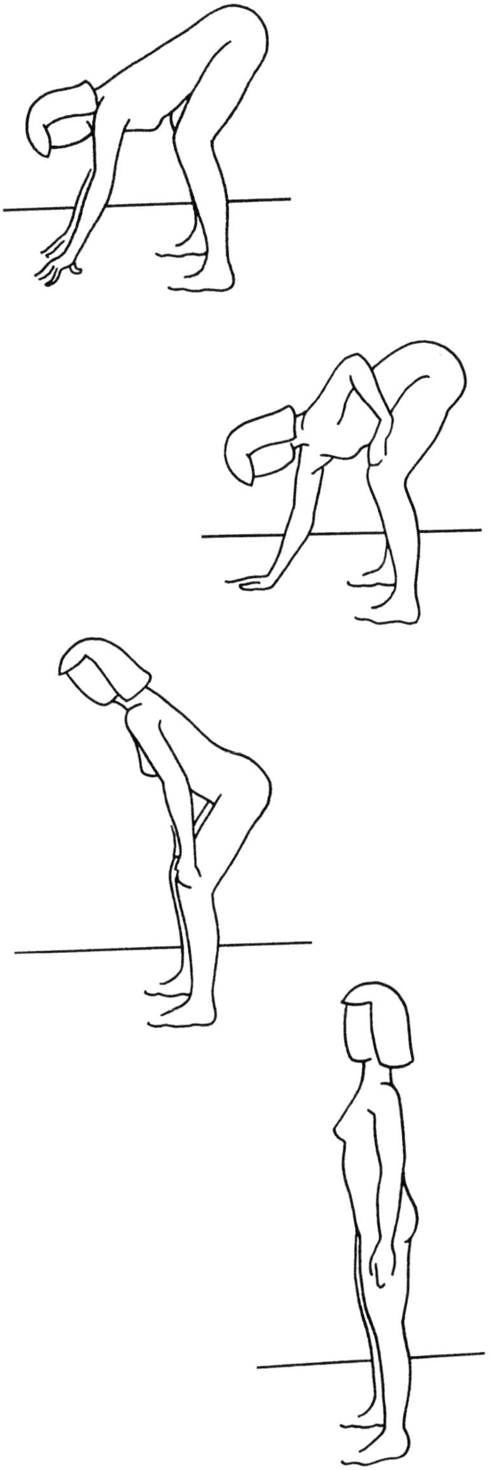

Übung 130: Aufrichten

Das Aufrichten ist durch die Streckung der WS weniger bandscheibenbelastend. Wenn man bedenkt, daß Kinder sich aufrichten und nicht aufrollen, können wir annehmen, daß es natürlicher ist.

Korrekte Ausführung:
Solange die WS gebeugt ist, immer abstützen.

Die Streckung findet nicht in einer horizontalen, sondern in einer diagonalen Position statt. Dort ist der Rücken gestreckt, das Brustbein gehoben, dic HWS ist verlängert, und die Schulterblätter sind verankert.

Der Oberkörper muß jetzt nur noch aufgerichtet werden.

Übung 131: Aufrollen

Das Aufrollen ist eine im Tanz und in der Gymnastik übliche Art, sich in die aufrechte Haltung zu bringen. Die Bewegung beinhaltet einen mobilisierenden Effekt, ist jedoch, wenn das Körpergewicht nicht abgestützt ist, wirbelsäulenbelastend.
Aufrollen ohne Abstützung wird nicht empfohlen.

Korrekte Ausführung:
Das Körpergewicht ist immer entweder am Boden oder auf den Oberschenkeln abgestützt, dann wird die Wirbelsäule Wirbel für Wirbel aufgerollt.

Am Schluß das Schultergelenk wieder in eine neutrale Stellung bringen und das Brustbein heben.

6 Beweglichkeitstraining mit Seniorinnen und Senioren (ab dem 65. Lebensjahr)

Personen, die ein Leben lang Sport, inklusive Beweglichkeitstraining gemacht haben, können weit über das 65. Lebensjahr hinaus ihr gewohntes Stretchprogramm durchführen. Ist das aus gesundheitlichen Gründen nicht mehr möglich, gibt es Übungsvarianten und Hilfsmittel, die es erlauben, mit dem Beweglichkeitstraining fortzufahren.

Grundsätzlich sollte eine Seniorin oder ein Senior eine Stunde pro Tag dem Körper und der Bewegung widmen. Das Training sollte so abwechslungsreich wie möglich sein, z.B. Walking, Schwimmen, Turnen, Fahrradfahren, Tanzen, Kräftigen, Dehnen, Übungen zur Erhaltung der Koordinationsfähigkeit usw.

Die Lebensqualität der Seniorinnen und Senioren wird durch regelmäßiges Training verbessert, da alltägliche Verrichtungen, wie z.B. Gegenstände tragen, Gartenarbeit, Schuhe binden, in die Badewanne steigen, länger ohne Hilfe ausgeführt werden können. Ältere Menschen bemerken nach einem Kraft-Dehn-Training einen verbesserten Muskeltonus, eine bessere Körperhaltung sowie tiefere Atmung.

6.1 Grundsätzliches

- Beweglichkeit und Kraft werden kombiniert und immer im gleichen Verhältnis trainiert.
- Genügend Zeit und Aufmerksamkeit für das Aufwärmen sowie das Mobilisieren der Gelenke aufwenden (20 bis 30 Min.).
- Der ältere Mensch braucht für den Aufbau der Übung mehr Zeit und gute Erklärungen.
- Korrekturen und Hilfestellungen beanspruchen viel Zeit.
- Großen Wert auf die Körperwahrnehmung legen. Erholungsphasen einschieben.
- Die Gegenbewegung zur Beugehaltung ist sehr wichtig und muß in jeder Lektion erarbeitet werden.
- Osteoporose-Kranke müssen sich bei ihrem Arzt und/oder Physiotherapeuten über ihre individuellen Bewegungs- und Belastungsmöglichkeiten informieren (Selbstverantwortung).

6.2 Gesetzmäßigkeit und Arbeitsweise

- ▶ Die Übungen müssen in stabiler und sicherer Körperposition ausgeführt werden.
- ▶ Dehnungspositionen können meistens nur ca. 15 Sek. gehalten werden.
- ▶ In jeder Übungsposition eine tiefe Ein- und eine tiefe Ausatembewegung ausführen. Dazwischen immer wieder auf die Atmung aufmerksam machen.
- ▶ Beim dynamischen Dehnen darauf achten, daß die Bewegungen klein und kontrolliert durchgeführt werden.

6.3 Hilfsmittel

Wichtige Hilfsmittel: Sessel, Handtuch, Kissen, Therabänder, Sprossenwand, Bänke.

Durch die Arbeit mit so vielen Hilfsmitteln entsteht häufig Unruhe, ein meditativer Ablauf ist nur bedingt möglich. Trotzdem mit Ruhe, Konzentration und Körpergefühl arbeiten.

Motivation ist sehr wichtig, jedoch nicht forcieren, sondern auf das Körpergefühl und die Eigenverantwortlichkeit aufmerksam machen. Ältere Personen neigen dazu, sich zu überfordern.

Bei 60 Min. Training kann nur ein kleiner Teil des Körpers gekräftigt und gedehnt werden. Deshalb ist es wichtig, Hausaufgaben mitzugeben. Dies wird sehr positiv aufgenommen und mehrheitlich auch ausgeführt.

6.4 Übungen

Diese Ergänzungen wurden von Päuli Hitz ausgewählt, sie unterrichtet jedoch auch Übungen aus der Gesamtauswahl, je nach Belastbarkeit ihrer Teilnehmerinnen und Teilnehmer.

6.4.1 Rückwärtige Oberschenkelmuskulatur

Übung 1

Schwierigkeitsgrad: ♦♦
Dehnungswirkung: ***
Dynamischer Adaptationsreiz: Becken kippen.
Position: Den Körper durch Halten an der Stuhllehne stabilisieren.
Vermeide: Den Oberkörper mit rundem Rükken nach unten ziehen.
Spezielles: Die Übung wird erst mit leicht gebeugtem Knie, dann mit gestrecktem Knie und schließlich mit gestrecktem Knie und angezogenem Fuß ausgeführt.

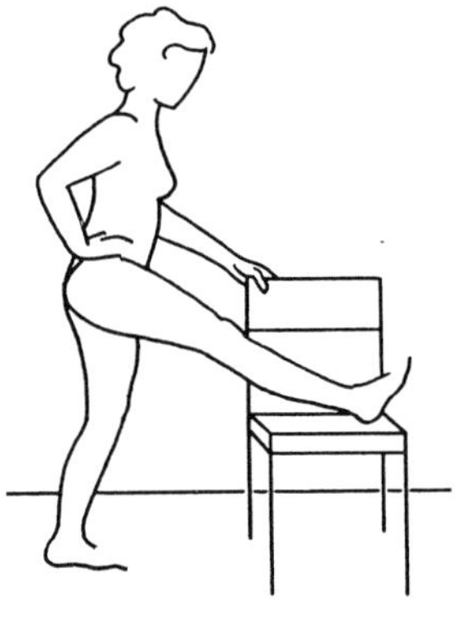

Übung 2

Schwierigkeitsgrad: ♦
Dehnungswirkung: ***
Dynamischer Adaptationsreiz: Becken kippen.
Position: Mit den Händen die Beckenkippung unterstützen, Brustbein gut heben.
Vermeide: Rundrücken.
Spezielles: Diese Übung kann, weil sie sehr sicher ist, gut als Hausaufgabe gegeben werden.

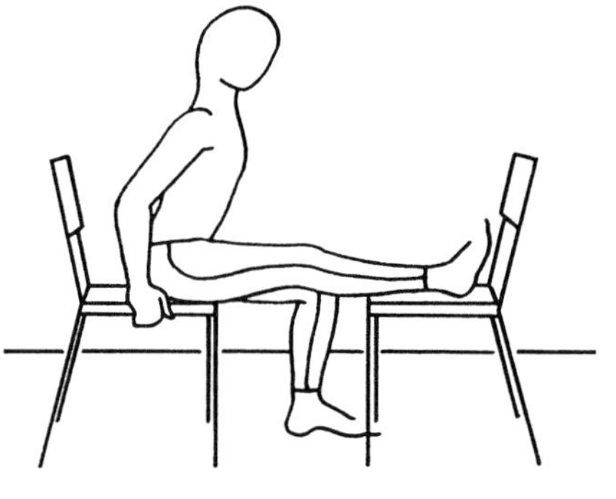

Schwierigkeitsgrad ♦ leicht, ♦♦ mittel, ♦♦♦ schwierig
Dehnungswirkung * niedrig, ** gut, *** sehr gut

Übung 3

Schwierigkeitsgrad: ♦
Dehnungswirkung: **
Dynamischer Adaptationsreiz: -
Position: Da die Übung auf dem Stuhlrand ausgeführt wird, muß der Körper mit den Händen gut stabilisiert werden.
Vermeide: die Übung bei Instabilität.
Spezielles: Diese Position ist speziell für wenig bewegliche Personen geeignet.

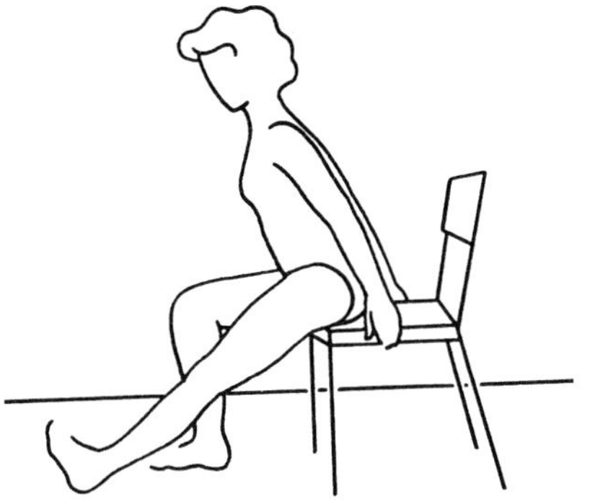

Weitere beliebte Übungen sind die Beindehnungen liegend, s. S. 72ff, Übungen 20a bis 20f.

6.4.2 Oberschenkel vorne und Hüftbeugemuskulatur

Übung 4

Schwierigkeitsgrad: ♦
Dehnungswirkung: **
Dynamischer Adaptationsreiz: Becken aufrichten.
Position: -
Vermeide: -
Spezielles: Diese Position ist sehr stabil und sicher, die Dehnung ist jedoch nur in der Hüftbeugemuskulatur, der M. rectus femoris ist entlastet.

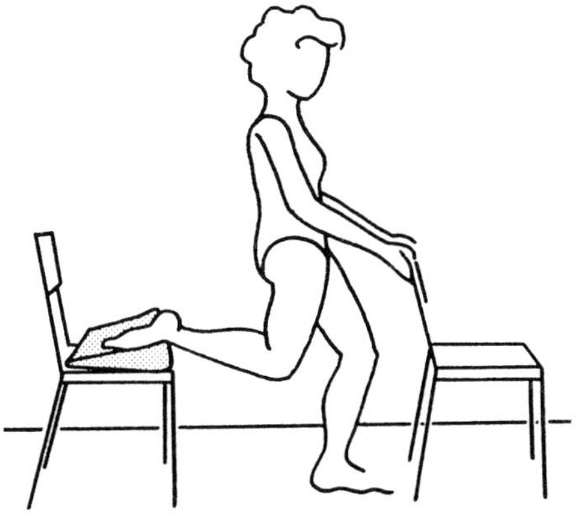

Übung 5

Schwierigkeitsgrad: ♦♦
Dehnungswirkung: **
Dynamischer Adaptationsreiz: -
Position: Ganz auf der Stuhlseite sitzen, der Stuhl kann auch gedreht werden.
Vermeide: die Übung bei Instabilität.
Spezielles: Der Oberkörper sollte aufrecht bleiben.

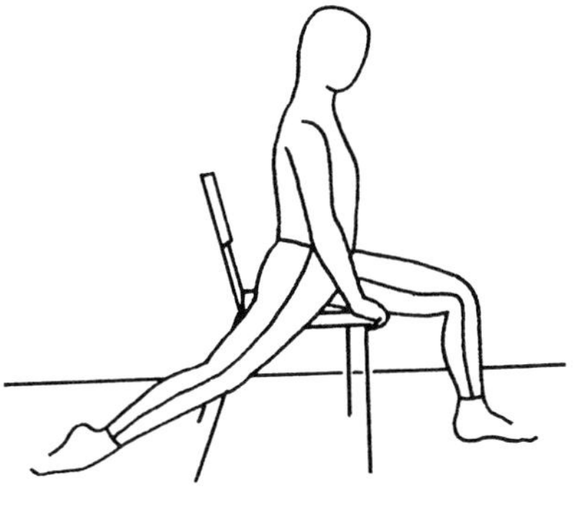

Schwierigkeitsgrad ♦ leicht, ♦♦ mittel, ♦♦♦ schwierig
Dehnungswirkung * niedrig, ** gut, *** sehr gut

Übung 6

Schwierigkeitsgrad: ♦♦♦
Dehnungswirkung: **
Dynamischer Adaptationsreiz: -
Position: Fuß in die Hand legen und das Becken aufrichten.
Vermeide: Knie zu weit vorne oder zu hoch.
Spezielles: Diese Übung sollten die Senioren nicht auf dem Bauch liegend ausführen, löst oft Ischiasschmerzen aus.

6.4.3 Oberschenkel innen

Übung 7

Schwierigkeitsgrad: ♦♦
Dehnungswirkung: **
Dynamischer Adaptationsreiz: -
Position: Das Bein auf dem Stuhl sollte nicht ganz parallel gehalten werden, sondern leicht außenrotiert.
Vermeide: die Übung bei Schmerzen im Hüftgelenk.
Spezielles: Der Stuhl kann auch gedreht werden.

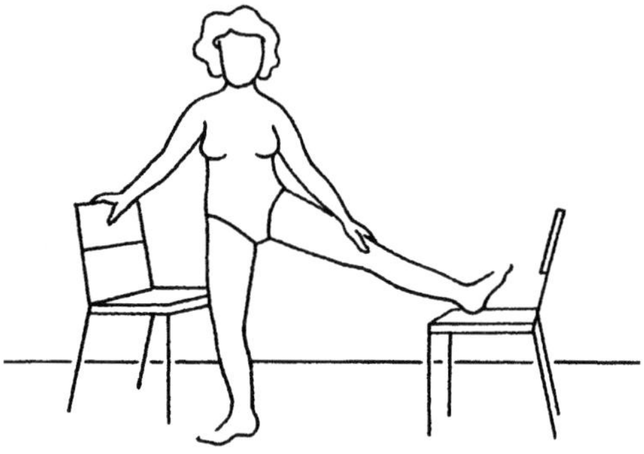

Übung 8

Schwierigkeitsgrad: ♦
Dehnungswirkung: **
Dynamischer Adaptationsreiz: -
Position: Beine mit Kraft der Arme öffnen.
Vermeide: -
Spezielles: Der Oberkörper bleibt gestreckt und das Brustbein gehoben.

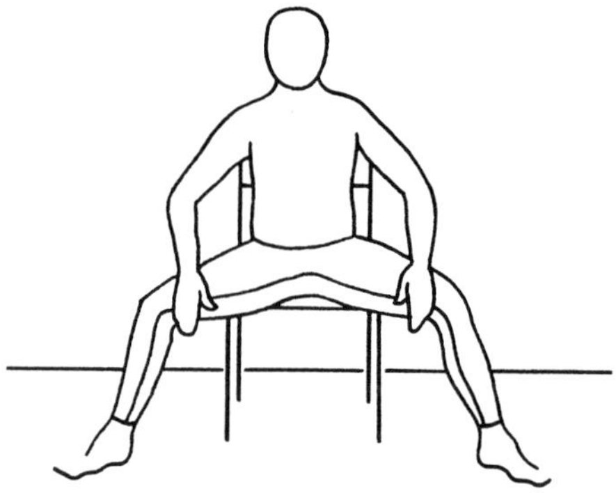

Schwierigkeitsgrad ♦ leicht, ♦♦ mittel, ♦♦♦ schwierig
Dehnungswirkung * niedrig, ** gut, *** sehr gut

Übung 9

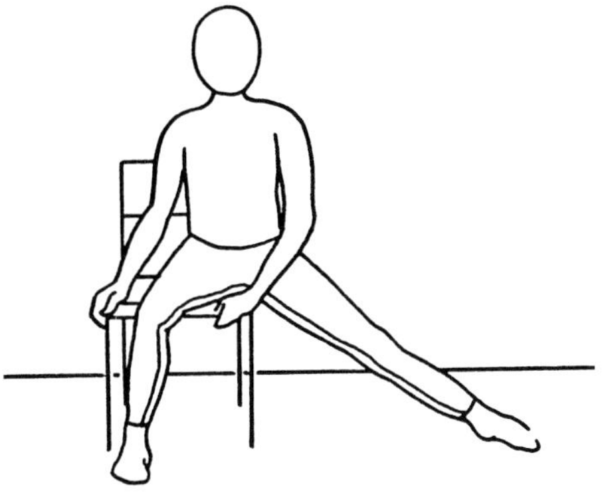

Schwierigkeitsgrad: ♦
Dehnungswirkung: *
Dynamischer Adaptationsreiz: -
Position: -
Vermeide: die Übung bei Schmerzen im Hüftgelenk.
Spezielles: -

Übung 10

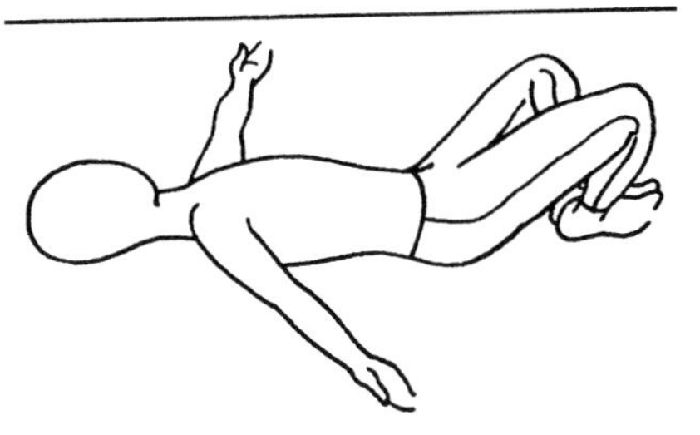

Schwierigkeitsgrad: ♦
Dehnungswirkung: **
Dynamischer Adaptationsreiz: -
Position: Die Füße liegen nah am Becken.
Vermeide: -
Spezielles: Die Übung ist sehr entspannend und wird sehr gerne ausgeführt.

Übung 11

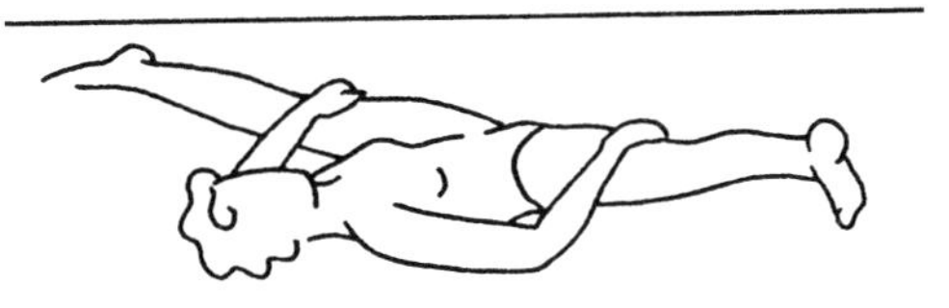

Schwierigkeitsgrad: ♦
Dehnungswirkung: ***
Dynamischer Adaptationsreiz: -
Position: Das Becken nah an der Wand
Vermeide: die Übung, wenn sie zu anstrengend ist.
Spezielles: Die Beine dürfen auch nicht gebeugt oder von außen gestützt werden.

Schwierigkeitsgrad ♦ leicht, ♦♦ mittel, ♦♦♦ schwierig
Dehnungswirkung * niedrig, ** gut, *** sehr gut

6.4.4 Brustkorb vorne

Übung 12

Schwierigkeitsgrad: ♦
Dehnungswirkung: **
Dynamischer Adaptationsreiz: -
Position: Oberkörper in der leichten Vorlage halten.
Vermeide: Knick in der HWS.
Spezielles: Die Übung ist gleichzeitig eine Kräftigung für die Rückenmuskulatur und eine Öffnung des Atemraumes. Sie sollte unbedingt als Hausaufgabe aufgegeben werden (s. Gegenbewegung zur Beugehaltung sitzend, S. 144f, Übung 22a bis 22d).

Übung 13

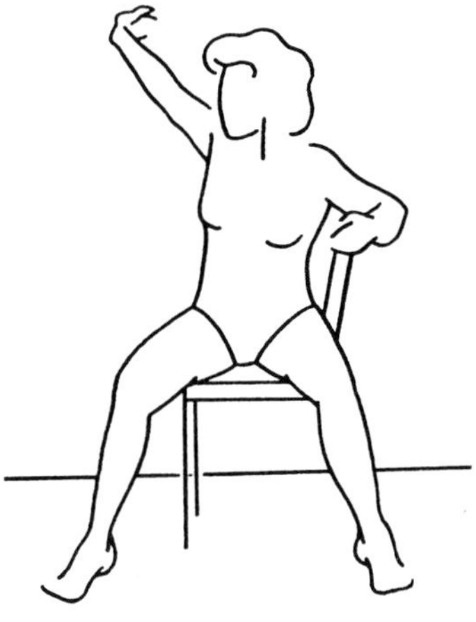

Schwierigkeitsgrad: ♦
Dehnungswirkung: ***
Dynamischer Adaptationsreiz: -
Position: Brustbein gehoben, wenn möglich Arm diagonal nach oben oder in einem Winkel von 90°.
Vermeide: ruckartige Bewegungen.
Spezielles: Wenn die Übung mit beiden Armen gleichzeitig noch zu schwierig ist, kann sie so vorbereitet werden. Die Bewegung wird mit der Kraft des Armes auf der Stuhllehne unterstützt.

Übung 14

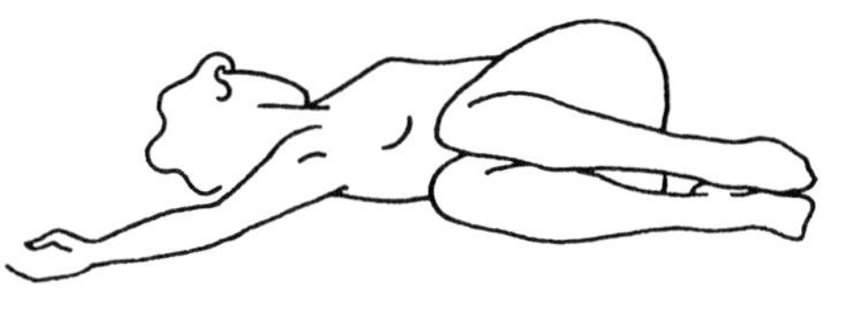

Schwierigkeitsgrad: ♦
Dehnungswirkung: **
Dynamischer Adaptationsreiz: -
Position: Die Schulter bleibt so nah wie möglich am Boden.
Vermeide: -
Spezielles: Die Übung dehnt zusätzlich die schräge Bauchmuskulatur und verbessert die Rotationsfähigkeit der BWS.

Schwierigkeitsgrad ♦ leicht, ♦♦ mittel, ♦♦♦ schwierig
Dehnungswirkung * niedrig, ** gut, *** sehr gut

Übung 15

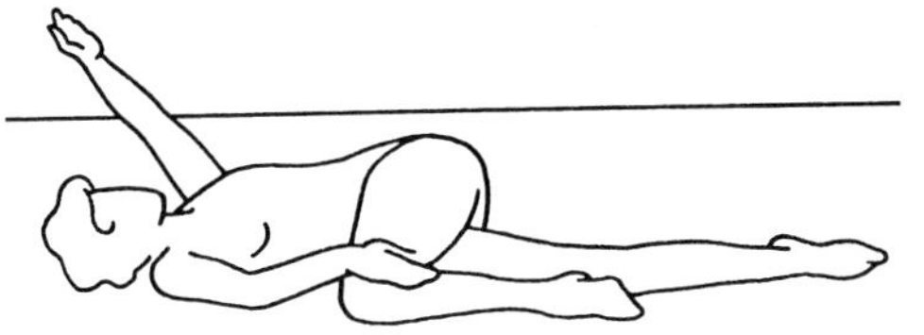

Schwierigkeitsgrad: ♦ ♦
Dehnungswirkung: ***
Dynamischer Adaptationsreiz: -
Position: Die rückwärtige Schulter ist abgehoben, das Gewicht des Armes und der Schulter bewirken die Dehnung.
Vermeide: -
Spezielles: Wenn die Übung so noch nicht durchgeführt werden kann, darf sich das Knie vom Boden leicht abheben. Die Übung dehnt gleichzeitig die schräge Bauchmuskulatur und verbessert die Rotationsfähigkeit der BWS. Die Atmung wird bewußt und tief in den Brustkorb gebracht.

6.4.5 Halsbereich

Übung 16

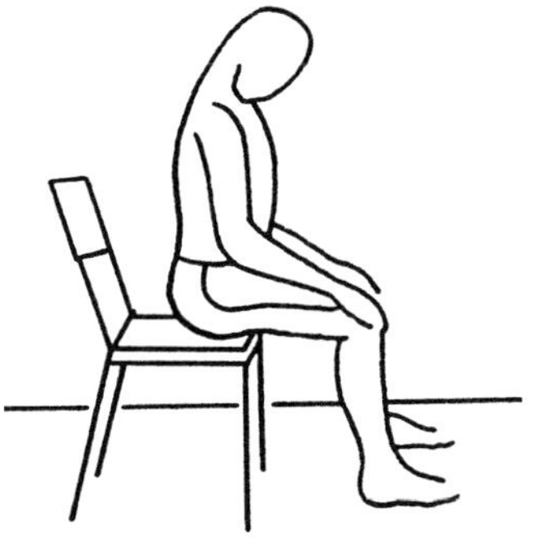

Schwierigkeitsgrad: ♦ ♦
Dehnungswirkung: ***
Dynamischer Adaptationsreiz: -
Position: Bei der Dehnung des Halsbereiches muß das Brustbein immer angehoben sein.
Vermeide: den Halbkreis hinten.
Spezielles: Aus dieser Position den Kopf einen Viertelkreis nach rechts und nach links rotieren, den Kopf wieder heben und erneut nach rechts und links rotieren.

Schwierigkeitsgrad ♦ leicht, ♦ ♦ mittel, ♦ ♦ ♦ schwierig
Dehnungswirkung * niedrig, ** gut, *** sehr gut

6.4.6 Bauchbereich

Übung 17

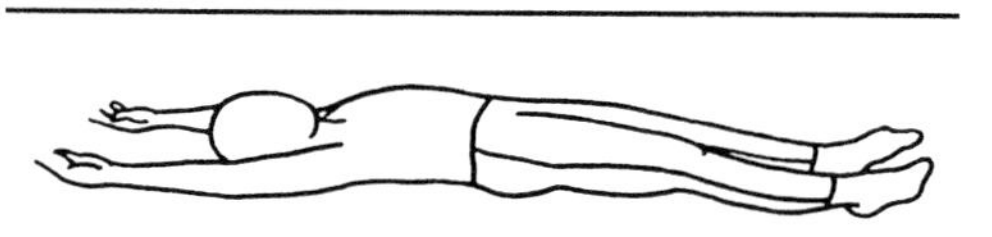

(*Schwierigkeitsgrad*: ♦
Dehnungswirkung: **
Dynamischer Adaptationsreiz: -
Position: langgestreckt am Boden.
Vermeide: -
Spezielles: Der Körper wird bewußt in die Länge gezogen, auch diagonal: linkes Bein, rechter Arm und umgekehrt. Die Übung mit bewußter Atmung verstärken.

6.4.7 Gesäßbereich

Übung 18

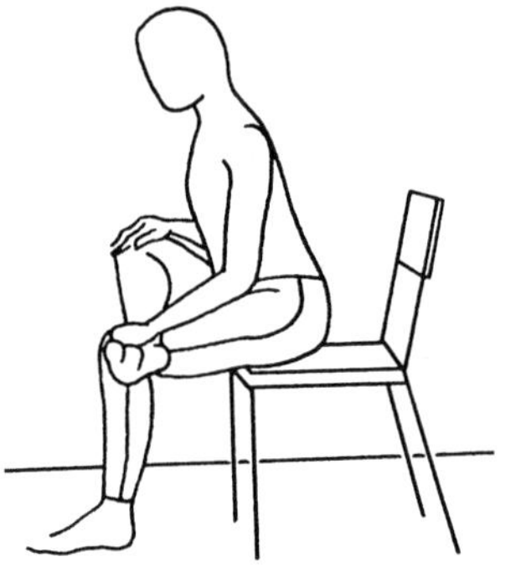

Schwierigkeitsgrad: ♦
Dehnungswirkung: ***
Dynamischer Adaptationsreiz: Becken kippen.
Position: Das Brustbein bleibt gehoben, aus dem Becken heraus arbeiten.
Vermeide: Das Knie des überkreuzten Beines wird nicht nach unten gepreßt.
Spezielles: Diese Übung kann Personen, die unter Ischiasproblemen leiden, präventiv als Hausaufgabe gegeben werden, speziell bei langem Sitzen. Bei akuten Ischiasschmerzen sollte sie nicht durchgeführt werden.

Übung 19

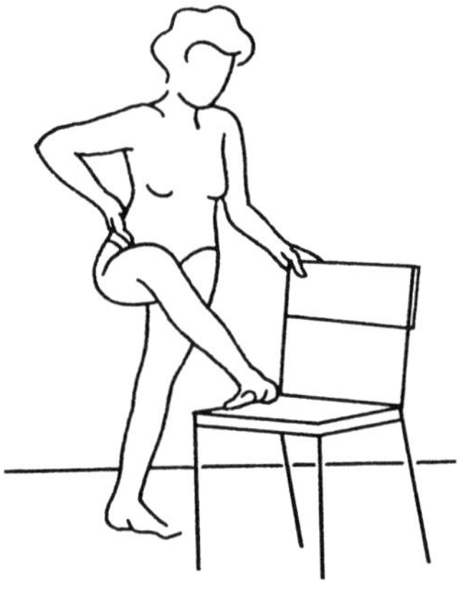

Schwierigkeitsgrad: ♦♦
Dehnungswirkung: ***
Dynamischer Adaptationsreiz: Becken kippen.
Position: Der Körper muß sehr stabil sein.
Vermeide: -
Spezielles: Kein Rundrücken, die BWS bleibt lang.

Schwierigkeitsgrad ♦ leicht, ♦♦ mittel, ♦♦♦ schwierig
Dehnungswirkung * niedrig, ** gut, *** sehr gut

6.4.8 Wadenbereich

Übung 20

Schwierigkeitsgrad: ♦
Dehnungswirkung: ***
Dynamischer Adaptationsreiz: Becken nach vorne bringen, und gleichzeitig die Ferse am Boden lassen.
Position: Körper an der Stuhllehne stabilisieren und die Ferse in den Boden pressen.
Vermeide: -
Spezielles: Die Übung kann auch gegen eine Wand ausgeführt werden.

Übung 21

Schwierigkeitsgrad: ♦
Dehnungswirkung: ***
Dynamischer Adaptationsreiz: Körper nach unten ziehen.
Position: Die Ferse wenn möglich am Boden lassen.
Vermeide: -
Spezielles: Das hintere Bein kann weiter nach vorne gebracht werden, so daß die Ferse möglichst den Boden nicht verläßt.

Schwierigkeitsgrad ♦ leicht, ♦♦ mittel, ♦♦♦ schwierig
Dehnungswirkung * niedrig, ** gut, *** sehr gut

6.4.9 Gegenbewegung zur Beugehaltung sitzend

Um eine optimale Stabilität zu gewährleisten, unterrichten wir die Gegenbewegung für die Seniorinnen und Senioren im Sitzen.
Die Übung wird *immer* in einer leichten Vorlage ausgeführt, so daß die WS nicht belastet ist.
Die Überstreckung muß ein gleichmäßiger Bogen in der Wirbelsäule sein, es darf kein Knick im kompensatorischen Abschnitt vorhanden sein.

Übung 22a)

Schwierigkeitsgrad: ♦♦
Dehnungswirkung: ***
Dynamischer Adaptationsreiz: wird durch die Bewegung gesetzt.
Position: Oberkörper in der Vorlage, HWS lang.
Vermeide: Überhang des Oberkörpers nach hinten.
Spezielles: Die ganze Übung sollte in jeder Position mit einer tiefen Ein- und Ausatmung unterstützt werden.

Übung 22b)

Position: Arme schräg nach oben bringen und dann nach hinten ziehen, anschließend einen großen Kreis mit den Armen im maximalen Bewegungsradius ausführen.

Schwierigkeitsgrad ♦ leicht, ♦♦ mittel, ♦♦♦ schwierig
Dehnungswirkung * niedrig, ** gut, *** sehr gut

Übung 22c)

Position: Hände hinter dem Rücken schließen und nach unten, nach hinten und nach oben ziehen.

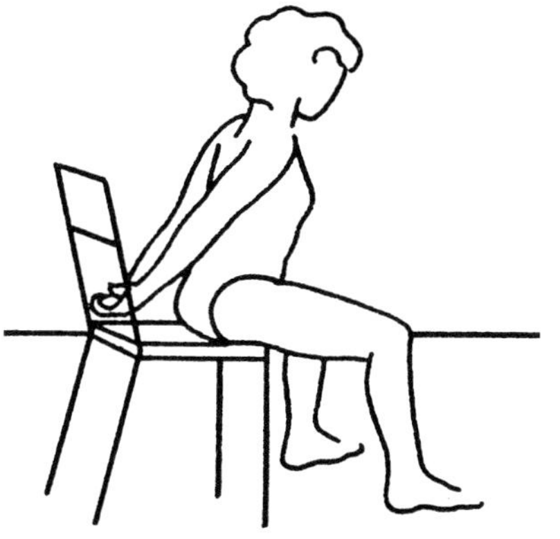

Übung 22d)

Position: Jetzt die Dehnungen für den Halsbereich anschließen.

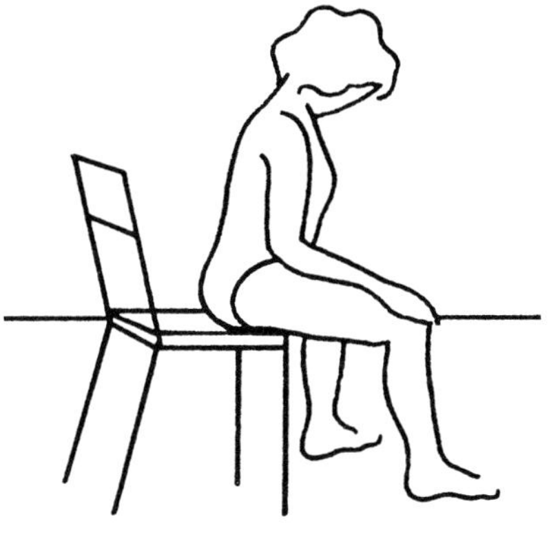

7 Beweglichkeitstraining mit Kindern und Jugendlichen

Die heutigen Lebens- und Umweltbedingungen verlangen uns und unseren Kindern immer geringere körperliche Aktivitäten ab. Die Bewegungsräume der Kinder werden immer stärker eingeschränkt. Im Schulbereich diskutiert man über Kürzungen von Bewegungs- und Sportstunden. Die Kosten im Gesundheitswesen steigen ins Unermeßliche. Können hier nicht gewisse Rückschlüsse gezogen werden? Sollten nicht vor allem die Kinder und Jugendlichen beeinflußt , die Eltern, Pädagogen sowie Politiker über die Zusammenhänge aufgeklärt werden?

Die Zeichen stehen auf Alarm! Je nach Statistik weisen 50 bis 65% aller 8- bis 18jährigen Schülerinnen und Schüler Haltungsschwächen bzw. -fehler auf (Untersuchungen aus Deutschland). Schweizer Kinder und Jugendliche bestätigen leider diese alarmierenden Angaben.

Was uns besonders zum Handeln drängen sollte, ist die Tatsache, daß sporttreibende Jugendliche zum großen Teil keine besseren Körperhaltungen zeigen. Wie kommt es dazu?

Im Schul- und Vereinssport sind die alten Leibesübungen schon längst vergessen. Der neue Trend zeigt ganz klar in Richtung Spiel und „Fun“. 1000 Spielformen sind „in“. Unter dem Motto „1000 Spielformen kennenlernen, 1000 Spielfreuden erleben“, wird der Stellenwert des körperbewußten, körperbetonten Sportunterrichts immer geringer. *Die Verbesserung von Bewegungsqualitäten wird oft vernachlässigt, man gibt sich zufrieden, wenn alle Freude am Sport und an der Bewegung zeigen.*

Einzelne Muskeln bzw. Muskelregionen bewußt zu spannen oder zu entspannen, den Körper und seine Haltung wahrzunehmen, gezielt gewisse Muskelregionen zu kräftigen oder zu dehnen und die Muskelkraft bzw. die Muskeldehnung während der Sport- und Alltagsbewegungen wahrzunehmen, dies sollte neben der Förderung der allgemeinen Bewegungskoordination (wieder) vermehrt die Inhalte unseres Sportunterrichts prägen.

Ganz bestimmt sollen das Spiel und die Spielfreude ein zentrales Element im Kinder- und Jugendsport bleiben, jedoch nicht zum alleinigen Inhalt unserer Sportlektionen werden.

Untersuchungen bestätigen, daß aufgrund einseitiger Trainingsbelastungen bzw. einseitiger Alltagsgewohnheiten (z.B. langes Sitzen) *Muskelverkürzungen und -abschwächungen bereits im Kindesalter* auftreten (Verkürzung der sportartspezifischen „Leistungsmuskulatur“). Demzufolge sollte mit einem allgemeinen bzw. im Kinderleistungssport mit einem gezielt ergänzenden Beweglichkeits- und Kräftigungsprogramm begonnen werden.

Selbständiges Handeln

Jugendliche (und ihre Trainer!) sollten sich vermehrt überlegen, welche Muskelgruppen bei ihrer Sportart bei ganz bestimmten Bewegungshandlungen in welcher Art beansprucht werden. Ist es ein Mangel an Beweglichkeit oder Kraft, welcher die Muskelgruppe nicht optimal arbeiten läßt? Sollte die entsprechende Muskulatur gedehnt oder gekräftigt werden? Die Jugendlichen werden auf diese Art zu einem *selbständigen Handeln* und zu entscheidenden Überlegungen geführt, erkennen eigene Defizite und setzen sich bewußter mit dem eigenen Körper, seinen Möglichkeiten und Grenzen auseinander. Auf diese Art und Weise werden die Jugendlichen stärker in den Trainingsprozeß eingebunden, und sie lernen Verantwortung, nicht zuletzt auch gegenüber dem eigenen Körper, zu tragen.

Letztendlich entscheiden die Leiter/-innen in Absprache mit jedem einzelnen Kind, bzw. einer medizinischen Fachperson, über die individuellen Trainingsmaßnahmen. Bei vielen Kindern und Jugendlichen liegen die Probleme nicht im Beweglichkeits- sondern im Kraftbereich. Bestimmte Gelenke können aufgrund von Kraftdefiziten nicht stabilisiert werden (z.B. Hüftgelenk in der Liegestützposition). In solchen Fällen muß bestimmt ein gezieltes Krafttraining neben einem (eventuellen) Beweglichkeitstraining im Zentrum stehen.

Die deutsche Sportmedizinerin Gudrun Fröhner äußert sich über die Bedeutung von Stretching und Stabilisierung sowie Mobilität und Stabilität für die Belastbarkeit wie folgt: „Stretching gilt als trainingsbegleitend genutztes Mittel, das der Belastbarkeit des Halte- und Bewegungsapparates dienlich ist. Dies ist im Erwachsenenalter im allgemeinen gültig. – Betrachten wir die Entwicklungsphysiologie, hat der Organismus im Kindesalter aber besonders Bedarf an Stabilisierung. Denn die Muskeln sind noch relativ weich, auch das Bindegewebe, teilweise bestehen sogar ausgesprochen hypermobile Bedingungen.“ ... „Den Schutz für den Halte- und Bewegungsapparat können wir im allgemeinen im Kindesalter vorwiegend nur mit Stabilisierung, d.h. mit der Kräftigung der Haltemuskulatur aufbauen.“

Neben der Verbesserung von Beweglichkeit und Kraft sollte den Kindern vor allem die Wahrnehmung von Muskel-(ver)spannung sowie die eigenen Körperhaltungen in Ruhe und bei Alltags- und Sportaktivitäten bewußt gemacht werden.

Die Jugendlichen sollten eine enge Beziehung zum eigenen Körper aufbauen, ihre Bewegungsmöglichkeiten erleben und auch schätzen lernen, damit der eigene Körper nicht nur als Objekt genutzt, sondern auch gepflegt und geachtet wird. In diesem Sinne darf das Beweglichkeits- bzw. Krafttraining nicht nur als Verbesserung eines Konditionsfaktors betrachtet werden, sondern muß breiteren Ansprüchen gerecht werden. Von einer guten Beweglichkeit und Kraft sowie der bewußteren Körperwahrnehmung würden die jungen Sportlerinnen und Sportler im Sinne einer optimierten Bewegungsqualität und Funktionalität profitieren.

Kindersport unterscheidet sich in vielerlei Hinsicht vom Erwachsenensport. Ein zentraler Unterschied liegt in der geringeren Belastbarkeit verschiedener Körpergewebe, die sich noch im Wachstum befinden (vor allem Binde- und Stützgewebe).

Die verschiedenen *Trainingsformen des Erwachsenensportes*, und dies gilt insbesondere auch für das Beweglichkeitstraining, dürfen *folglich nicht einfach auf den Kindersport übertragen* werden.

7.1 Worauf ist beim Beweglichkeitstraining mit Kindern und Jugendlichen besonders zu achten?

7.1.1 Einige sportbiologische Grundlagen

7.1.1.1 Beweglichkeitstraining im frühen Kindesalter (4- bis 7jährige)

Kinder besitzen *in dieser Altersstufe* im allgemeinen eine *ausgezeichnete Beweglichkeit*. Dies vor allem, weil der Bewegungsapparat der Kinder in diesem Alter eine hohe Elastizität aufweist (Muskulatur und Knochen, Knorpel und Bänder).

Zur Zeit des ersten Gestaltwandels *(Extremitätenwachstum) zwischen dem fünften und sechsten Lebensjahr*, sollte *kein forciertes Beweglichkeitstraining* durchgeführt werden, da zu dieser Zeit der Halte- und Stützapparat recht instabil und somit vermindert belastbar ist. Diese Warnung gilt vor allem im Kinderleistungssport und appelliert an die Verantwortung der Trainerinnen und Trainer.

Altersgemäße Beweglichkeitsformen und -spiele sollten neben Koordinations- und Kraftübungen in die Sport- und Bewegungsstunden der Kinder integriert werden (z.B. im Kunstturnen, Mutter-Kind-Turnen usw.).

7.1.1.2 Beweglichkeitstraining im frühen Schulalter (ca. 7- bis 10jährige)

Die *Entwicklung der Beweglichkeit* verläuft *in dieser Altersgruppe nicht einheitlich*. Während die Bewegungsfähigkeit um Hüft- und Schultergelenk und der Wirbelsäule auch ohne gezieltes Beweglichkeitstraining noch zunimmt (max. Beweglichkeit der Wirbelsäule im 8./9. Jahr), nimmt die Spreizfähigkeit der Beine im Hüftgelenk bereits ab, ebenso die dorsal (zum Rücken hin) gerichtete Beweglichkeit im Schultergelenk. Entsprechend soll vor allem in Sportarten, in denen eine optimale Beweglichkeit in den genannten Gelenken leistungsbestimmend ist, ein systematisches Beweglichkeits- und Krafttraining betrieben werden (z.B. Turnen, Schwimmen, Gymnastik usw.). Neben diesem spezifischen Beweglichkeits- und Krafttraining sollten sehr sportaktive Kinder auch ein vielseitiges Beweglichkeits- und Krafttraining pflegen, um muskuläre Ungleichgewichte auszugleichen.

7.1.1.3 Beweglichkeitstraining im späten Schulalter (ca. 10- bis 13jährige)

In dieser Entwicklungsstufe sollte das Beweglichkeitstraining ganz besonders beachtet werden, denn *was in dieser Zeit versäumt wird, ist später, wenn überhaupt, nur mit einem erheblich erhöhten Trainingsaufwand nachzuholen*. Die gute Trainierbarkeit der Beweglichkeit sollte also in diesen Jahren genutzt werden, denn nur über ein gezieltes Training können Hüft- und Schultergelenk sowie die Wirbelsäule (Beugung und auch Streckung) noch beweglicher gemacht werden.

7.1.1.4 Beweglichkeitstraining in der Pubertät (ca. 13- bis 17jährige)

Die Pubertät wird aufgrund der biologischen Entwicklung in zwei Phasen unterteilt. In der *ersten puberalen Phase (Pubeszenz)* beginnt der Wachstumsschub, im Verlauf dessen die Jugendlichen in einem Jahr 8 bis 15 Zentimeter an Körperlänge zunehmen können. Man vermutet, daß die Dehnfähigkeit der Muskeln und Bänder dem beschleunigten Längenwachstum der Knochen nicht folgen kann und demzufolge eine *Abnahme der Beweglichkeit* zu beobachten ist. Die Abnahme der Beweglichkeit ist zu diesem Zeitpunkt recht schwierig nachzuweisen, da Körperproportionsveränderungen (z.B. längere Arme) sogar eine verbesserte Beweglichkeit vortäuschen können.

Interessant und sehr relevant ist die Tatsache, daß das Wachstum nicht regelmäßig erfolgt, sondern in Schüben stattfindet (Extremwerte bis 2,5 cm Längenwachstum pro Woche, gefolgt von mehrwöchigen Ruhephasen ohne Wachstum). Diese kurzfristigen Proportionsveränderungen am Körper der Jugendlichen provozieren meist eine Verschlechterung der koordinativen Fähigkeiten (die Jugendlichen werden „schlaksig"). Da nun beim Beweglichkeitstraining ebenfalls ein koordinativer Anteil bestimmend ist (Regulation von Muskelspannung und Entspannung), sind die technisch-koordinativen Fähigkeiten ebenfalls eingeschränkt.

Während dieser, auch aus sportlicher Sicht *recht schwierigen und anspruchsvollen Zeit, darf der Leistungs- und Erfolgsdruck bei den Jugendlichen nicht noch stärker aufgebaut werden.* Diese Periode ist oft auch eine Geduldsprobe für die Trainerinnen und Trainer. Aufgrund fehlender Geduld gehen während dieser Zeitspanne dem Sport viele Jugendliche verloren (auch sportliche Talente).

Das Training der Beweglichkeit kann nun einen hohen Stellenwert erhalten, indem die Jugendlichen den Bezug zum eigenen Körper neu erleben, körperbewußter leben und mehr Verantwortung sich selber und anderen gegenüber übernehmen.

Hormonelle Veränderungen bewirken zudem eine *Verminderung der mechanischen Widerstandsfähigkeit des passiven Bewegungsapparates* (Knochen, Knorpel, Bänder).

Die Konsequenz für die Sportpraxis besteht nun darin, daß während der Zeit der Wachstumsschübe *kein forciertes Beweglichkeitstraining* erfolgen sollte, vor allem Wirbelsäule und Hüftgelenk betreffend, um die Wachstumsfugen der Knochen nicht zu schädigen. Ein *allgemeines, „sanft dosiertes", den ganzen Körper umfassendes Beweglichkeitstraining* sollte jedoch unbedingt durchgeführt werden.

Nach dem Längenwachstumsschub kommt es nun in der *zweiten puberalen Phase (Adoleszenz)* zu einem vermehrten Breitenwachstum und damit zur Reharmonisierung der Körperproportionen. Die hormonellen Veränderungen in dieser Entwicklungsphase bewirken den allmählichen Abschluß des Knochenwachstums und somit eine *erhöhte Belastbarkeit des passiven Bewegungsapparates.* Da sich neben dieser körperlichen Harmonisierung ebenfalls die Psyche der Jugendlichen stabilisiert, können nun vermehrt die *Trainingsbelastungen und -praktiken des Erwachsenensportes* übernommen werden.

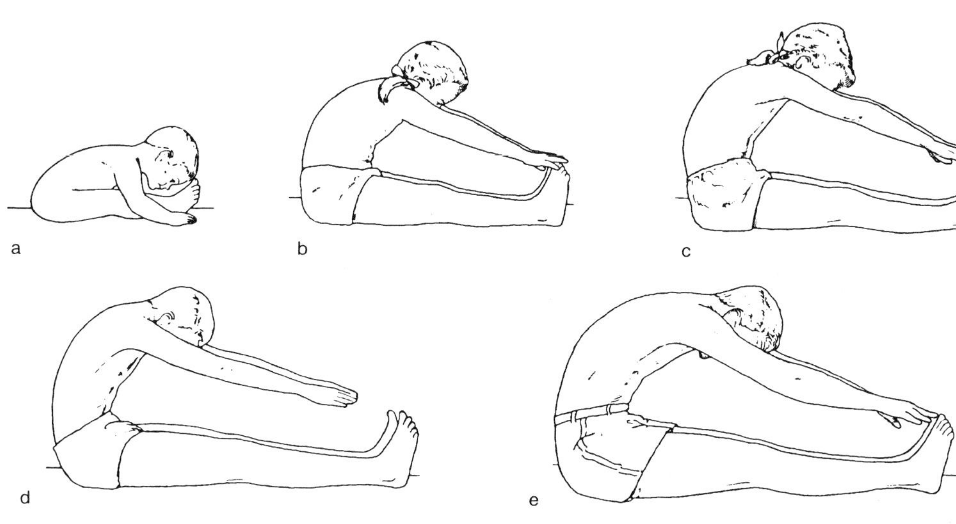

Abb. 42: Die normale Beweglichkeit im einzelnen Lebensalter.
a: Kleinkind, b: frühes Schulkindalter, c: spätes Schulkindalter, d: Pubertätsalter (Adoleszenz), e: Erwachsenenalter (aus: Alter, M.J.: Science of flexibility Human Kinetics, Champaign, Il. 1996).

Die Abbildung 42 zeigt die normale Beweglichkeit im jeweiligen Lebensalter. Interessiert die Veränderung der Beweglichkeit im Verlaufe der Wachstumsentwicklung, so sollten sinnvollerweise die Gelenkbewegungsmöglichkeiten in Winkelgraden ausgemessen werden. Tests, in denen beispielsweise der Abstand der Fingerspitzen von den Fußspitzen angegeben wird (sit and reach test) können zu Fehlinterpretationen führen (Proportionsveränderungen).

7.1.2 Grundlegende Überlegungen der Leiterinnen und Leiter

Welches ist die Zielsetzung für das Beweglichkeitstraining mit meinen Kindern bzw. Jugendlichen?

Auf welchem Leistungsniveau trainiere ich mit meinen Kindern und Jugendlichen bzw. wie wichtig ist eine gute, eventuell sogar ausgezeichnete Beweglichkeit für meine Kinder?

Wie weit sind die physischen und psychischen Voraussetzungen meiner Kinder entwickelt? Welche Dehnformen kann ich infolgedessen wählen?

Gefördert wird je nach Zielsetzung:

a) Geht es um die Bewegungsfähigkeit des täglichen Lebens, so fördere ich die allgemeine Beweglichkeit.
b) Geht es um eine gute Leistungsfähigkeit im Sport, so fördere ich neben der allgemeinen auch die sportartspezifische Beweglichkeit.
c) Geht es um ein ausgesprochen hohes Beweglichkeitsniveau, z.B. in Sportarten, bei denen die Beweglichkeit ein zentraler, leistungsbestimmender Faktor darstellt, so betreibe ich ein intensives, sportartspezifisches Training und gehe an die Grenzen der Beweglichkeitsförderung. Als Trainerin oder Trainer habe ich ein ausgezeichnetes *Fachwissen* und *kenne die Gefahren der forcierten Beweglichkeitsförderung* in den verschiedenen Entwicklungsphasen meiner Kinder und Jugendlichen und *bin mir meiner Verantwortung bewußt.*

7.1.3 Methoden zur Verbesserung der Beweglichkeit

Vom Beweglichkeitsspiel zu den spezifischen Dehntechniken:

Die Maßnahmen zur Förderung der Beweglichkeit mit Kindern unterscheiden sich meist ganz grundlegend von den Trainingspraktiken der Erwachsenen, hauptsächlich, weil bei den Kindern bis zum zehnten Lebensjahr die *Erhaltung und Förderung der Beweglichkeit mit spielerischer Leichtigkeit erreicht werden kann*, währenddessen bei den Jugendlichen und Erwachsenen die Erhaltung und Förderung der Beweglichkeit meist mit viel Trainingsfleiß erarbeitet werden muß. Wen wundert es, daß sich die Trainingsmethoden grundlegend unterscheiden.

7.1.3.1 Beweglichkeitstraining im Vorschul- und frühen Schulalter

Oft beobachtet man ehrgeizige Trainerinnen und Trainer, die „mit aller Liebe" ihren sechsjährigen Sprößlingen die passiven oder statischen Stretchingtechniken beibringen möchten. Ganz artig versuchen die Kinder ihr Bestes, es fehlt ihnen jedoch an der nötigen Konzentrationsfähigkeit und am präzisen Körpergefühl, um von den Übungen wirklich profitieren zu können. Zudem finden Kinder das passive Ruhig-Sitzen, -Stehen oder -Liegen schnell langweilig und erfinden tausend Möglichkeiten, um sich abzulenken. Befragt man Kinder über den Sinn solcher Übungen, so erfreuen die phantasievollen Antworten, ganz selten erhält man präzise Rückmeldungen, die einen erahnen lassen, daß das Kind wirklich das Richtige tut.

Wollen wir ein *sinnvolles Beweglichkeitstraining mit Kindern* durchführen, so *müssen wir ihren unbändigen Bewegungsdrang berücksichtigen* und die Übungen ihrer kindlichen Welt anpassen. Das heißt: *aktive, dynamische Beweglichkeitsübungen anstelle der passiven oder statischen.* Mit verschiedenen Hilfsmitteln (feste und bewegliche Geräte, Handgeräte) kann das Beweglichkeitstraining zum Spiel werden.

Auch aktive Beweglichkeitsübungen verlangen ein bestimmtes Maß an innerer Ruhe, welche zu Beginn einer Sportlektion bestimmt noch nicht vorhanden sein wird. Beweglichkeitsübungen, in welcher Form auch immer, gehören bei Kindern und Jugendlichen bestimmt nicht an den Beginn einer Stunde. Sinnvollerweise sollte zuerst der Bewegungsdrang ausgelebt, die Energie etwas abgebaut werden, um anschließend in der ersten Erholungsphase das *Beweglichkeitstraining als willkommenen Moment der Entspannung* erleben zu können. Mit anderen Worten, mit einem psychisch wie physisch entspannteren Körper bestehen bessere Voraussetzungen für das Beweglichkeitstraining.

Dynamische Beweglichkeitsübungen

Bis vor kurzer Zeit galt die *Schwunggymnastik* als rotes Tuch im Zusammenhang mit der Beweglichkeitsförderung. Bei der Schwunggymnastik ist *neben der korrekten Bewegungsausführung vor allem das richtige Bewegungstempo das Maß der Dinge* (keine ruckartigen „Zerrübungen").

Langsam geführte Bewegungen bis in die entsprechenden Gelenksendstellungen sollten hier als Beispiel dienen, und so kann mit geeigneter Schwunggymnastik ein interessantes, abwechslungsreiches Beweglichkeitstraining angeboten werden.

Korrekte Bewegungsausführung

Bereits im frühen Alter ist es sehr wichtig, daß die *Kinder die korrekten Bewegungsausführungen erlernen*, das heißt, daß die Leiterinnen und Leiter die Übungen korrekt demonstrieren und allenfalls bei den Kindern die Körperhaltungen korrigieren können. Mit der Aufforderung: „Wer kann sich z.B. wie ein Ball rund machen" usw., wird mit Vorstellungsbildern auf eine kindgerechte Art und Weise gearbeitet.

Abb. 43: Rund wie ein Ball.

Bewährt haben sich auch die *taktilen Korrekturhilfen (Korrektur über die Körperberührung),* z.B. „Versuche, beim Berührungspunkt den Rücken gerade auszurichten." Oder: „Versuche dem Druck meiner Hand nachzugeben" usw. Aufgrund solch einfacher taktiler Bewegungskorrekturen und Anweisungen können die Leiterinnen und Leiter kontrollieren, ob das Kind imstande ist, gewisse Bewegungen auszuführen, oder ob allenfalls ein Bewegungsdefizit vorliegt, welches nur mit therapeutischer Hilfe behoben werden kann. Schwierigere Beweglichkeitsübungen sollten in Teilschritten aufgebaut werden, damit man der Bewegungsqualität gerecht werden kann.

Einsatz von Hilfsmitteln und verschiedenen Geräten

Der *Einsatz von Hilfsmitteln*, wie verschiedenen Bällen, Springseilen, Keulen, Schlägern, Gymnastikstäben usw., *oder verschiedenen Geräten,* wie Schaukelringen, Reckstangen, Sprossenwänden, Langbänken, aber auch von sportartspezifischen Hilfsmitteln, wie z.B. Schlägern, lassen uns das Beweglichkeitstraining abwechslungsreich und kindgerecht gestalten.

Das Körpergefühl fördern

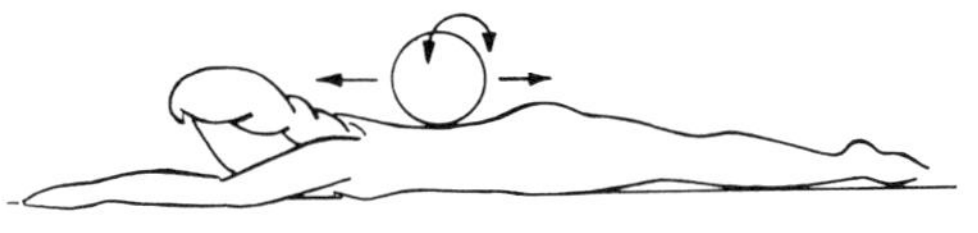

Abb. 44: Ball auf der Wirbelsäule balancieren.

Beispiel einer Übung zur Förderung des Körpergefühls: Bauchlage, Ball auf der Wirbelsäule; „Bewege den Ball, ohne daß er nach unten fällt“.

Der Ball löst Druckempfindungen auf der Haut aus. Dadurch lernt das Kind Teilkörperbewegungen präzise zu steuern und erhält über ein interessantes Beweglichkeitsspiel ein präziseres Körpergefühl. Durch solche Übungen lernen die Kinder ihren Körper mit seinen Bewegungsmöglichkeiten auf eine spielerische Art kennen. Verschiedene Gelenkstellungen und Körperhaltungen („gute“ und „schlechte“) werden bewußter wahrgenommen. Die Kinder werden dadurch befähigt, komplexere Dehntechniken zu erlernen.

Vor der Einführung der Stretchingtechniken soll also zuerst das Körper- und Bewegungsgefühl der Kinder „erarbeitet“ bzw. verbessert werden.

Übergang von einfachen Beweglichkeitsformen zu komplexeren Stretchingtechniken

Der Übergang von einem dynamischen Beweglichkeitstraining zu komplexeren Stretchingformen kann fließend und mit spielerischen Übungen eingeführt werden: Laufen zur Musik, beim Unterbrechen der Musik soll eine bestimmte Stand-, Sitz-, oder Liegeposition eingenommen und gehalten werden. Mit solchen Übungen kann beobachtet werden, ob die Kinder bereits die Ruhe und Konzentrationsfähigkeit haben, um schwierigere Dehntechniken zu erlernen.

Dehnung und Kräftigung des kindlichen Bewegungsapparates

Viele spielerische Beweglichkeitsübungen fördern neben der Beweglichkeit auch die Kraft. Durch die systematische Förderung der verschiedenen Muskelregionen erfolgt eine ganzheitliche Dehnung und Kräftigung des kindlichen Bewegungsapparates.

Nicht isoliert nur dehnen oder kräftigen, sondern möglichst oft mit abwechslungsreichen, kindgerechten Formen arbeiten.

Keine Partnerübungen (Übungen mit direktem Körperkontakt)!

Auf die Förderung der Beweglichkeit durch Partnerübungen sollte im Kindes- und Jugendalter verzichtet werden, da die Kinder meist noch nicht über das nötige Gefühl für eine dosierte Partnerdehnung verfügen. Mutwillig oder aus Spaß können bei Partnerübungen forcierte Dehnungen auftreten, die zu Überlastungen oder Verletzungen führen können.

Übungen im Team

Übungen im Team, ohne gegenseitigen Körperkontakt, sind zu Recht im Nachwuchstraining sehr beliebt und sollten unbedingt durchgeführt werden, weil nicht zuletzt durch diese Trainingsart das Beweglichkeitstraining auf eine spielerische Weise gestaltet werden kann.

Bewegungsbilder und Vorstellungen

Die Übungen sollten in der Phantasiewelt der Kinder ihren Platz haben. Das Arbeiten mit *Bewegungsbildern und Vorstellungen* bewährt sich ausgezeichnet (ich mache mich rund wie ein Tennisball, ziehe mich in die Länge wie ein Kaugummi, bewege mich fort wie eine Schlange, mein Kopf ist ein Luftballon und zieht gerade gegen den Himmel usw.). Auch Teilkörperbewegungen lassen sich durch solche Vorstellungsbilder schon recht präzise steuern.

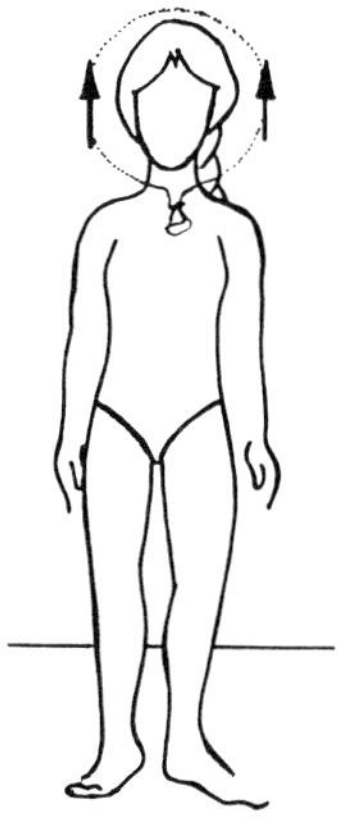

Abb. 45: „Mein Kopf ist wie ein aufsteigender Luftballon."

7.1.3.2 Beweglichkeitstraining mit älteren Schulkindern und Pubertierenden

Die individuellen Möglichkeiten der Kinder, der Stand der biologischen Entwicklung sowie die sportartspezifischen Erfordernisse bestimmen die Methoden und Inhalte des Beweglichkeitstrainings dieser Altersstufe.

Das Beweglichkeitstraining sollte in einem vernünftigen Verhältnis zu den anderen Trainingsinhalten stehen und nicht zu extrem betrieben werden, da sich eine übermäßige Beweglichkeit (angeborene oder antrainierte Hypermobilität) negativ auf die Körperhaltung sowie auf bestimmte Bewegungseigenschaften auswirken kann. Bei übermäßig entwickelter Beweglichkeit in Verbindung mit schwach ausgebildeter Muskulatur (eventuell bereits Haltungsschwäche) ist Vorsicht geboten. Der Trainingsschwerpunkt sollte in diesem Fall im Krafttrainingsbereich und nicht in erster Linie im Beweglichkeitsbereich liegen, um eine Stabilisierung des Gelenkes zu erreichen. Bei unsicherer Beurteilung der Situation sollte unbedingt Rat bei einem erfahrenen Arzt oder Therapeuten gesucht werden.

Ganz besonderes Fingerspitzengefühl ist während der ersten puberalen Phase (Pubeszenz) geboten, da während dieser Zeit eine geringere Belastbarkeit bezüglich der Dehnungsreize vorliegt (keine forcierten Dehnformen während den Wachstumsschüben!).

Zeitlupenbewegungen von sportartspezifischen Bewegungen

Zeitlupenbewegungen von sportartspezifischen Bewegungen fördern das Körpergefühl der Kinder und Jugendlichen und steigern ihre Konzentrationsfähigkeit. Die Endstellungen verschiedener Bewegungen sollten einige Sekunden beibehalten werden, damit kann der Dehnreiz bzw. die Reizdauer verstärkt und eine gezielte Kräftigung der Antagonisten (muskuläre Gegenspieler) erreicht werden. Diese Übungen führen zu sportartspezifischen Dehn- und Kräftigungsformen im Jugendtraining. Ob diese Formen nun statisch oder dynamisch gewählt werden, hängt von den Zielsetzungen des Trainings bzw. von den Voraussetzungen der Jugendlichen ab.

7.1.4 Individuell, alters- und sportartspezifisch

Die altersspezifischen Möglichkeiten der Beweglichkeitsförderung sind sehr individuell. Die Gewichtung der verschiedenen Stretchingtechniken haben sich den einzelnen Kindern und Jugendlichen sowie den sportartspezifischen Anforderungen anzupassen. Die allmähliche, schrittweise Einführung von Dehntechniken des Erwachsenensportes kann je nach Kind früher oder später erfolgen.

Unter dem Motto *„Beweglichkeits- und Krafttraining in der Jugend, Beweglichkeits- und Krafttraining fürs Leben"* sollte bereits in jeder Kindersportlektion in altersgemäßer Form auf die Beweglichkeits- und Kraftentwicklung der Heranwachsenden eingegangen werden.

7.2 Wichtige Merkmale der einzelnen Altersabschnitte bei Kindern und Jugendlichen

Im Bewußtsein, daß bei kalendarisch gleichaltrigen Kindern Altersunterschiede von über 6 Jahren bestehen können (biologisches Alter) muß die Übungsauswahl den persönlichen Möglichkeiten der Kinder angepaßt werden (binnen differenziertem Unterricht).

7.2.1 Vorschulalter (4 bis 7 Jahre)

Merkmal:

Allgemein ausgezeichnete Beweglichkeit.

Besonders beachten:

Halte- und Stützapparat recht instabil.
Vermindert belastbar!

Ziel:

Möglichst den vollen Bewegungsumfang der Gelenke gebrauchen. Bewegungsmöglichkeiten verschiedener Körperglieder beidseitig erleben lassen.

Vorgehen:

Kindgemäß:
- spielerisch,
- bildhafte Sprache; Geschichten,
- Vorstellungsbilder nachahmen,
- abwechslungsreich,
- den Bewegungsdrang einbeziehen (dynamische Formen).

7.2.2 Frühes Schulalter (7 bis 10 Jahre)

Merkmal:

Bewegungsfähigkeit im Hüft-, Schultergelenk und der Wirbelsäule nimmt ohne spezifisches Training zu. Die Spreizfähigkeit der Beine im Hüftgelenk sowie die dorsal gerichtete Beweglichkeit im Schultergelenk nehmen bereits ab.

Besonders beachten:

Die Entwicklung der Beweglichkeit ist nicht einheitlich. Beweglichkeits- und Kraftschulung betreiben.

Ziel:

Allgemeines Training für jedes Kind, um die gegebene Gelenkbeweglichkeit zu erhalten oder zu verbessern. Spezifisches Training für Kinder, die Sportarten treiben, in denen die Beweglichkeit eine wichtige Rolle spielt.
Die Bewegungsmöglichkeiten verschiedener Gelenke bewußt erleben lassen.

Vorgehen:

Wie im Vorschulalter.

7.2.3 Spätes Schulalter (10 bis 13 Jahre)

Merkmal:

Gute Trainierbarkeit der Beweglichkeit. Durch gezieltes Training können Wirbelsäule, Hüft- und Schultergelenk noch beweglicher gemacht werden.

Besonders beachten:

Einseitiges Beweglichkeitstraining vermeiden!

Ziel:

Training der Beweglichkeit mit gezielter Körperwahrnehmung verbinden. Bewußtwerden von Spannung und Entspannung.

Vorgehen:

- Den Körper und seine Bewegungsmöglichkeiten bewußt wahrnehmen,
- vom dynamischen zum statischen Dehnen,
- Vorstellungsbilder nachahmen,
- abwechslungsreich,
- den Bewegungsdrang einbeziehen (dynamische Formen).

7.2.4 Pubertät (ca. 13 bis 17 Jahre)

Merkmal:

Erste puberale Phase:
Großer Wachstumsschub; Muskeln und Bänder können dem schnellen Knochenwachstum nicht folgen, demzufolge wird meistens eine scheinbare Verschlechterung der Beweglichkeit beobachtet.

Besonders beachten:

Kein forciertes Beweglichkeitstraining – wegen der verminderten mechanischen Widerstandsfähigkeit des passiven Bewegungsapparates (Knochen, Knorpel, Bänder, Sehnen).

Oft klagen Jugendliche über Gelenkschmerzen, welche meist im Zusammenhang mit dem forcierten Knochenwachstum stehen. Das Muskelwachstum hinkt meist hinter dem Knochenwachstum nach, wodurch die Muskeln unter eine Dauerspannung (erhöhter Muskeltonus) geraten und dadurch die Gelenkstrukturen und die Gelenkmechanik beeinflussen (Entzündungserscheinungen). Oft kann durch ein gezieltes Beweglichkeitstraining der Schmerz gelindert werden. Bei Unsicherheiten sollte jedoch eine medizinische Fachperson zu Rate gezogen werden.

Ziel:

Einfache Programme zur Erhaltung oder Verbesserung der Beweglichkeit lernen.

Merkmal:

Zweite puberale Phase (Adoleszenz):
Allmählicher Abschluß des Knochenwachstums, erhöhte Belastbarkeit des passiven Bewegungsapparates.

Besonders beachten:

Persönliche Schwächen erkennen und individuelles Beweglichkeitstraining aufbauen.

Ziel:

Individuelle Programme bzw. verschiedene Dehntechniken sportartspezifisch oder nach persönlichen Bedürfnissen anwenden.

Vorgehen:

Altersgemäß, nach den Bedürfnissen der Jugendlichen:

- strukturiert mit Vorzeigen und Erklären,
- differenziert nach den persönlichen Voraussetzungen und Bedürfnissen,
- dynamische Übungen mit statischen mischen.

7.3 Übungen zur Wahrnehmungsförderung

Je nach Alter werden die Übungen durch Bewegungsgeschichten, direktes Vorzeigen oder durch Aufgabenstellungen erlebbar gemacht.

Übung 1: gebeugt – gestreckt

Versuche, alle möglichen Körperteile „zusammenzulegen" und wieder zu öffnen.

Übung 2: klein – groß

Der Zwerg und der Riese – Strecke Dich so nahe wie möglich zur Decke (Giraffe). Mach Dich klein wie eine Maus.

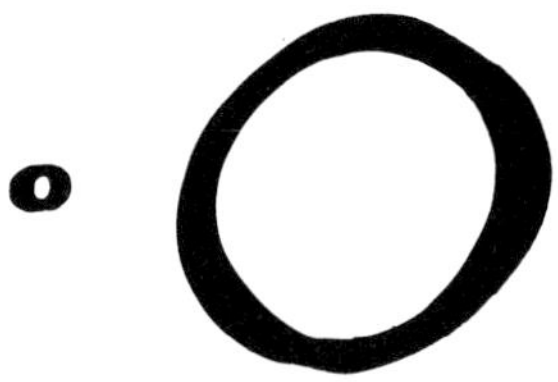

Übung 3: kurz – lang

Bewege Dich mit sehr kurzen bzw. sehr langen Schritten durch den Raum (Zwerg/Riese).

Übung 4: eng – breit

Auf dem Boden liegen – „Körper eng" (Arme und Beine an Körper anschließen) und „Körper breit" (Arme und Beine weit von sich gestreckt).

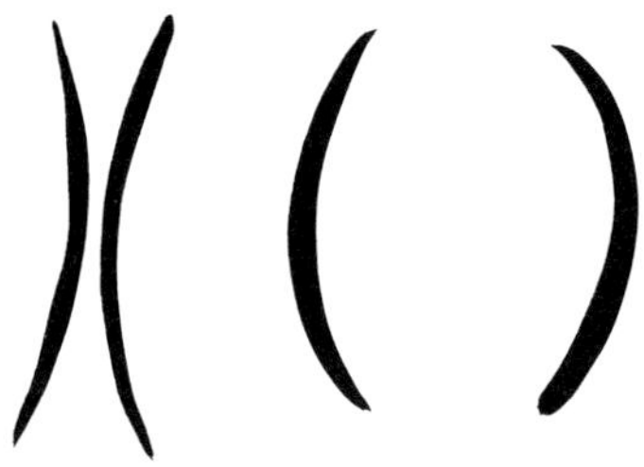

Übung 5: rund – gerade

Vorstellungshilfen:

- rund: Ball, Sonne usw.
- gerade: Wolkenkratzer, Giraffenhals usw.
- runder Rücken: Katze
- gerader Rücken: Tisch

Übung 6: weich – hart

Vorstellungshilfe:
Schneemann in der kalten Nacht, am Tag kommt die Sonne, und der Schneemann schmilzt.

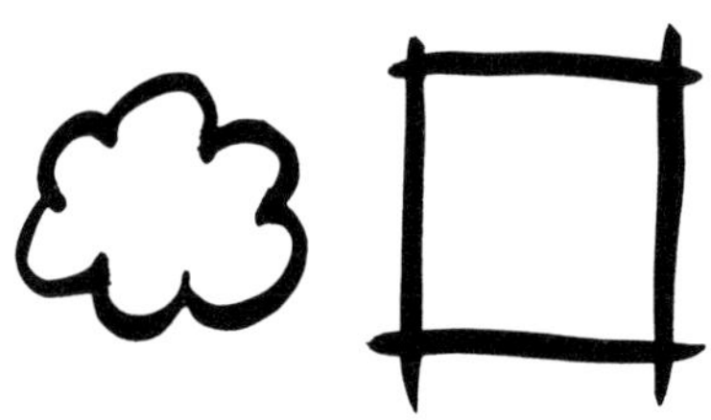

Übung 7: gespannt – gelöst

Vorstellungshilfen und Bewegungsaufgaben:
- Der Roboter hat keinen Strom mehr. Gespannten Körper durch Partner vom Boden aufheben. Achte auf einen geraden Rücken beim Heben!
- Statue nachahmen
- Schaufensterpuppen modellieren
- im Kreis, gelösten Körper durch Partner hin und her rollen
- von Partnerin berührte Körperteile bewegen

Übung 8: schnell – langsam

Vorstellungshilfen:
Tausendfüßler, Schnecke oder „Ich habe Zeit...ich bin zu spät“.
Begleitung von Bewegungen in verschiedenen Tempi, allenfalls mit verschiedenen Rhythmusinstrumenten.

Übung 9: fließend – stockend

Vorstellungshilfen:
Vogel, der ruhig fliegt; Roboterbewegung; stockende Autokolonne. Gegenstände auf einem Körperteil balancieren.

7.4 Beweglichkeitsübungen

Grundsatz:

Die Übungen haben nur eine Wirkung, wenn sie mit einer genügenden Intensität, Übungsdauer, Wiederholungszahl (5- bis 10mal) und regelmäßig ausgeführt werden.

Je nach Trainingsalter und sportartspezifischen bzw. individuellen Bedürfnissen werden gewisse Übungen öfter wiederholt.

Neben den sportartspezifischen Übungen darf die allgemeine Beweglichkeitsförderung nicht vernachlässigt werden. Es ist auf eine vielfältige Übungsauswahl zu achten (Beidseitigkeit).

Die nachfolgenden Übungen sind nach einzelnen Muskelregionen unterteilt. Der Schwierigkeitsgrad der Übungen ist verschieden; um eine Orientierungshilfe zu geben, werden die einzelnen Übungen mit einem Punktesystem – am Ende der jeweiligen Übungen – gewertet.

Punktesystem:
1: Empfohlene Übung für das Vorschulalter
2: Empfohlene Übung für das frühe Schulalter
3: Empfohlene Übung für das späte Schulalter
4: Empfohlene Übung für Pubertierende

7.4.1 Übungen zu den einzelnen Muskelregionen

7.4.1.1 Ganzkörperübungen

Übung 10: Gerätegarten

Klettern, Durchkriechen, Übersteigen usw.
1-2

Übung 11: Parcours

Mehrere Stationen mit Aufgaben an Geräten und/oder mit Hilfsmitteln.
2-4

Übung 12: sportspezifische Geräte

Sportspezifische Bewegungen.
2-4

Übung 13: mit Musik

Allgemeines Beweglichkeitstraining mit Musikunterstützung.
3-4

Jedes Gerät kann als Unterstützung, als Variation oder als Erschwerung für eine bestimmte Übung mit dem Körper verwendet werden.
Zum Beispiel Bein hochspreizen (s. S. 160, Übung 23): Diese Übung kann am Boden, im Stand, mit verschiedenen Geräten oder Geräteteilen ausgeführt werden.
Übungsteile an Geräten setzen eine gewisse Beweglichkeit voraus. Durch vielfache Wiederholung kann die Beweglichkeit auch verbessert werden.

7.4.1.2 Hintere Beinmuskulatur

Übung 14

Stab waagrecht mit beiden Händen halten, mit den Beinen darüber steigen und zurück.
1-4

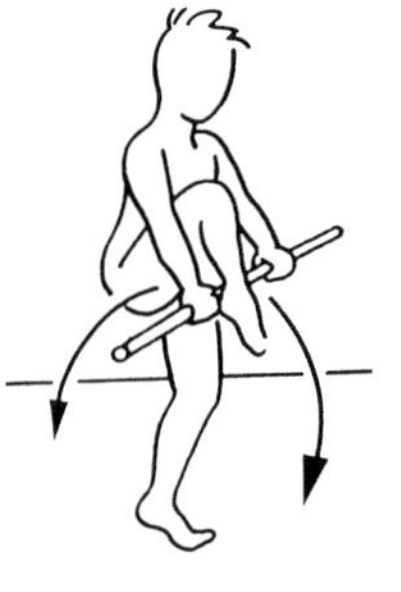

Übung 15

Im Langsitz oder im Liegen: Beine gestreckt, Füße anziehen.
2-4

Übung 16

Im Langsitz: Gestrecktes Bein leicht anheben und den Fuß aktiv anziehen.
3-4

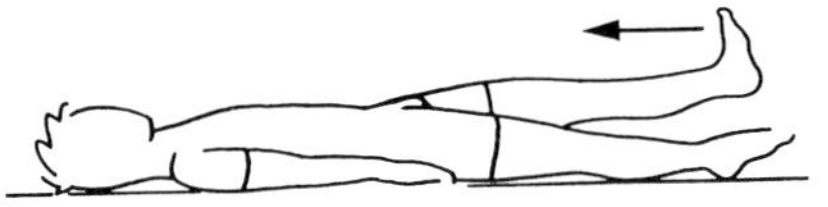

Übung 17

Auf der Sprossenwand stehen: Fersen nach unten drücken.
2-4

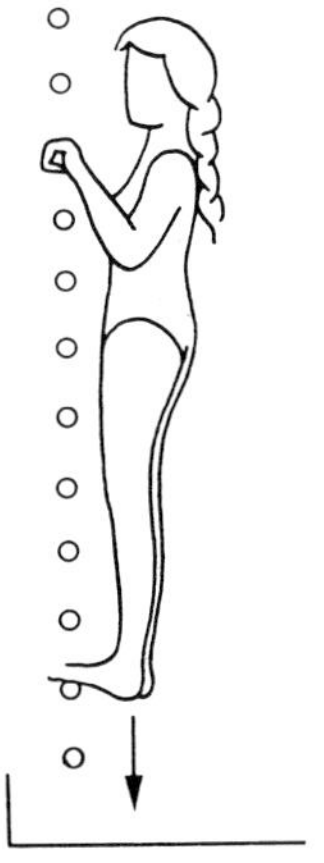

Übung 18

Gleiche Übung auf einem Bein.
3-4

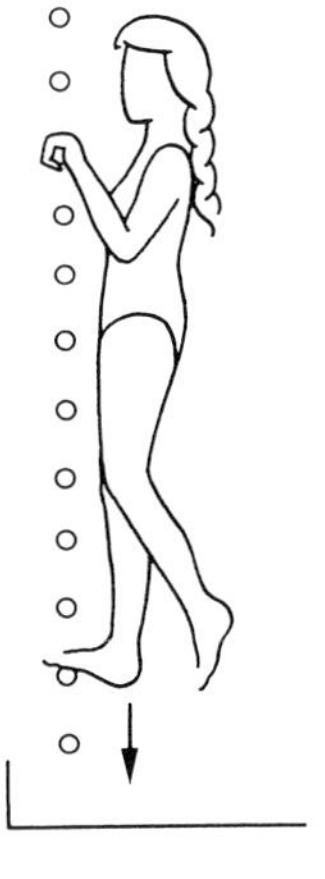

Übung 19

Im Kauerstand auf der Sprossenwand stehen: Beine nach hinten durchstrecken (verschiedene Fußbreiten).
3-4

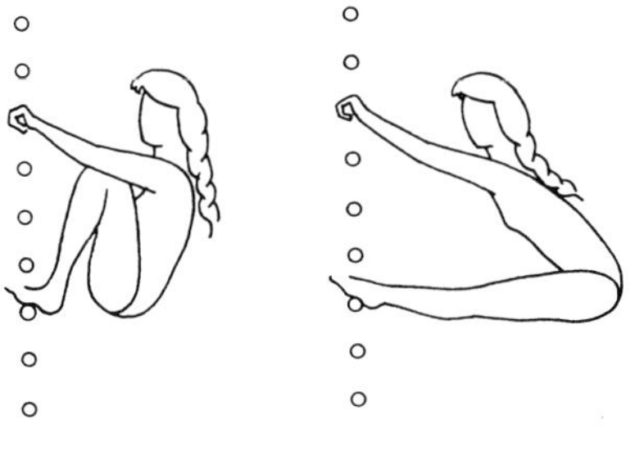

Übung 20

Kauerstellung: Beine strecken und beugen (Ziehharmonika spielen).
1-4

Übung 21

Lang- oder Grätschsitz: Ball um den Körper herum und/oder so weit wie möglich nach vorne rollen.
1-4

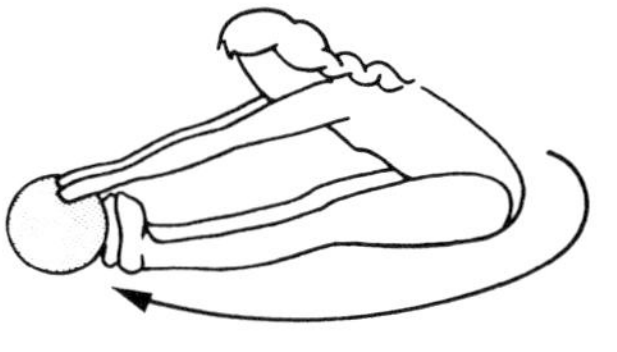

Übung 22

Im Langsitz oder im Liegen: Mit Hilfe der Hände, einem Tuch oder einem Seil ein Bein gestreckt gegen die Brust ziehen.
3-4

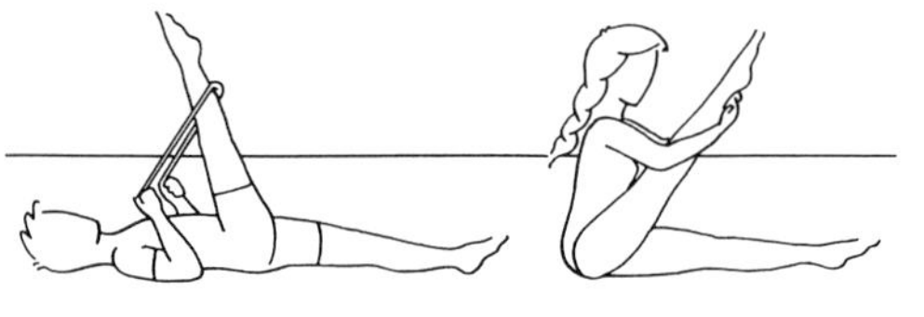

7.4.1.3 Vordere Beinmuskulatur

Übung 23

Großer Ausfallschritt, hinteres Bein gestreckt: Ein Handgerät unter dem vorderen gebeugten Bein durchgeben.
2-4

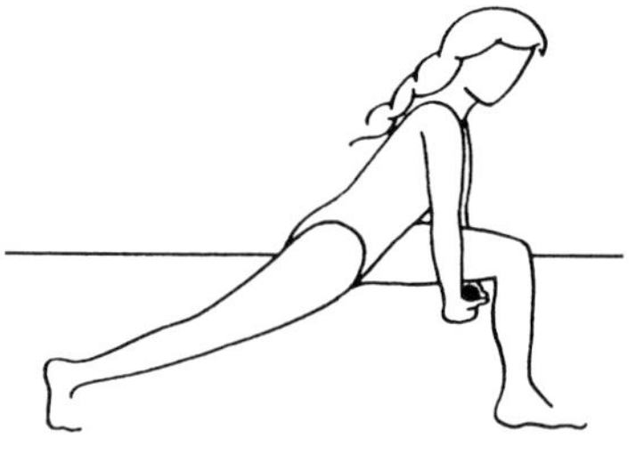

Übung 24

Bauchlage: Hüfte auf dem Boden, ein Bein angewinkelt und mit seitengleicher Hand so weit als möglich gegen das Gesäß ziehen, die andere Hand unter die Stirn legen.
3-4

Übung 25

Im Stehen: Einen Fuß so weit wie möglich gegen das Gesäß ziehen, Knie nebeneinander, Hüfte nach vorne drücken, Gleichgewicht halten oder leichtes Hüpfen.
3-4

Einfachere Ausführung: Halten an der Wand.
2-4

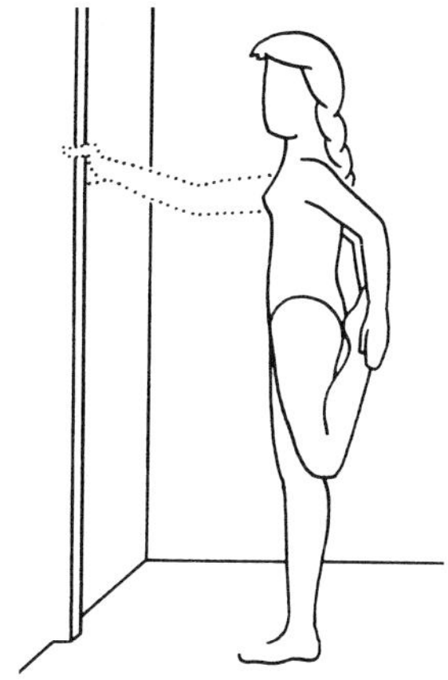

Übung 26

Nackenbrücke: Becken hochdrücken.
2-4

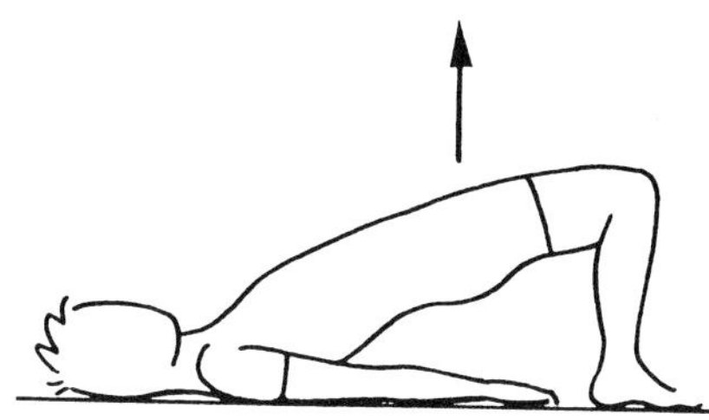

Übung 27

Kleine Brücke: Gesäß nach vorne drücken.
2-4

Übung 28

Bein hinten auf eine Bank legen, Bein vorne beugen, Oberkörper aufgerichtet.
3-4

Übung 29

Aus dem Stand: Beinspreizen rückwärts, Reifen berühren, der waagrecht vom Partner gehalten wird.
3-4

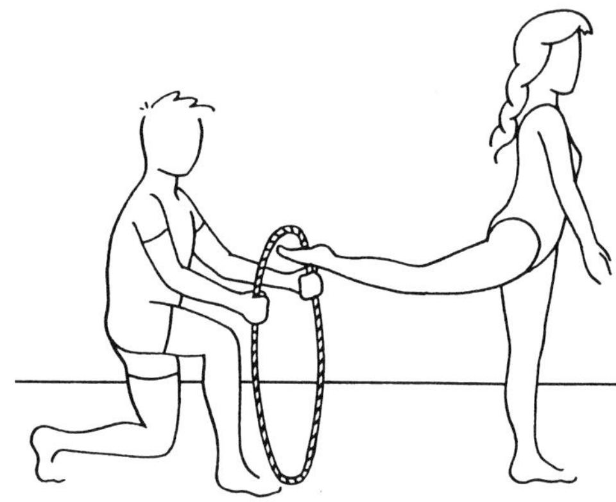

7.4.1.4 Innere Beinmuskulatur

Übung 30

Breiter Grätschstand: Verschiedene Geräte um die Füße kreisen, Beine abwechselnd beugen und strecken.
1-4

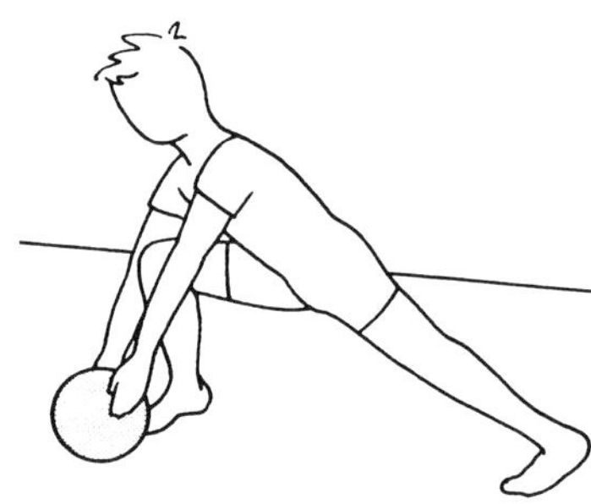

Übung 31

Reifen von Partnerin senkrecht gehalten, seitwärts mit einem großen Schritt hindurchsteigen.
1-2

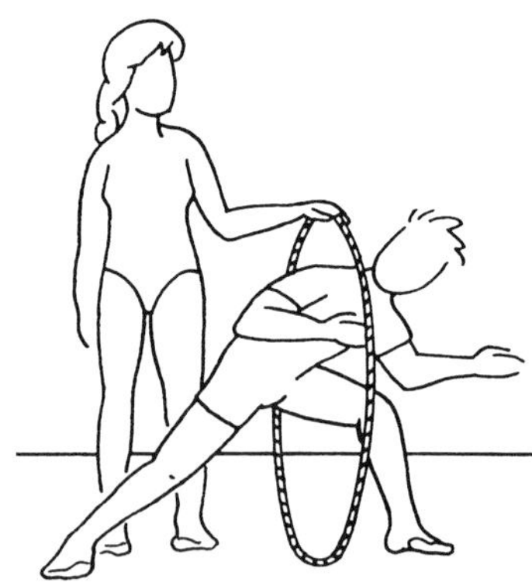

Übung 32

Grätschsitz: Stab zwischen den Beinen nach vorne und zurück rollen.
1-4

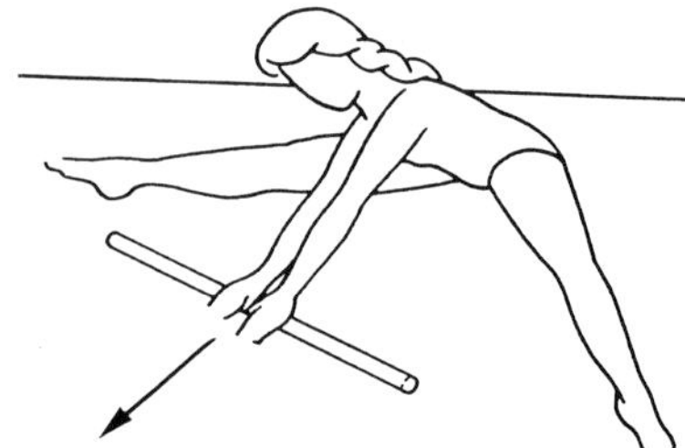

Übung 33

Grätschsitz: Mit einem Hilfsgerät abwechselnd den linken und rechten Fuß berühren.
1-4

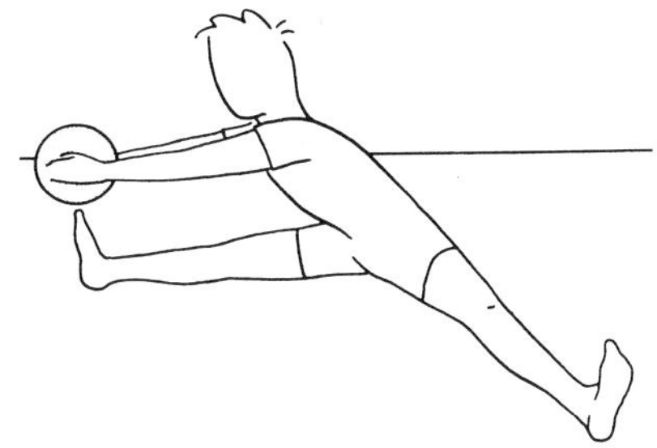

Übung 34

Grätschsitz: Mit einem Hilfsgerät einen Kreis um die Beine zeichnen.
1-3

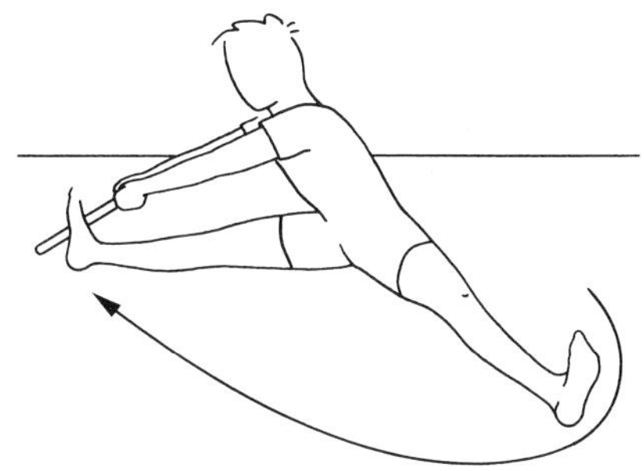

Übung 35

Grätschsitz: Mit geradem Rücken Bauch gegen den Boden neigen.
2-4

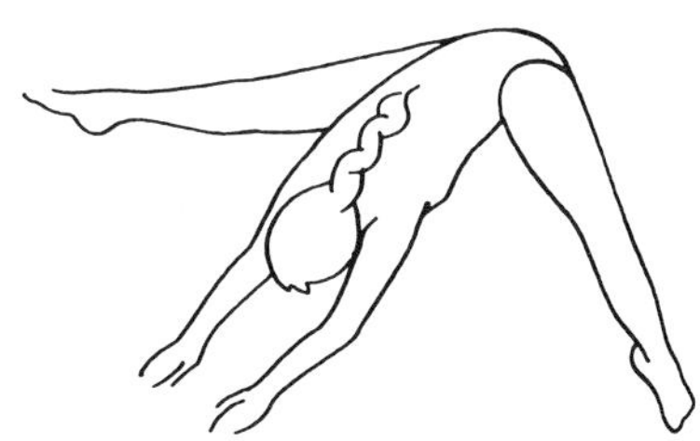

Übung 36

Rückenlage, Beine nach oben gestreckt, spreizen und leicht federn.
1-4

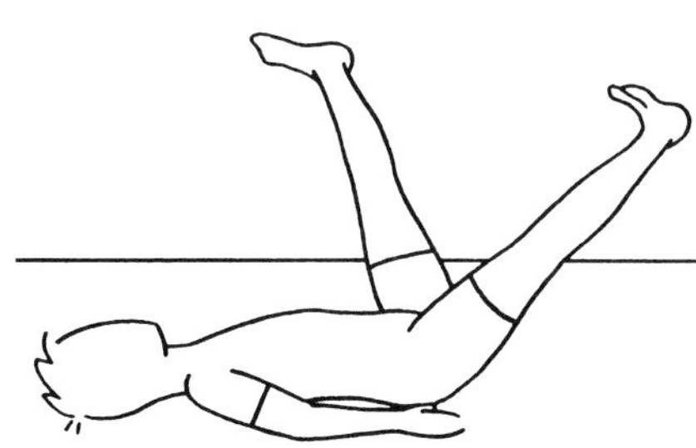

Übung 37

Im Sitz: Fußsohle an Fußsohle, Oberschenkel leicht nach unten federn.
1-4

7.4.1.5 Oberkörper vorne

Übung 38

Mit einem Schläger den ganzen Rücken „kratzen".
1-4

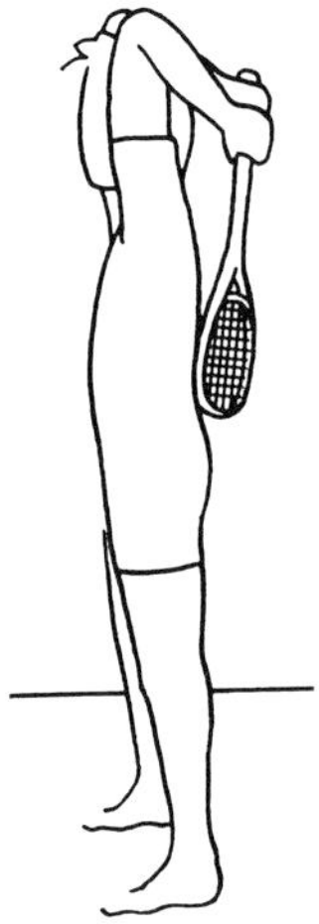

Übung 39

Ball so hoch wie möglich tragen, hinter dem Rücken fallen lassen.
1-3

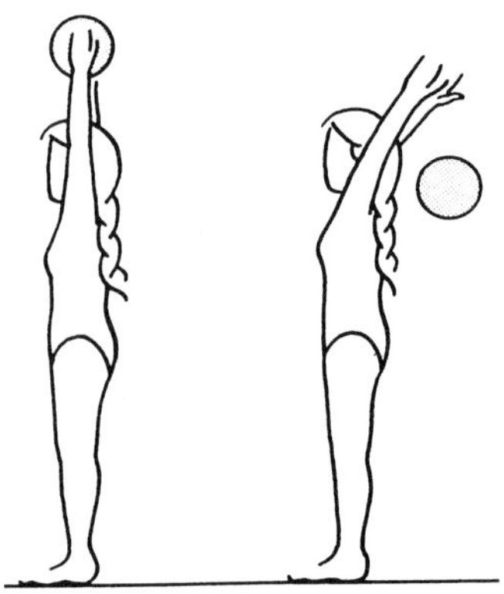

Übung 40

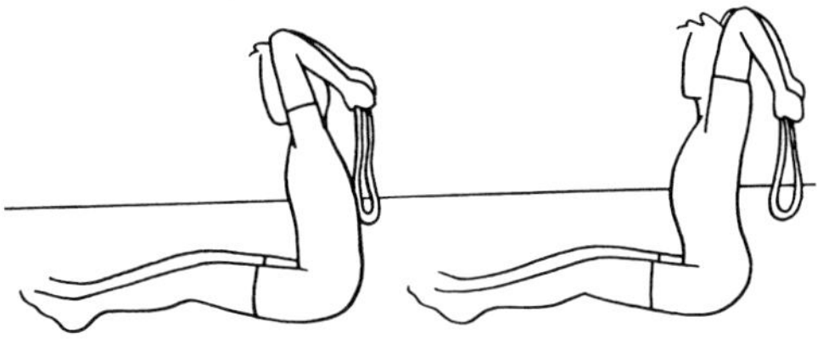

Im Stehen oder im Sitzen: Ein langes Hilfsmittel (z.B. Seil) beidhändig gefaßt, hinter dem Nacken halten, Rücken aufrichten, bis das hängende Hilfsmittel den Rücken nicht mehr berührt.
3-4

Übung 41

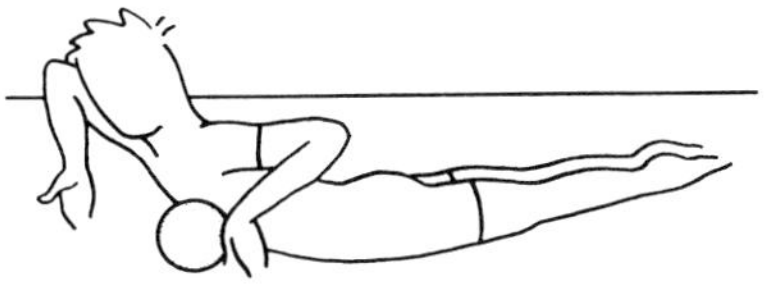

Bauchlage: Ball unter der Brust von links nach rechts rollen.
3-4

Übung 42

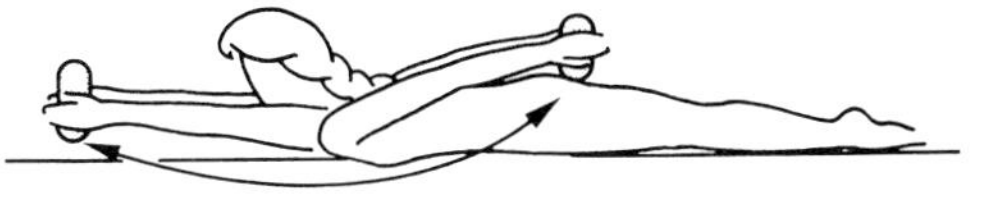

Bauchlage: Mit gestreckten Armen einen Gegenstand von einer Hand in die andere hinter dem Rücken und vor dem Kopf durchgeben. *1-3*

Übung 43

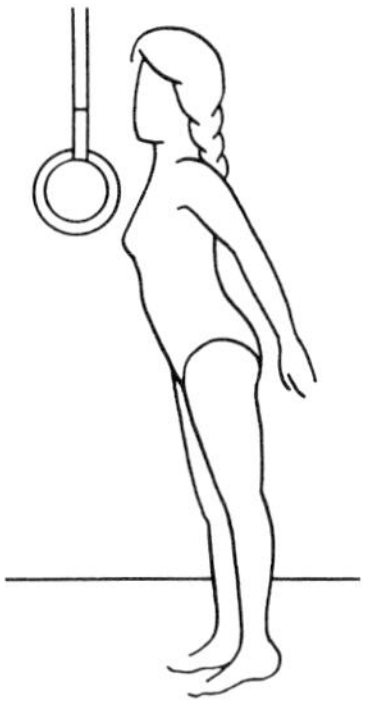

Mit der Brust verschiedene Gegenstände berühren.
1-2

7.4.1.6 Halswirbelsäule

Übung 44

Langsam den Kopf heben und senken – Ja/Nein sagen.
1-4

Übung 45

Ohr seitwärts auf die Schulter legen.
1-4

Übung 46

Im Stehen oder in Rückenlage, ohne Körperbewegung: Mit dem Kopf der Hand eines Partners folgen.
1-3

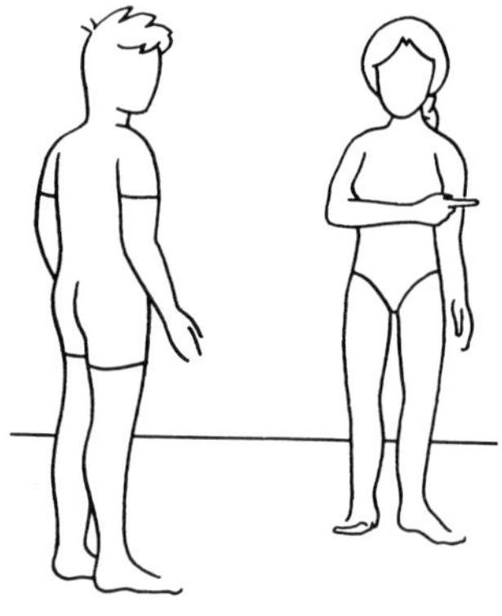

7.4.1.7 Gesäßmuskeln und Außenrotatoren

Übung 47

Ball prellen, abwechselnd linkes und rechtes Bein darüber spreizen.
2-4

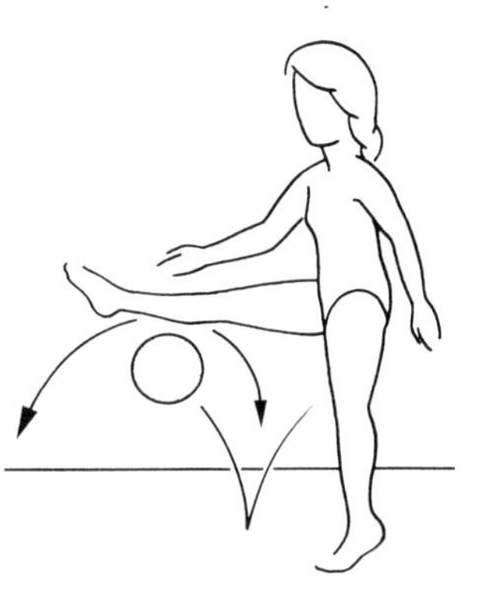

Übung 48

Stab oder Reifen mit einer Hand senkrecht auf dem Boden halten, Beine darüber spreizen.
2-4

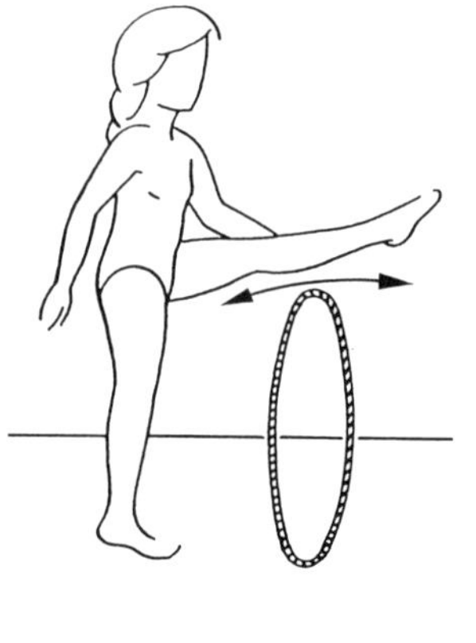

Übung 49

Beine über ein Gerät mit Schwung im Halbkreis spreizen, von hinten nach vorne und zurück.
3-4

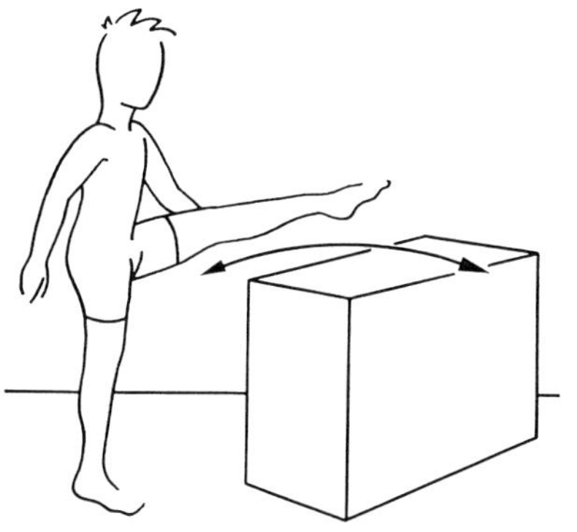

Übung 50

Im Sitz, Beine angezogen, Fußsohlen gegeneinander: Mit gekipptem Becken leicht den Rumpf nach vorne beugen.
3-4

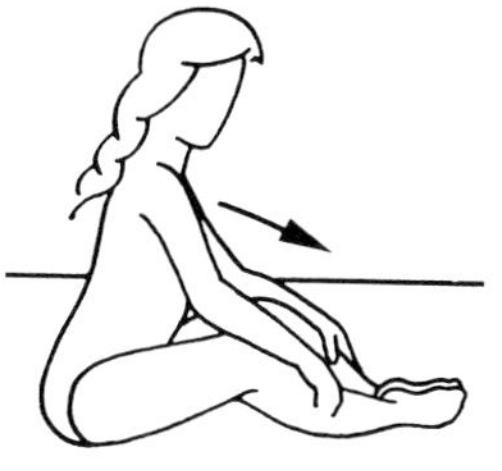

7.4.1.8 Bauch

Übung 51

Nackenbrücke mit geöffneten Beinen: Ball unter dem Gesäß durchrollen.
2-4

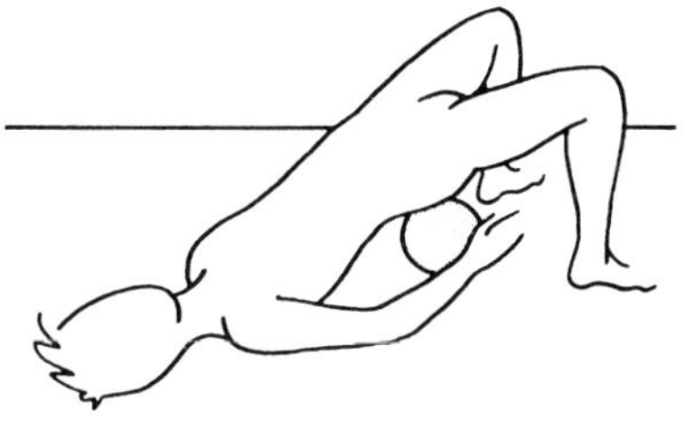

Übung 52

Bauchlage: Auf Unterarme oder Hände aufstützen, Oberkörper leicht abheben.
3-4

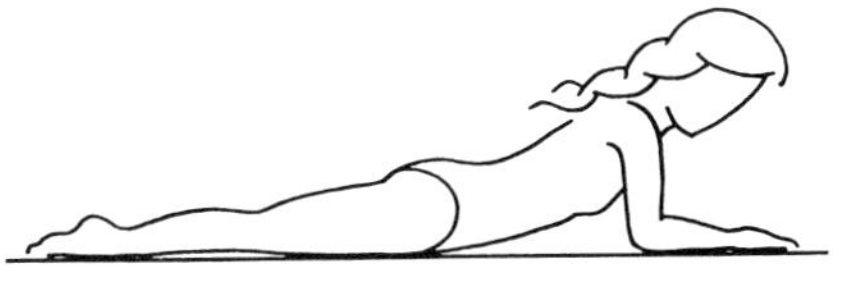

7.4.1.9 Oberer Rückenbereich

Übung 53

Mit einer Hand die Gegenschulter berühren.
1-4

Übung 54

Sich umarmen.
1-4

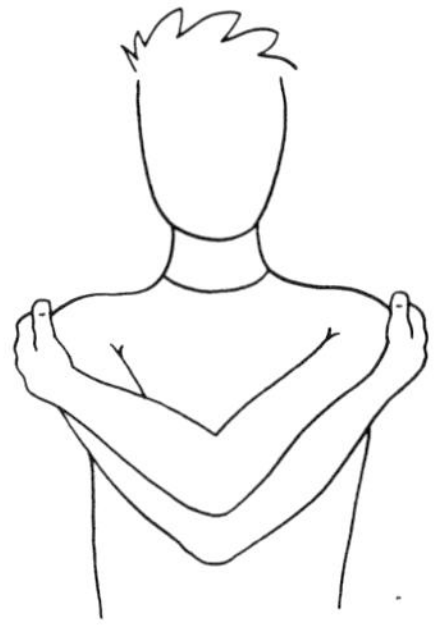

Übung 55

Einen Ball oder ein kleines Hilfsmittel um den Nacken kreisen.
2-4

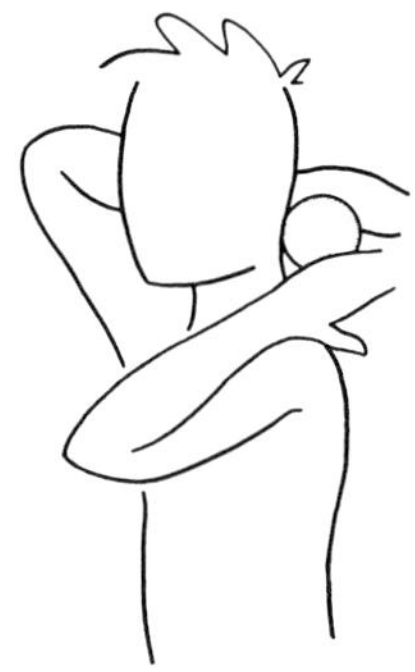

7.4.1.10 Rumpf seitwärts

Übung 56

Im Grätschstand paarweise nebeneinander stehen: Ball in der Hochhalte, Rumpf seitwärts beugen (links und rechts), den Ball dem Partner übergeben.
3-4

7.4.1.11 Rumpfrotation

Übung 57

Im Sitzen oder im Stehen: Rücken an Rükken, Rumpf drehen, und den Ball dem Partner übergeben.
1-4

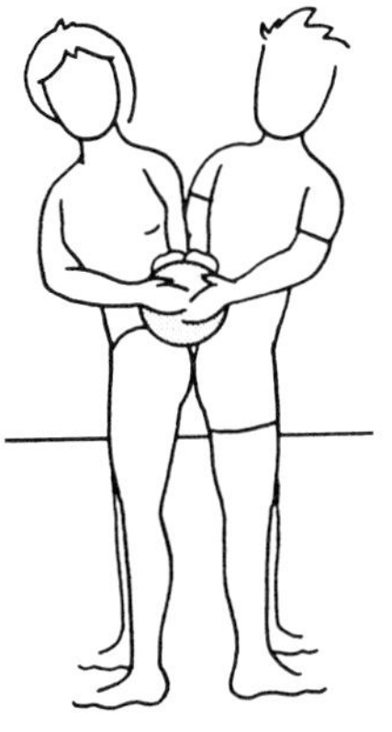

7.4.1.12 Füße

Übung 58

Ball mit dem Rist oder mit der Fußsohle rollen.
2-4

Übung 59

Im Stehen oder im Sitzen, Reifen liegt auf dem Boden: Innen, außen, vorne und hinten abwechslungsweise mit den Fußspitzen und den Fersen den Ball antippen.
1-4

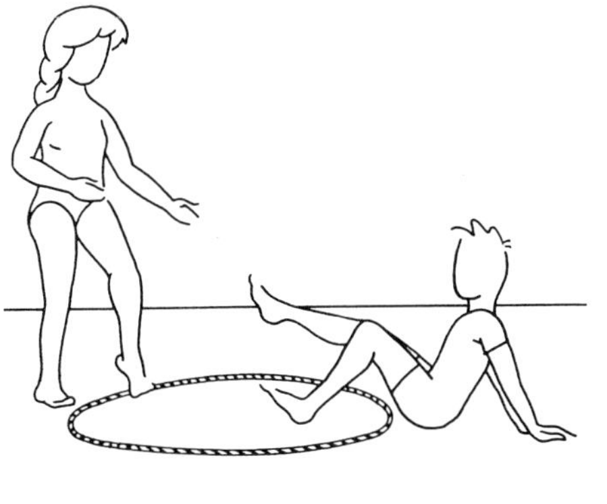

Anmerkungen

[1] *Klee* (1), 12-22
[2] *Freiwald/Engelhard* (2)
[3] *Freiwald/Engelhard* (1), 327-336
[4] *Freiwald/Engelhard* (4)
[5] *Wiemann* (3), 783-786; 816-818
[6] *Wiemann* (4), 91-106
[7] *Halbertsma/Ludwig/Göeken*, 976-981
[8] *Johnson/Polgar*, 111-129
[9] *Silver/Garza/Rang*, 432-437
[10] *Reuter/Engelhard/Freiwald*, 181-184
[11] *Zehr/Sale*, 363-378
[12] *Hutton/Atwater* (1), 406-421
[13] *Gandevia/Mc Closkey*, 62-65
[14] *Jahnke/Proske/Struppler*, 103-112
[15] *Viol* (2), 22-25
[16] *Viol* (1), 105-108
[17] *Schultz/Stinus/Hess/Bieder*, 14-21
[18] *Maehl*, 35-37; 20-22; 12-14
[19] *Wydra/Bös/Karisch*, 386-400
[20] *Ullrich/Gollhofer*, 336-345
[21] *Freiwald/Engelhard* (3), 72-101
[22] *Wiemann* (2), 40-71
[23] *Wiemann* (1), 295 -306
[24] *Kornberg/Lew*, 481-487
[25] *Madding/Wong/Hallum/Medeiros*, 409-416
[26] *Murphy* (2), 67-70
[27] *Murphy* (1), 59-66
[28] *Worell*, 154-159
[29] *Etnyre/Lee* (3), 222-228
[30] *Moore/Hutton* (1), 322-329
[31] *Wallin*, 263-268
[32] *Mora*
[33] *Sullivan/Dejula/Worell*, 1383-1389
[34] *Möller/Ekstrand/Öberg /Gillquist*, 171-173
[35] *Sady/Wortman/Blanke*, 261-263
[36] *Osternig*, 106-111
[37] *Godges/MacRea/Longdon/Tinberg/MacRea*, 350-357
[38] *Lucas/Koslow*, 615-618
[39] *Gajdosik*, 250-255
[40] *Vujnovich*, 145- 153
[41] *Saal*, 537-555
[42] *Wittekopf/Schober/Kraft*, 142-144
[43] *Hoster* (2), 150-153
[44] *Wilkinson*, 283-287
[45] *Houglum*, 19-39
[46] *Blanpied*, 345-353
[47] *De Morree*, 4-9
[48] *Meijer/van Dijk*, 193-196
[49] *Kirsch*, 166-168
[50] *Lentelt/Hetherington*, 200-207
[51] *Hennig/Podzielny*, 253-260
[52] *Wiemann* (5), 411-421
[53] *High/Howley/Franks*, 357-361
[54] *Stanish/Hubley-Kozey* (2), 21-31
[55] *Beaulieu*, 59-69
[56] *Noonan* (2), 783-806
[57] *Fagan*, 335-336
[58] *Safran* (2), 239-249
[59] *Buroker/Schwane*, 65-83
[60] *Fyfe*, 601-625
[61] *van Mechelen* (1), 711-719
[62] *Noonan* (1), 257-261
[63] *Taylor*, 190-194
[64] *Chan*, 195-202
[65] *Safran* (1), 123-129
[66] *Jacobs*, 151-155
[67] *Smith* (1), 12-17
[68] *Rodenburg*, 414-419
[69] *Smith* (2), 103-107
[70] *Shellock*, 267-278
[71] *van Mechelen* (2), 320-335
[72] *Herbert*, 141-149
[73] *Stanish* (1), 731-745
[74] *Hutton* (2), 29-37
[75] *Norris*, 127-138
[76] *Sommer*, 40-42
[77] *Ekstrand/Gillquist/Liljedahl* (1), 116-120
[78] *Ekstrand/Gillquist* (2), 63-67
[79] *Edgerton/Smith/Simpson*, 259-266
[80] *Fung*
[81] *Magid/Law*, 1280-1282
[82] *Goldspink* (1), 733-742
[83] *Goldspink* (2), 211-229
[84] *Sölveborn* (1)
[85] *Guissard/Duchateau/Hainaut*, 47-52
[86] *Entyre/Kinugasa* (1), 259-264
[87] *Moore/Kukulka* (2), 321-333
[88] *Osternig*, 106-111

Literaturverzeichnis

Alter, M.J. (1): Das Stretching Handbuch. Goldmann Verlag, München 1989.

Alter, MJ. (2): Science of Stretching. In: Human Kinetics Books 1988.

Alter, M.J.: Science of Flexibility,. 2nd edition. Human Kinetics, 1996.

Anderson, B.: Stretching. F. Hübner Verlag, Waldeck-Dehringhausen 1982.

Bar-Or, Oded: The Child and Adolescent Athlete. Blackwell Science, 1996.

Beaulieu, J.E.: Developing a Stretching Programm. In: The Physician and Sports Medicine 9/11 (1981) 59-69.

Blanpied, P., et al.: The Effects of Different Stretch Velocities on Average Force of the Shortening Phase in the Stretch-Shorten Cycle. In: JOSPT 21/6 (1995) 345-353.

Buroker, K., Schwane, J.: Does Postexercise Static Stretching Alleviate Delayed Muscle Soreness. In: The Physician and Sportsmedicine 17/6 (1989) 65-83.

Butler, D.S.: Mobilisation of the Nervous System. Churchill Livingstone, 1991.

Chan, K.M., et al.: Sports Injuries Survey on University Students in Hong Kong. In: Brit. J. Sports Medicine 18/3 (1984) 195-202.

David, E.: Grundlagen der Sportphysiologie. perimed, Erlangen 1986.

De Morree, J.: Muskeldehnen bei Sportlern kritisch betrachtet. In: Physiotherapie 11 (1995) 4-9.

Edgerton, V.R., Smith, J.L., Simpson, D.R.: Muscle fibre type population of human leg muscles. In: Histochemical Journal 7 (1975) 259-266.

Ekstrand, J., Gillquist, J., Liljedahl, S. (1): Prevention of soccer injuries. In: Am. J. Sports Med. 11 (1983) 116-120.

Ekstrand, J., Gillquist, J. (2): Incidence of soccer injuries and their relation to training and team success. In: Am. J. Sports Med. 11 (1983) 63-67.

Etnyre, B.R., Kinugasa, L. (1): Post-contraction variations in motor pool excitability. In: Electromyogr. clin. Neurophysiol. 30 (1990) 259-264.

Etnyre, B.R., Abraham, L.D. (2): Gains in range of ankle dorsiflexion using three popular stretching techniques. American Journal of Physical Medicine 65 (1986) 189-196.

Etnyre, B.R., Lee, E.J. (3): Chronic and Acute Flexibility of Men and Woman Using Three Different Stretching Techniques. In: Research Quarterly For Exercises And Sport 59/3 (1988) 222-228.

Fagan, J.M., et al.: The perceived relationship between back symptoms and preceding injury. In: Injury 26/5 (1995) 335-336.

Fetz, F.: Bewegungslehre der Leibesübungen. Frankfurt/M. 1972.

Freiwald, J., Engelhard, M. (1): Beweglichkeit und ihre Einschränkungen. In: TW Sport und Medizin 6/5 (1994) 327-336.

Freiwald, J., Engelhard, M. (2): Beweglichkeit, Ursachen und Beeinflussung durch Training. In: Bodylife (1995).

Freiwald, J., Engelhard, M. (3): Zu Einschränkungen der Beweglichkeit, deren Ursachen und möglicher Interventionen. In: Dehnen und Mobilisieren (1993) Waldenburger Trainingstherapietage/M. Hoster und H.-U. Nepper (Hrsg.) 72-101.

Freiwald, J.,Engelhard, M. (4): Beweglichkeit – Neuere Gedanken und Erkenntnisse. In: Seminarunterlagen. Bruchsal (1995).

Freiwald, J. (5): Prävention und Rehabilitation im Sport. Rowohlt, Hamburg 1989.

Fung, Y.C.: Mechanical Properties of Living Tissues. In: Biomechanics (1981) Springer Verlag.

Fyfe, I., et al.: The use of Eccentric Training and Stretching in the Treatment and Prevention of Tendon Injuries. In: Clinics in Sports Medicine, Tendinitis 1 (1992) 11/3/601-625.

Gajdosik, R.L.: Effects of Static Stretching on the Maximal Length and Resistance to Passive Stretch of Short Hamstring Muscles. In: JOSPT December/6 (1991) 250-255.

Gandevia, S.C., Mc Closkey, D.I., et al.: Kinaesthetic signals and muscle contraction. In: Trends Neurosciences 15/2 (1992) 62-65.

Godges, J.J., MacRea, H., Longdon, Ch., Tinberg Ch., MacRea, P.: The Effect of two Stretching Procedures on Hip Range of Motion and Gait Economy. In: JOSPT (1989) March/350-357.

Goldspink, G. (1): Effect of denervation on the adaptation of sarcomere number and muscle extensibility to the functional length of the muscle. In: J. Physiology 236 (1974) 733-742.

Goldspink, G. (2): Cellular and molecular aspects of adaptation in skeletal muscle. In: Strength and Power in Sport. Komi P.V. Blackwell Oxford (1992) 211-229.

Guissard, N., Duchateau, K., Hainaut, K.: Muscle Stretching and Motoneuron excitability. In: European J. Appl. Physiol. 58 (1988) 47-52.

Halbertsma, J., Ludwig, N., Göeken, H.: Stretching Exercises: Effect on Passive Extensibility and Stiffness in Short Hamstrings of Healthy Subjects. In: Arch. Phys. Med. Rehabil. Vol. 75/9 (1994) 976-981.

Harre, D.: Trainingslehre. Berlin (DDR) 1971.

Hennig, E., Podzielny, S.: Die Auswirkungen von Dehn- und Aufwärmübungen auf die Vertikalsprungleistung. In: Deutsche Zeitschrift für Sportmedizin 45/6 (1994) 253-260.

Herbert, R.: The Passive Mechanical Properties of Muscle and Their Adaptations to Altered Patterns of Use. In: The Australian Journal of Physiotherapy 34/3 (1988) 141-149.

High, D.M., Howley, E.T., Franks, B.D.: The Effects of Static Stretching and Warm-up on Prevention of Delayed-Onset Muscle Soreness. In: Research Quartely For Exercises and Sport 60/4 (1989) 357-361.

Hollmann, W., Hettinger, Th.: Sportmedizin – Arbeits- und Trainingsgrundlagen. Stuttgart/New York 1980.

Holt, L.E.: Scientific Stretching For Sport. Halifax (Eigenverlag) 1971.

Hoster, M., Nepper, H.-U. (1): Dehnen und Mobilisieren. Krankengymnastikschule Waldenburg 1994.

Hoster, M. (2): Zur Bedeutung verschiedener Dehnungsarten bzw. Dehnungstechniken in der Sportpraxis. In: Leichtathletik 44 (1987) 150-153.

Houglum, P.A.: Soft Tissue Healing and its Impact on Rehabilitation. In: Journal of Sport Rehabilitation 1 (1992) 19-39.

Hutton, R.S., Atwater, S.W. (1): Acute and Chronic Adaptations of Muscle Proprioceptors in Response to Increased Use. In: Sports Medicine 14/6 (1992) 406-421.

Hutton, R.S. (2): Neuromuscular Basis of Stretching Exercises. In: Strength and Power in Sport. Blackwell Scientific Publications (1992) 29-37.

Jacobs, St.J., et al.: Injuries to Runners: A study of entrants to a 10000m race. In: The Am. J. of Sports Medicine 14/2 (1986) 151-155.

Jahnke, M.T., Proske, U., Struppler, A.: Measurements of muscle stiffness, the electromyogramm and activity in single muscle spindels of human flexor muscles following conditioning by passive stretch or contraction. In: Brain Research 493 (1989) 103-112.

Janda, V.: Muskelfunktionsdiagnostik. Verlag Th. Steinkopff, 1972.

Johnson, M.A., Polgar, J., et al.: Data on the Distribution of Fibre Types in Thirty-six Human Muscles. In: J. of Neurolocigal Siences 18 (1973) 111-129.

Kendal, F., Mc Creary, E.: Muskeln, Funktionen und Test. Gustav Fischer Verlag 1988.

Kirsch, R., et al.: Effect on maintained stretch on the range of motion of the human ankle joint. In: Clinical Biomecanics 10/3 (1995) 166-168.

Klee, A. (1): Haltung, muskuläre Balance und Training. In: Beiträge zur Sportwissenschaft. Bd. 20. Verlag H. Deutsch (1994).

Klee, A. (2): Muskuläre Balance. Die Überprüfung einer Theorie. In: Sportunterricht 1 (1995) 12-22.

Knebel, K.-P.: Funktionsgymnastik. Rowohlt Verlag, Reinbek 1985.

Kornberg, C., Lew, P.: The Effect of Stretching Neural Structures on Grade One Hamstring Injuries. In: JOSPT June (1989) 481-487.

Lampl, M., Veldhuis, I.D., Johnson, M.L.: Saltation and stasis: A model of human growth. Science 258 (1992) 801-803.

Lentelt, G., Hetherington, et al.: The Use of Thermic Agents to Influence the Effectiveness of a Low-Load Prolonged Stretch. In: JOSPT May/16 (1992) 200-207.

Lucas, R.C., Koslow, R.: Comparative Study of Static, Dynamic, and Proprioceptive Neuromuscular Facilitation Stretching Techniques on Flexibility. In: Peceptual and Motor Skills 58 (1984) 615-618.

Madding, S.W., Wong, J.G., Hallum, A., Medeiros, J.M.: Effect of Duration of Passive Stretch on Hip Abduction Range of Motion. In: JOSPT 8/8 (1987) 409-416.

Maehl, O.: Beweglichkeit und Beweglichkeitstraining. In: Sport Praxis 6 (1986) 35-37, 1 (1987) 20-22, 2 (1987) 12-14.

Magid, A., Law, D.J.: Myofibrils bear most of the resting tension in frog skeletal muscle. In: Science 230 (1985) 1280-1282.

Markworth, P.: Sportmedizin. Rowohlt Verlag, Reinbek 1983.

Mechelen, W., van et al. (1): Prevention of running injuries by warm-up, cool-down, and Stretching exercises. In: The Am. J. of Sports Medicine 21/5 (1993) 711-719.

Mechelen, W. van (2): Running Injuries. A Review of the Epidemiological Literature. In: Sports Medicine 14/5 (1992) 320-335.

Meijer, H., van Dijk, N.: Rekken. In: Geneesekunde en Sport 22/6 (1989) 193-196.

Michler, P.: Gymnastik aber richtig! Muskelfunktionstests. Peter Michler (Eigenverlag), Hard 1993.

Möller, M., Ekstrand, J., Öberg, B., Gillquist, J.: Duration of Stretching Effect on Range of motion in Lower Extremities. In: Arch. Phys. Med. Rehabil. 66 (1985) 171-173.

Moore, M.A., Hutton, R.S. (1): Electromyographic investigation of muscle stretching techniques. In: Medicine and Science in Sports and Exercises 12/5 (1980) 322-329.

Moore, M.A., Kukulka, C.G. (2): Depression of Hoffmann reflexes following voluntary contraction and implications for proprioceptive neuromuscular facilitation therapy. In: Phys. Therapy 71 (1991) 321-333.

Mora, J.: Dynamic Stretching. In: Triathlete Nov./ Dec. (1990)

Murphy D.R. (1): Dynamic Range of Motion Training: An Alternative to Static Stretching. In: Chiropractic Sports Medicine 8/2 (1994) 59-66.

Murphy, D.R. (2): A Critical Look At Static Stretching: Are We Doing Our Patients Harm? In: Chiropractic Sports Medicine 5/3 (1991) 67-70.

Noonan, Th.J., et al. (1): Identification of a Threshold for Skeletal Muscle Injury. In: The Am. J. of Sports Medicine 22/2 (1994) 257-261.

Noonan, Th.J., et al. (2): Injuries at the Myotendinus Junction. In: Clinical Considerations Tendinitis 2 (1992) 11/4/783-806.

Norris, Ch.M.: Spinal Stabilisation. 4. Muscle Imbalance and the Low Back. In: Physiotherapy 81/3 (1995) 127-138.

Osternig, L.R., et al.: Differential responses to propriocepitve neuromuscular facilitation (PNF) stretch techniques. In: Medicine and Science in Sports and Exercises 22/1 (1990) 106-111.

Preibsch, M., Reichardt, H.: Schongymnastik. BLV Verlagsgesellschaft, München 1989.

Raab, C., Friedmann, R., Marriott, J.-L., Molnar, M., Winick, M.: Der elastische Körper. Time-Life, Amsterdam 1990.

Reichhardt, H.: Das ist Schongymnastik. BLV Verlagsgesellschaft, München 1993.

Reuter, I.,Engelhard, M.,Freiwald, J.: Steuerung der Muskulatur durch sensorische Rückmeldung. In: TW Sport+Medizin 6/3 (1994) 181-184.

Rodenburg, J.B., et al.: Warm-up, Stretching and Massage Diminish Harmfull Effects of Eccentric Exercise. In: Int. J. Sports Med. 15 (1994) 414-419.

Röthig, P., Grössing, S.: Kursbuch 1. Sportbiologie. Limpert Verlag, 1980.

Saal, J.S.: Flexibility Training. In: Physical Medicine and Rehabilitation 1/4 (1987) 537-555.

Sady, S.P., Wortman, M., Blanke, D.: Flexibility Training: Ballistic, Static or Proprioceptive Neuromuscular Facilitation. In: Arch. Phys. Med. Rehabil. 63 (1982) 261-263.

Safran, M.R., et al. (1): The role of warm-up in muscular injury prevention. In: The Am. J. of Sports Medicine 16/2 (1988) 123-129.

Safran, M.R., et al. (2): Warm-up and Muscular Injury Prevention. In: Sports Medicine 8/4 (1989) 239-249.

Schnabel, G. (Hrsg.): Trainingswissenschaft: Leistung – Training – Wettkampf. Sportverlag, Berlin 1997.

Schneider, W., Spring, H., Tritschler, T.: Beweglichkeit. Thieme, Stuttgart 1989.

Schultz, W., Stinus, H., Hess, T., Bieder, D.: Muskuläre Dysbalancen und ihre Bedeutung für den Leistungs- und Freizeitsport. In: Praktische Sporttraumatologie und Sportmedizin 1 (1992) 14-21.

Shellock, F.G., et al.: Warming-up and Stretching for Improved Physical Performance and Prevention of Sports-Related Injuries. In: Sports Medicine 2 (1985) 267-278.

Silbernagel, S., Despopoulos, A.: Taschenatlas der Physiologie. Thieme Verlag, Stuttgart 1983.

Silver, R.L., Garza, J., Rang, M.: The Myth of Muscle Balance. In: The J. of Bone and Joint Surgery Vol. 67-B/5 (1985) 432-437.

Smith, C.A. (1): The warm-up procedure: To Stretch or not to Stretch? A brief Review. In: JOSPT 19/1 (1994) 12-17.

Smith, L.L., et al. (2): The Effects of Static and Ballistic Stretching on Delayed Onset Muscle Soreness and Creatin Kinease. In: Research Quarterly for Exercise and Sport 64/1 (1993) 103-107.

Sölveborn, S.A. (1): Das Buch vom Stretching. Mosaik Verlag, München 1983.

Sölveborn, S.A. (2): Stretching. Beweglichkeitstraining durch Dehnen und Strecken. Mosaik Verlag, München 1982.

Sommer, C.: Wer richtig stretcht, läuft länger. Untersuchung über Muskelverkürzungen bei Läufern. In: Läufer 7/6 (1990) 40-42.

Spring, H., et al. (1): Mobility. Thieme Verlag, Stuttgart 1992.

Spring, H., et al. (2): Dehn- und Kräftigungsgymnastik. Thieme Verlag, Stuttgart 1986.

Stanish, W.D., et al. (1): The Use of Flexebility Exercises in Preventing and Treating Sports Injuries. In: Protective Role of Training and Conditioning 731-745.

Stanish, W.D., Hubley-Kozey, C. (2): Can stretching prevent athletic injuries? In: J. of Musculoskeletal Medicine 3 (1990) 21-31.

Sternad, D.: Richtig Stretching. BLV Sportpraxis, München 1987.

Sullivan, M.K., Dejula, J.J., Worell, T.W.: Effect of pelvic position and stretching method on hamstring muscle flexibility. In: Medicine and Science in Sports and Exercises 24/12 (1992) 1383-1389.

Tanigawa, M. C.: Comparison of the holdrelax procedure and passive mobilization on increasing muscle length. Physical Therapy 52 (1972) 725-735.

Taylor, D.C., et al.: Experimental Muscle Strain Injury. In: The Am. J. of Sports Medicine 21/2 (1993) 190-194.

Ullrich, K., Gollhofer, A.: Physiologische Aspekte und Effektivität unterschiedlicher Dehntechniken. In: Deutsche Zeitschrift für Sportmedizin 45/9 (1994) 336-345.

Viol, M. (1): Muskelfunktionsdiagnostische Untersuchungen zur Objektivierung morphofunktioneller Asymmetrien am Kniestreckapparat bei Spielsportlern. In: Med. Sport 30 (1990) 105-108.

Viol, M. (2): Zum Einfluss der Durchblutung auf den Muskeltonus. In: Med. Sport 28 (1988) 22-25.

Vujnovich, A.L., et al.: The Effect of Therapeutic Muscle Stretch on Neural Processing. In: JOSPT September/20/3 (1994) 145-153.

Wallin, D., et al.: Improvement of muscle flexibility. In: Am. J. of Sports Medicine 13/4 (1985) 263-268.

Weineck, J. (1): Optimales Training. perimed, Erlangen 1994.

Weineck, J. (2): Sportbiologie. perimed, Erlangen 1986.

Wiemann, K. (1): Beeinflussung muskulärer Parameter durch ein zehnwöchiges Dehnungstraining. In: Sportwissenschaft 21/3 (1991) 295-306.

Wiemann, K. (2): Beeinflussung muskulärer Parameter durch unterschiedliche Dehnverfahren. In: Dehnen und Mobilisieren. Waldenburger Trainingstherapietage. M. Hoster und H.-U. Nepper (Hrsg.) (1993) 40-71.

Wiemann, K. (3): Die ischiocuralen Muskeln beim Sprint. In: Die Lehre der Leichtathletik 27 (1989) 783-786 und 28 (1989) 816-818.

Wiemann, K. (4): Stretching, Grundlagen, Möglichkeiten und Grenzen. In: Sportunterricht 3/42 (1993) 91-106.

Wiemann, K. (5): Verhindert statisches Dehnen das Auftreten von Muskelkater nach exzentrischem Training? In: Deutsche Zeitschrift für Sportmedizin 46/9 (1995) 411-421.

Wilkinson, A.: Stretching the Truth. A Review of the Literature on muscle stretching. In: Australian Physiotherapy 38/4 (1992) 283-287.

Wittekopf, G., Schober, H., Kraft, W.: Zur Diagnostik von Beanspruchung und Wiederherstellung des neuromuskulären Systems am Beispiel der M. quadriceps femoris. In: Med. Sport 31/6 (1991) 142-144.

Worell, T.W., et al.: Effect of Hamstring Stretching on Hamstring Muscle Performance JOSPT September/3 (1994) 154-159.

Wydra, G., Bös, K., Karisch, G.: Zur Effektivität verschiedener Dehntechniken. In: Deutsche Zeitschrift für Sportmedizin 42/9 (1991) 386-400.

Zahner, L., Markmann, M.: Beweglichkeitstraining mit Kindern und Jugendlichen. Zeitschrift Magglingen 4/1997, 4-6.

Zehr, E.P., Sale, D.G.: Ballistic Movement: Muscle Activation and Neuromuscular Adaptation. In: Can. J. Appl. Physiol. 19/4 (1994) 363-378.

Veröffentlichungen von Karin Albrecht

Stretch die aktive Ruhe. Sphinx Verlag, Basel 1986.

Stretch das Bewegungsritual. Video, Buch und Musikkassette. Edition Karin Albrecht, Baar 1993.

Fit wie ein Turnschuh. Sphinx Verlag, Basel 1995.

(Hrsg.) **Stretch Musik 1.** MC/CD. Von Stefano Neri, 1994.

(Hrsg.) **Stretch Musik 2.** MC/CD. Von Stefano Neri, 1996.

Nachdenken – Plakat und Trainingsplan für das Fitnesscenter. Edition Karin Albrecht, Baar 1998.

Körperreise – Tiefenentspannung. CD, 20 Minuten. Edition Karin Albrecht, Baar 1998.

Himmel und Erde – Tiefenentspannung. CD, 20 Minuten. Edition Karin Albrecht, Baar 1998.

Auskünfte über Schulungen und Vorträge

Teaching Karin Albrecht
Klosbachstraße 109
CH-8032 Zürich
Telefon und Fax 0041 - 1 - 251 3345